A CONTROVÉRSIA
Freud-Adler

Bernhard Handlbauer

A CONTROVÉRSIA
Freud-Adler

Tradução:
Fúlvio Lubisco

MADRAS®

Traduzido originalmente do inglês sob o título de *The Freud-Adler Controversy*, por Oneworld Publications.
Tradução autorizada do inglês
© 1998, Bernhard Handlbauer
Publicado por um acordo com Oneword Publications, Oxford, Inglaterra.
Direitos de edição e tradução para todos os países de língua portuguesa
© 2005, Madras Editora Ltda.

Editor:
Wagner Veneziani Costa

Produção e Capa:
Equipe Técnica Madras

Tradução:
Fúlvio Lubisco

Revisão:
Marcia Alves Batista
Vera Lucia Quintanilha
Augusto do Nascimento

Dados Internacionais de Catalogação na Publicação (CIP)
(Câmara Brasileira do Livro, SP, Brasil)

Handlbauer, Bernhard
A Controvérsia de Freud-Adler/Bernhard Handlbauer; tradutor Fúlvio Lubisco. — São Paulo : Madras, 2005.
Título original: The Freud-Adler controversy
Bibliografia.

ISBN 85-7374-896-6
1. Adler, Alfred, 1870-1937 - Adversários
2. Freud, Sigmund, 1856-1939 - Adversários
3. Psicanálise - História 4. Psicanalistas -
Áustria - Biografia I. Título.
04-5767 CDD-150.1952

Índices para catálogo sistemático:
1. Freud-Adler: Controvérsias: Psicanálise:
História 150.1952

Proibida a reprodução total ou parcial desta obra, de qualquer forma ou por qualquer meio eletrônico, mecânico, inclusive por meio de processos xerográficos, incluindo ainda o uso da internet, sem a permissão expressa da Madras Editora, na pessoa de seu editor (Lei nº 9.610, de 19.2.98).

Todos os direitos desta edição, em língua portuguesa, reservados pela

MADRAS EDITORA LTDA.
Rua Paulo Gonçalves, 88 — Santana
02403-020 — São Paulo — SP
Caixa Postal 12299 — CEP 02013-970 — SP
Tel.: (0_ _11) 6959.1127 — Fax: (0_ _11) 6959.3090
www.madras.com.br

Agradecimentos

Os editores internacionais agradecem aos seguintes editores por autorizarem a publicação neste livro de material de propriedade autoral:

Às quatro cartas anteriormente inéditas mencionadas nas páginas 193, 194 e 195, © 1996 A. W. Freud et al. Reimpresso por acordo com Mark Paterson & Associates; McGuire, William (ed. e trad.), *Freud-Jung Letters,* © 1974 Princeton University Press. Reimpresso por autorização de Princeton University Press; Nunberg, Herman e Federn, Ernst (eds), *Minutes of the Vienna Psychoanalytic Society* Volume I, © 1962 International Universities Press. Reimpresso por autorização de International Universities Press, Inc.; Nunberg, Herman e Federn, Ernst (eds), *Minutes of the Vienna Psychoanalytic Society* Volume II, © 1967 International Universities Press. Reimpresso por autorização de International Universities Press, Inc.; Nunberg, Herman e Federn, Ernst (eds), *Minutes of the Vienna Psychoanalytic Society* Volume III, © 1974 International Universities Press. Reimpresso por autorização de International Universities Press, Inc.

Foram empenhados todos os esforços para rastrear e reconhecer a propriedade autoral. Os editores internacionais predispõem-se a acordos adequados com qualquer proprietário de direitos autorais que não tenha sido possível encontrar.

ÍNDICE

Prefácio à Edição em língua inglesa 9
Introdução 13
**Fundação e Primeiros Anos da Sociedade Psicológica
de Quarta-Feira (1902-1906)** 18
    O Primeiro Encontro entre Alfred Adler e Sigmund Freud 18
    A Sociedade Psicológica de Quarta-Feira 21
    Freud ao redor de 1902 21
    Os Membros Fundadores 25
    As Primeiras Sessões 28
    A "Discussão acerca do Fumo": As Primeiras "Minutas"
    da Sociedade de Quarta-Feira (1902) 30
    Treinando a Análise 34
    O Ambiente das Sessões 36
    Rivalidades 37
    Novos Membros 40
    As Posições Sociais dos Membros 42
    Adler na "Sociedade de Quarta-Feira" (1902-1906) 44
    As Minutas 46
**Inferioridade Orgânica, Compensação e Instinto
Agressivo (1906-1908)** 50
    O Grupo e seus Novos Membros 50
    A Substância do Debate 52
    A Teoria da Inferioridade Orgânica42 53
    Sadismo e o Instinto Agressivo 64
    Discussões Organizacionais e Tensões do Grupo 74
Adler e Aspectos Contemporâneos 79
    Os Comentários Sociopsicológicos de Adler (1908-1910) 79
    "Sobre a Psicologia do Marxismo" (10 de março de1909) 82
O Crescimento das Diferenças Teóricas (1908-1910) 88

"Um Caso de Rubor Compulsivo" (3 de fevereiro de 1909) 88
"A Unicidade das Neuroses" (2 de junho de 1909) 91
Novos Membros 95
"Hermafroditismo Psíquico" (23 de fevereiro de 1910) 102
O Congresso de Nuremberg e suas Conseqüências 107

O Rompimento entre Adler e Freud (1911) 119
Novos Membros 119
As Discussões Decisivas (janeiro-fevereiro de 1911) 121
O Pano de Fundo (Outono de 1910) 121
A Primeira Reunião (4 de janeiro de 1911) 128
A Segunda Reunião (1º de fevereiro de 1911) 133
A Terceira Reunião (8 de fevereiro de 1911) 137
A Quarta Reunião (22 de fevereiro de 1911) 142
A Demissão de Adler e de Seus Seguidores
(março-outubro de 1911) 147

As Causas do Rompimento entre Adler e Freud 158
Diferenças de Personalidade 158
Os Diferentes Antecedentes Sociais dos Pacientes 161
A Institucionalização do Movimento Psicanalítico 164
Por que eram "Socialistas Fervorosos"? 170
Diferenças de como Freud e Adler Vivenciaram o Conflito 171
Campos Teóricos 175
Adler foi Realmente Um dos Alunos de Freud? 180

"Conflitos Desordenados" e "Grandes Neuroses" 185
Uma Nova Visão da Controvérsia Freud-Adler 185
O Subestimado Significado de Freud por parte de Adler 186
Os Primeiros Psicanalistas 190
As Contribuições Teóricas de Adler nas Discussões 191
Duas Personalidades Basicamente Diferentes 192
"Conflitos Desordenados" e "Grandes Neuroses" 193
De Grupo para Instituição 195
Sentimentos Feridos de Ambos 196
Palavras Finais: Aspectos Criativos e Estéreis 198

Apêndice 201
Observações sobre a Literatura e as Fontes 201
Os Partidários de Adler na "Sociedade de Quarta-Feira" 205

Índice Remissivo 210
Bibliografia 214

PREFÁCIO À EDIÇÃO EM LÍNGUA INGLESA

Por que rever Freud e Adler? Por que voltar ao começo do século XX para um pequeno grupo de médicos e de intelectuais, em um salão vienense cheio de fumaça de charutos? E por que desenterrar discussões, argumentos sutis e retóricos, conflitos, teorias e emoções de pessoas que já morreram há um bom tempo?

Por que mesmo? Tanto quanto é importante enfatizar a atual realidade no trabalho diário dos psicanalistas e dos psicoterapeutas, é sempre relevante também lembrar, trabalhar e integrar o passado no aqui e agora, superar os bloqueios da memória e as repressões e corrigir as falsificações subjetivas da história.

Isso também é verdadeiro para a história da psicoterapia. Neste caso particular, de falsificações históricas, descrições idealizadas dos heróis — como também a "aniquilação" do oponente — substituíram os arquivos precisos do que realmente aconteceu durante os primeiros anos da psicanálise, da psicologia individual e de outras escolas psicoterapêuticas. Somente nos últimos vinte anos, aproximadamente, é que esta tradição proporcionou descrições cada vez mais equilibradas, e muitas vezes até impressionantes.

O objetivo deste livro é apresentar ao leitor uma descrição realista e baseada em fatos da cooperação e da confrontação entre Sigmund Freud e Alfred Adler, entre os anos de 1902 e 1911. Isso foi conseguido sintetizando-se material e informação, e mantendo-se o tema principal bem presente — o que realmente aconteceu durante o confronto.

Viena no final do século, com seu rico patrimônio cultural, suas inovações no campo das Artes, Literatura, Arquitetura, Música, Filosofia, Medicina e psicologia, foi um dos berços da Idade Moderna. O estado multinacional da monarquia Habsburgo, com sua esplêndida capital, era um grande edifício multicultural, onde as artes finas, a ciência e a modernidade podiam ser desenvolvidas; mas as deficiências desse império (por exemplo, a opressão das minorias étnicas, a ausência de tradições democráticas e a alastrada pobreza) estavam por causar, até então, uma destruição desconhecida. De acordo com o satirista vienense Karl Kraus, Viena era um "campo experimental para a destruição mundial".

A Viena onde Freud e Adler discutiram sexualidade e agressão é a mesma em que o malsucedido estudante de artes Adolf Hitler aprendeu os fundamentos da política anti-semita. Ali, ele teve proeminentes modelos, como o prefeito cristão-socialista Karl Lueger, que com habilidade aproveitou-se dos difundidos sentimentos anti-semitas para favorecer sua própria carreira política. Como é tão bem conhecido, o curso da história eventualmente levaria aos crimes em massa e à fuga de milhões de pessoas, bem como à expulsão da elite intelectual e cultural. As artes e as ciências na esfera de língua alemã acabaram sendo devastadas por esses acontecimentos durante décadas.

Na virada do século XX — cujos horrores ainda não eram previstos —, as discussões da denominada "Sociedade de Quarta-Feira" marcou o início da psicoterapia moderna. Isso deu margem ao crescimento de uma profissão atualmente operante, que atende a milhares de pessoas em todos os continentes.

A primeira grande cisão na história da psicanálise foi o conflito e a separação entre Adler e Freud. Logo em seguida, ocorreram as separações com Wilhelm Stekel e Carl Gustav Jung, visto que ainda outros conflitos ocorreriam mais tarde (como com Otto Rank, Sandor Ferenczi, Wilhelm Reich, Karen Horney, Harry S. Sullivan, Melanie Klein, Heinz Kohut, para nomear alguns). Importante é reconhecer que a primeira cisão dizia respeito a conseqüências que condicionariam o desenvolvimento da psicanálise e da psicoterapia até os dias atuais — por exemplo, a relação entre a sexualidade e a agressão, o indivíduo e a sociedade, os conflitos narcisistas e edipianos e as técnicas (terapêuticas) regressivas e do fortalecimento do ego.

Participando das discussões da "Sociedade de Quarta-Feira" por meio do livro, tornamo-nos testemunhas de uma cultura de palestras na qual um alto nível de educação, criatividade e espírito de pioneirismo se fundem. Observamos os esboços originais da moderna psicoterapia, as tentativas de compreender os doentes mentais em seus ambientes e o desenvolvimento de teorias que explicassem seus comportamentos e experiências subjetivas.

Depois da separação e até o fim de suas vidas, Freud e Adler ficaram presos a um sentimento de ódio irreconciliável, assim como a um sentimento de profunda desilusão. Na casa de Freud, o nome de Adler nunca mais deveria ser mencionado.[1] A preocupação de Freud era que Adler fosse muito bem-sucedido nos Estados Unidos, então ele encorajava seus partidários americanos a se oporem a Adler.[2] Na mesma linha, encontram-se

---

1. *Comunicação pessoal de Else Pappenheim, Nova York, que soube disso por intermédio de Minna Bernays.*
2. *Veja, por exemplo, Timms, 1995, página 128 em diante.*

muitas evidências nas cartas de Adler[3] que indicam sua grande ambição em superar os psicanalistas.

Entretanto, pergunta-se por que tantos partidários de Freud e de Adler assumiram e reforçaram esses sentimentos hostis. Por que até os dias atuais o confronto científico e teórico entre as diferentes escolas psicoterapêuticas permanece tão difícil e quase impraticável? As respostas podem ser várias: a competição no mercado terapêutico, ou a dúvida reprimida a respeito das próprias teorias e técnicas que são projetadas negativamente sobre o oponente, para fazer menção de somente duas.

Mas uma perspectiva histórica deve ser agregada: cerca de trinta anos depois da controvérsia Freud-Adler, a psicologia psicanalítica e individual passou pelo período mais negro de sua história. Adler morreu em 1937 durante uma *tournée* de palestras em Aberdeen. Em 1938, Freud fugiu da Viena nazista, falecendo em 1939 no exílio, em Londres, e seus livros foram queimados. Entre cem e duzentos psicanalistas, psicólogos individuais, candidatos e aprendizes (das duas escolas) saíram de Viena para salvar suas vidas. Fuga, exílio, a necessidade de aprender uma nova língua, a adaptação a uma nova cultura, a impotência diante dos massacres de familiares em campos de concentração e a perda da terra natal — essa sobrecarga emocional e conseqüentes traumas deviam ser trabalhados e superados.

O resultado de tudo isso poderia ser que a morte das figuras paternas e as ameaças à psicanálise e à psicologia individual fizeram os adeptos se empenharem ao máximo para salvar a própria escola, o que possivelmente levou a uma identificação reforçada com a própria disciplina e as tendências ortodoxas. Estar familiarizado com a psicanálise ou com a psicologia individual — de certa forma — era a única "terra natal" que possuíam. Isso estimulou os respectivos ideais e a inclinação para se considerarem como "os únicos e verdadeiros herdeiros". Os ataques à disciplina (psicanálise e psicologia individual) e aos seus fundadores (Freud e Adler) foram vivenciados como ataques às suas próprias identidades, fazendo com que se lembrassem das ameaças traumáticas anteriores, das quais deveriam veementemente defender-se.

Interessei-me pelo conflito entre Freud e Adler no início da década de 1980, e minha primeira publicação aconteceu em 1984.[4] Naquela época, parecia haver um interesse crescente em Adler.[5] Este livro foi lançado originalmente em alemão, em 1990.[6]

---

3. *"Os Ensaios de Alfred Adler"*, *"Manuscript Department, Library of Congress"*, Washington, D.C.
4. Bernhard Handlbauer, "Die Entstehungsgeschichte der Individualpsychologie Alfred Adlers", *Viena-Salzburg, 1984*.
5. *Veja Bruder-Bezzel (1983) e Stepansky (1983). Para o leitor que está interessado no papel de Adler na história da Psicanálise e de suas teorias (antecedentes e desenvolvimentos posteriores), ainda sugiro a leitura do livro de Stepansky.*
6. Bernhard Handlbauer, "Die Adler-Freud-Kontroverse", *Frankfurt, 1990*.

Há alguns anos, Ernst Falzeder orientou-me para as inéditas cartas de Freud e Adler,[7] e, baseado na impressão proporcionada por essas cartas, escrevi um pequeno artigo que nada mais é do que a base do Capítulo 7 deste livro. Isso vai além da descrição dos acontecimentos e incorpora outras reflexões sinóticas e avaliações a respeito da controvérsia Freud-Adler.

Neste ponto, é com grande satisfação que apresento os meus agradecimentos às seguintes pessoas: o falecido Conrad Lester Kaplan, que sugeriu a tradução do livro para o inglês e negociou sua publicação pela Oneworld; Juliet Mabey e suas colegas de Oneworld, que gentilmente colaboraram comigo e acompanharam este livro até o seu lançamento; Ernst Falzeder (Salzburg/Genebra), que manifestou um interesse contínuo em meu trabalho, oferecendo sua ajuda pessoal e valioso apoio; e por último, mas não menos importante, Laurie Cohen (assistida por seu marido Joe Berghold), Viena, que não só traduziu este livro, mas que com discernimento, precisão e compromisso foi além da tarefa de tradução e de várias formas aprimorou o texto.

---

7. *Os originais estão arquivados na Divisão de Manuscritos da Livraria do Congresso (Library of Congress), em Washintgon d.C.*

INTRODUÇÃO

O conflito entre Freud e Adler foi muito emocionante. Uma vez envolvidos na controvérsia, confrontamo-nos inevitavelmente com sentimentos intensos que não podem derivar tão-somente de uma discussão teórica. O *ressentimento* permaneceu até hoje, tanto por parte dos freudianos, como dos adlerianos, e muitas vezes bloqueou o caminho para uma discussão a respeito do assunto em questão. Colby (1951, p. 229) enfatizou o fato de que as emoções partidaristas levantadas pelas diferenças de opiniões entre Freud e Adler ainda reverberam. De certa forma, os sentimentos obscureceram os fatos a ponto de poucos saberem o motivo do confronto ou o exato conteúdo das diferenças científicas que levaram à separação permanente desses dois homens.

Para poder entender sobriamente as diferenças teóricas, seria aconselhável omitir as passagens carregadas de altas emoções. Roazen (1975, p. 175) pensa que "a história não é bem servida quando a concentração é focalizada sobre os fatos dramáticos". Entretanto, decidi não colocar de lado essa dimensão do conflito, pois acredito que o componente emocional contém uma chave importante na compreensão das dinâmicas da controvérsia. Portanto, ela será descrita em sua total extensão: não para fixar-me nela, senão para torná-la menos "apavorante". O significado da mais essencial confrontação teórica pode ser entendido somente quando o aspecto polêmico — prevalente na disputa — não provocar mais reações a favor ou discordantes. Logo, o espírito brusco do discurso[8] não deve obstruir a observação do conteúdo e das teorias. Além disso, o pensamento crítico é inibido quando as figuras paternas (Freud e Adler) assumem muitas qualidades de superego, porque então a questão tende a restringir-se a quem dos dois insultou ou maltratou o outro; isso empurra a dimensão teórica para além do horizonte.

---

8. Ernst Federn me escreveu o seguinte a respeito deste ponto: *"Eu mesmo percebi a emoção e o "espírito brusco" das confrontações, só porque os primeiros a se preocuparem com a história da psicanálise foram os anglo-saxões; na Inglaterra e nos Estados Unidos as pessoas não se atacam verbalmente tão ferozmente quanto nós"*.

Um fato importante deve ser apresentado nesse contexto: Freud escreveu comentários polêmicos e depreciativos a respeito de Adler em inúmeras passagens de sua correspondência. Originalmente, essas cartas não eram endereçadas ao público e, em parte, funcionaram para Freud como forma de exteriorização de sua raiva à medida em que a controvérsia se intensificava. Desse período, nenhuma correspondência de Adler foi preservada. Mas, pessoalmente, sua opinião a respeito de Freud não era menos intensa; opinião esta demonstrada em uma das poucas cartas documentadas de Adler, escrita em 16 de agosto de 1913 para Lou Andreas-Salomé:

> Minha posição a respeito da escola freudiana é que infelizmente nunca tive de levar em consideração seus argumentos científicos. Eu sempre observo — assim como todos os meus amigos — as contínuas fraudes acadêmicas (*Haschen* und *Mausen — Lumpeieren*), a respeito das quais Mach fala em seu livro *Analysis*. Como é possível que essa escola tenha procurado tratar as nossas idéias como um bem comum, quando sempre enfatizamos tão-somente a falsidade de suas opiniões?... Para mim, esta é uma prova de que a escola freudiana não acredita de forma alguma em suas próprias teses, mas só procura salvaguardar seus investimentos. (Andréas-Salomé, 1983, p. 178 em diante).

Holtz (1981, p. 20) expressou a seguinte esperança no contexto de sua reavaliação da controvérsia Freud-Adler:

> Olhando hoje para esse conflito, o reconhecimento e a admissão desses aspectos humanos junto aos aspectos científicos revelam a possibilidade de nos distanciarmos dele e, ao mesmo tempo, aprender de certa forma que os caminhos que desde o começo do século separaram progressivamente a psicologia individual da psicanálise, podem com cuidado conduzi-las novamente mais próximas uma da outra.

Entretanto, para que as escolas se reaproximassem de forma inteligente, deveríamos considerar que por detrás da linguagem polêmica existem diferenças consideráveis. Essas diferenças não podem ser negadas ou veladas, por terem sido a causa da separação entre Adler e Freud. Portanto, uma tentativa de conciliação significaria chegar a termos com verdades desagradáveis. Para os adlerianos, isso significaria enxergar que aquilo que Adler reformulou era um retrocesso em virtude do seu repúdio de termos e conceitos de grande utilidade. Significaria juntar novamente a crítica controversa levantada por Russell Jacoby (1978) em seu contexto — que foi considerado trivial pelos adlerianos. A imagem de Adler como um libertador que vai além da psicanálise é dificilmente substanciada. Isso porque — no quadro geral da psicanálise — muito do que se tornou possível em termos de "insight" (percepção) e de reflexões diferenciadas a respeito da psique, não pode mais ser realizado por meio dos termos popularizados de Adler.

Por outro lado os psicanalistas, em grande parte, subestimaram o significado de Adler. Onde Adler não conseguiu criar conceitos claros, ele então apontou uma série de pontos fracos e de dificuldades na teoria psicanalítica, como foi formulada ao redor de 1911. De fato, as abordagens da ego-psicologia de Adler e o seu conceito do instinto agressivo foram integrados à psicanálise alguns anos mais tarde. Federn (1988, p. 11) indicou que o relacionamento entre Freud e Adler tornou-se mais importante para o desenvolvimento da psicanálise do que o próprio Freud presumia.

Stepansky (1983, p. 4) descreveu o dilema da visão reducionista da controvérsia por parte de representantes de ambas as escolas freudianas e adlerianas, da seguinte maneira:

> Os adlerianos têm uma estima tão grande pela Psicologia Individual de Adler que não se dispõem a reconstruir as circunstâncias que envolveram a aliança de Adler com a psicanálise. Satisfeitos em avaliar o período psicanalítico de Adler de um ponto de vista da própria escola de psicologia, eles não se interessam em examinar criticamente a condição de oito anos de Adler como partidário freudiano. Por outro lado, os freudianos empenham tanto tempo para desacreditar a qualidade do discipulado de Adler e as bases de sua cisão com Freud, que não estão interessados em examinar o significado da colaboração psicanalítica de Adler, para o seu subseqüente desenvolvimento como Psicólogo Individual.

O confronto entre Freud e Adler coincidiu com o início da institucionalização do movimento psicanalítico. Os ataques à psicanálise aumentaram, assim como novos periódicos. Capítulos locais e a Associação Internacional de Psicanálise estavam sendo fundados e vários congressos ocorriam. Ao mesmo tempo e à medida em que o movimento era institucionalizado, posições divergentes não eram tão facilmente toleradas. Portanto, essa controvérsia é uma parte da história da psicanálise e um paradigma para as tramitações de conceitos divergentes na fase da repercussão de seu crescimento internacional — tanto positivo como negativo. O que Etzersdorfer (1987, p. 62) disse a respeito de entrevistas verbais pode também ser verdadeiro quanto à controvérsia Freud-Adler:

> Os pesquisadores estão constantemente sujeitos a dificuldades que derivam de suas próprias projeções. Somente por meio da percepção de sua própria contra-transferência, somente por intermédio da separação bem-sucedida dos próprios impulsos instintivos e pela renúncia de identificações, etc. torna-

se possível demonstrar empatia com as dinâmicas internas das condições descritas pelo entrevistado. Os próprios escritores tornam-se parte do processo histórico que — dependendo de sua auto-compreensão — podem também apresentar como um discurso para estabilizar sua própria integridade, que vez e outra precisa ser comprovada pelo exterior.

A partir da alta esfera de emoções criada originalmente pela controvérsia científica, começaram a surgir ofertas sedutoras para tomar partido, para optar entre simpatia e antipatia e para julgar temerariamente. Não é fácil escapar de um redemoinho. Esforcei-me para não tomar decisões temerárias quanto à razão de cada protagonista. Ao contrário, eu estava interessado em desvendar a natureza dos argumentos científicos detalhadamente, para que os leitores pudessem formar sua própria opinião a respeito dos acontecimentos. Por mais que sejamos levados a tomar partido, preferi trabalhar com o material e no máximo comentar a respeito, mas não julgá-lo definitivamente. No capítulo 6 apresento várias e diferentes explicações das causas da separação; uma avaliação final é reservada aos próprios leitores.

Este livro é rico em citações. Pensei no fato de que não teria sentido, como também seria impossível, transmitir com minhas palavras as várias passagens, principalmente os duelos durante as reuniões da "Sociedade de Quarta-Feira" podendo assim arriscar perder a exatidão e a expressão constantes dos textos. Além disso, como se trata de um trabalho histórico, parece-me ser mais significativo citar o original em caso de dúvidas e desta forma estabelecer clareza com base nas fontes, em vez de recontar eventos com minhas próprias palavras. Quando trabalhos de Freud ou de Adler são citados, as datas nas chaves quadradas referem-se àquelas originais da publicação.

A estrutura deste livro é marcada sobremaneira pelas *Minutas da Sociedade Psicanalítica de Viena,* a fonte mais importante da controvérsia. Fontes adicionais sobre as quais este livro se baseia — literaturas primária e secundária a respeito da história da psicanálise e da psicologia individual, versões originais de ensaios, material de arquivo, artigos de jornais, etc. — são citados no texto.

O capítulo 1, "Fundação e Primeiros anos da Sociedade Psicológica de Quarta-Feira (1902-1906)", trata do período para o qual não existem minutas disponíveis. O material acerca da colaboração entre Freud e Adler é escasso nesse período. As diversas versões a respeito do início do relacionamento entre os dois mestres e a vida interior da "Sociedade de Quarta-Feira" estão descritas detalhadamente. O máximo possível de luz foi derramada sobre o período entre 1902 e 1906. Acima de tudo, nesse e nos capítulos seguintes, a estrutura dos membros da "Sociedade de Quarta-Feira" em sua relação com a controvérsia Freud-Adler foi investigada, visto que a maioria dos relatos acerca do conflito se resume na disputa entre os dois antagonistas. Informação dúbia não foi utilizada e informação incorreta colocada em circulação é devidamente indicada.

O capítulo 2, "Inferioridade Orgânica, Compensação e Instinto Agressivo (1906-1908)" cobre o primeiro volume das *Minutas* (outubro 1906 — junho 1908) e descreve a fase inicial da dissidência de Adler, apesar de amplamente tolerada. Tanto sua teoria a respeito da inferioridade orgânica quanto sua compreensão do instinto agressivo foram baseados durante esse período sobre fundamentos biológicos e instinto-teóricos.

O capítulo 4, "O Crescimento das Diferenças Teóricas (1908-1910)", corresponde ao segundo volume das *Minutas* (outubro 1908 — junho 1910). Em duas apresentações decisivas ("A Identidade das Neuroses" e "Hermafroditismo Psíquico"), Adler assinala uma mudança fundamental em sua perspectiva. Ele deixa para trás a abordagem biológica (inferioridade orgânica, compensação e instinto agressivo) a favor de uma abordagem experimental-biológica (sentimento de inferioridade, protesto masculino). As intensas discussões refletem a crescente distância teórica que Adler assumiu das teorias do próprio Freud.

O capítulo 5 descreve as discussões decisivas ocorridas durante quatro noites no início de 1911. Essas noites foram a causa imediata da demissão de Adler como presidente da assembléia da Sociedade Psicanalítica de Viena e de sua retirada, no verão de 1911. Seus partidários se retiraram da sociedade em outubro de 1911. A história e o curso desses dramáticos acontecimentos se desenrolam durante o período coberto pelo terceiro volume das *Minutas*.

Na descrição dos acontecimentos, tentei reconstruir o confronto entre os dois mestres, amplamente expresso nas *Minutas* em várias e únicas passagens. Também procurei apresentá-lo cronologicamente e traçar conexões com outras fontes. Minha descrição da controvérsia Freud-Adler termina em 1911. Esse era também o fim do confronto direto dos dois psicólogos, que, a partir de então, seguiram seus próprios caminhos, separados. E se Freud e Adler alguma vez voltaram ao assunto em escritos posteriores, isso deve ter ocorrido marginalmente, com exceção da publicação por parte de Freud no trabalho intitulado *On the History of the Psychoanalytic Movement* (Sobre a História do Movimento Psicanalítico) de 1914 e do ensaio de Adler *Individual Psychology and Psychoanalysis* (A Psicologia Individual e a Psicanálise) ([1931 n, o] 1982). Mas para esses ensaios — assim como para a maioria das discussões por parte das respectivas gerações de seguidores —, a verdade é que os pontos essenciais já haviam sido engendrados durante as discussões ocorridas até o ano de 1911. Praticamente nenhum novo aspecto apareceu desde então.[9]

---

9. As anotações de diários, cartas e memórias de Andreas-Salomé são uma exceção, pois ela era um membro dos dois círculos durante um curto período de tempo após a cisão. Entretanto, como termino este livro com a separação, somente parte desses documentos foi levada em consideração.

FUNDAÇÃO E PRIMEIROS ANOS DA SOCIEDADE PSICOLÓGICA DE QUARTA-FEIRA (1902-1906)

O PRIMEIRO ENCONTRO ENTRE ALFRED ADLER E SIGMUND FREUD

Existem diversas versões contraditórias de como inicialmente os dois se encontraram e a maioria não foi devidamente comprovada até hoje. Essencialmente, elas se referem às duas primeiras biografias de Adler por Manès Sperber e Phyllis Bottome. De acordo com Sperber (1926, p. 16):

> Adler presenciou uma palestra de Freud pela primeira vez em 1899 ou 1900 na Sociedade Médica de Viena, onde as elucidações de Freud foram ridicularizadas... Adler publicou um relatório detalhado da palestra na revista médica vienense, apelando para que Freud fosse apreciado e exigindo que ele e seus ensinamentos fossem discutidos objetivamente.

Parece que isso fez com que Freud entrasse em contato com Adler para agradecer o apoio. Sperber deixou essa versão inalterada em sua segunda biografia de Adler (1974, p. 22 em diante),[10] e ela foi levada adiante por outros autores. Por meio de fonte material, Sperber citou sua pessoal

---

10. *Vejam por exemplo, Furtmüller, 1965, p. 336. Em Ansbacher e Ansbacher [1965, p. 336] também é observado que evidência para esta afirmação não foi encontrada; Orgler, 1939, p. 15; Rattner, 1972, p. 20; Seelmann, 1977, p. 522.*

comunicação com Adler.[11] Quando as revistas médicas de Viena de 1899 a 1902[12] foram examinadas, o artigo mencionado por Sperber não pôde ser localizado. Pode-se presumir que nunca foi escrito.[13]

De acordo com a versão de Bottome (1939), Adler escreveu uma carta derrogatória para *Neue Freie Presse*, opondo-se a uma derrogatória revisão da *Interpretação dos Sonhos*, de Freud. A carta foi então publicada: "Freud sensibilizou-se pela carta e enviou a Adler o famoso cartão postal agradecendo-o pela sua defesa e pedindo para que ele se juntasse ao círculo de discussão de psicanálise".[14]

Furtmüller (1965, p. 338) e Alexandra Adler (1968, p. 57) teriam adotado essa versão sem verificá-la. Brome (1967, p.17) argumentou que poderia assumir com segurança que Adler nunca escreveu essa carta para *Neue Freie Presse*, visto que nem os próprios adlerianos puderam encontrar vestígios dela.[15] Ellenberger (1970) escreveu que *Neue Freie Presse*, na realidade, nunca publicou uma revisão de *A Interpretação dos Sonhos* — e nem tampouco qualquer artigo contra Freud — e que, portanto, as circunstâncias pelas quais os dois homens se encontraram eram desconhecidas.

Entretanto, publicações recentes, apesar das mencionadas incertezas, continuam reportando essas versões a respeito do primeiro contato entre Adler e Freud. O que na realidade importa é que independentemente de saber se Adler realmente foi um intrépido defensor de Freud, sua imagem como tal tornou-se uma lenda. No relato histórico da escola Adleriana essa imagem destaca tanto a prematura independência de Adler, como sua posição de equivalência à de Freud, em vez da relação professor-aluno.

---

11. Sperber, 1991, p. 83. Ele também confirmou isso em uma carta ao autor datada de 29 de novembro de 1982: "O que afirmo, eu soube de Adler pessoalmente; não posso dizer mais a respeito".
12. Aqueles verificados incluem o Wiener Medizinische Wochenschrift, *o* Wiener Klinische Rundschau *e o* Wiener Klinische Wochenschrift.
13. A falta de confiança na biografia de Sperber deriva também de outras passagens. Por exemplo, ele escreve que, em 1911, não só Adler, Oppenheim e Furtmüller abandonaram o círculo de Freud, mas também Alexander Neuer, Erwin Wexberg [às vezes mencionado como Wechsberg], E. Fröschl e Otto Kaus (1926, p. 57 e.d.). Esse último grupo, de fato mais tarde, tornou-se membro da Sociedade para a Psicologia Individual, mas nunca pertenceu à Sociedade Psicanalítica de Viena. Somente Wexberg aparece em uma lista de membros de 1910-11, no início do 9º ano da existência da Sociedade. Entretanto, o seu nome é barrado e ele não participou de nenhuma reunião (veja Minutas, 1974, pp. 87, 93).
14. Veja Bottome, 1939, p. 57. Com respeito ao material original, é aconselhável desconsiderar grande parte da biografia de Adler. Muitas afirmações incorretas proporcionam bases para legitimamente desconfiar da veracidade de sua informação. Por exemplo, Freud e Adler nunca foram amigos "íntimos"; o psicólogo individual Alexander Neuer nunca foi um membro da "Sociedade de Quarta-Feira"; e Carl Furtmüller não se juntou ao círculo de Freud na mesma época de Adler, como Bottome afirma (1939, p. 10 e pp. 56 e.d.). Quanto à questão de sua influência emocional contra Freud, veja Brome (1967, pp. 50 e.d.).
15. Aqui Brome se refere a um artigo no Journal of Individual Psychology, *18 de novembro de 1962, pp. 125-135.*

Vale a pena notar, nesse contexto, uma entrevista de jornal de 1928, na qual Adler esclarece um pouco mais sua situação perto da virada do século. Uma passagem essencial dessa entrevista especifica:

> Eu estudei com Meynert e Krafft-Ebing. Naquele tempo, tratavam-se simplesmente os sintomas das doenças nervosas, quando nenhuma deficiência orgânica fosse comprovada (é assim que se determina a essência das neuroses), por meio de curas pela água fria, com remédios, ou ainda aconselhando viagens e prescrevendo certas dietas. Sem dúvida, à medida em que o paciente acreditasse piamente no efeito curador dos métodos prescritos, essas curas também produziam resultados favoráveis. Mas todos esses métodos, podendo até incluir a hipnose, pareciam-me não chegar às raízes do problema; e essencialmente não pareciam ser mais do que curas milagrosas, que ocasionalmente até médicos charlatões e visionários conseguiam realizar, desde que o paciente tivesse a fé correta. Eu busquei cada vez mais profundamente rastrear as correlações psicológicas fundamentais, e os escritos de Frenchman Charcot e Janet me incentivaram a investigar mais nessa direção. Então, em 1899 ou 1900, assisti a uma palestra do dr. Freud que, como eu, realizava tentativas para encontrar as correlações psicológicas das várias neuroses. Eu era especialista em nervos e com um grande interesse em anatomia patológica e males internos, cujo reconhecimento ao final, e em minha opinião, encontra-se entre as mais importantes pré-condições de qualquer método de tratamento psicológico. Durante 1901 e 1902, fui convidado a discutir problemas de neuroses com Freud e alguns de seus alunos.[16]

As declarações de Adler dão a impressão de seu desejo em prever o início de seu interesse ativo em questões de neuroses. Em seus registros universitários, não há nenhuma indicação de que estudou com Meynert ou que durante os seus estudos ele tivesse um interesse particular em psiquiatria.[17] E, ao redor da virada do século, ele tampouco era um "especialista em nervos", mas um clínico geral. A esse respeito, a observação de Adler de que "Freud, como eu, realizava tentativas para encontrar as correlações psicológicas das várias neuroses", em retrospecto, parece antecipar seu interesse particular em neuroses. Quanto às suas atividades teóricas em 1902, Adler se dedicou exclusivamente a questões de medicina social, higiene

---

16. "Besuch bei... Dr. Alfred Adler", Neues Wiener Tagblatt, *1º de julho de 1928, pp. sf e.d. Para uma tradução em inglês, veja nota em Ansbacher e Ansbacher, 1965, pp. 336 e.d.*
17. *Veja Handbauer, 1984, pp. 354 e.d.*

e prevenção nos cuidados da saúde. Também é questionável se naquela época ele havia estudado Charcot e Janet. Muito provavelmente, ele foi influenciado pelos escritos do médico social Rudolf Virchow.[18] "Somente em 1904, dois anos depois do início de sua colaboração com a "Sociedade de Quarta-Feira", é que apareceu um artigo seu acerca da prevenção de neuroses.

É possível que Adler tenha assistido a uma palestra de Freud entre 1899 e 1900. Entretanto, dessa entrevista não há nenhuma indicação de uma carta de protesto em defesa de Freud ou de alguma contribuição para uma revista médica, o que dá suporte às dúvidas expressas a respeito das mencionadas versões. O que se sabe realmente, por meio de cartas recentemente tornadas públicas, é que Adler e Freud se conheceram no início de 1899, ou até antes, quando Adler teria consultado Freud a respeito de um paciente e Freud respondera em uma breve carta dando o diagnóstico entre histeria e epilepsia.[19]

A SOCIEDADE PSICOLÓGICA DE QUARTA-FEIRA

FREUD AO REDOR DE 1902

Freud tinha 46 anos na época do círculo de discussão. Durante os dez anos anteriores, tinha se retirado dos círculos médicos acadêmicos e ministrava palestras somente na loja judaica de B'nai Brith:

> Entretanto, Freud tinha o sentimento de ser um estranho, especificamente com aqueles intelectuais austríacos, que promoviam idéias que antecipavam o século XX... O sofrimento de Freud nas mãos da sociedade vienense era reforçado pelo seu Judaísmo e pelo moderno anti-semitismo que emanava de Viena, ao final do século XIX. Essa fatalidade era também compartilhada com a maioria daqueles que hoje são considerados típicos representantes da cultura vienense da virada do século... Freud, ao contrário de Mahler ou Schnitzler e Hofmannsthal, não se rendeu aos sombrios sentimentos de passividade e de triste resignação. Ele permaneceu determinado a lutar contra a maioria compacta sem trégua e sem compromissos (Worbs, 1983, p. 20).

Como Gay observa (1987, p. 124), Freud era "inequívoco" e "agressivamente secular" em sua declarada crença no Judaísmo: "Freud tinha

---
18. Veja Ansbacher, 1977.
19. Veja o Capítulo 7.

consciência de que ser e permanecer judeu era uma tarefa difícil. Mas o ilusório caminho para a fuga por meio do batismo, quer por convicção ou por política, adotado por muitos de seus contemporâneos, assim como Alfred Adler também adotaria, era por ele considerado desprezível".

Os primeiros anos da "Sociedade de Quarta-Feira" coincidiu com um período de publicação de muitos trabalhos de Freud. *A Interpretação dos Sonhos* apareceu ao redor da virada do século, e, de 1904 a 1905, os escritos mais importantes de Freud seguiram em rápida sucessão: *The Psychopathology of Everyday Life* (A Psicopatologia da Vida Diária) (1904, em formato de livro), *Jokes and Their Relation to the Unconscious* (Anedotas e Sua Relação com o Inconsciente), *Three Essays on the Theory of Sexuality* (Três ensaios sobre a Teoria da Sexualidade) (1905), e o caso "Dora": *Fragments of an Analysis of a Case of Hysteria* (1905) (Fragmentos de uma Análise de um Caso de Histeria) (1905). Com estas publicações, Freud ampliou o campo da psicanálise: de uma teoria de neurose para uma psicologia compreensiva da realidade psicológica "normal". Seus escritos, até então, haviam sido potencialmente importantes principalmente para psiquiatras e psicopatologistas, pois delineavam possíveis formas de compreensão de desordens psicopatológicas e de influências por intermédio de terapia — em oposição à limitação convencional da classificação e do isolamento. Com esses trabalhos, Freud agora conseguia também assegurar o interesse de leigos contemporâneos por meio do estudo da psique "normal" (sonhos, lapsos casuais, anedotas). Ele começou a atrair seguidores com sua fórmula conclusiva e a definição sistemática da teoria psicanalítica como um modelo que explica psicologicamente o comportamento normal e anormal:

> Por volta da virada do século, um iluminado profissional e um leigo público demonstraram um grande interesse e uma receptividade no pensamento psicológico que parece ter sido decisivo na mudança de ênfase da psicanálise para a psicologia leiga. Desta maneira, a gama profissional de seguidores de Freud foi além das tradicionais especializações médicas. Certas sensibilidades socioculturais e interesses haviam criado uma atmosfera na qual novos termos e conceitos podiam recair sobre um existente grupo de opiniões. (Fallend et al., 1985, pp. 116 em diante).

O ressurgimento de Freud de seu isolamento e o estabelecimento da "Sociedade de Quarta-Feira" também coincidiram com o término de sua amizade com Wilhelm Fliess.

Ainda há um outro evento significativo que marcou o ano de 1902. Em 5 de março, o imperador Francis Joseph assinava o documento que nomeava Freud como Professor Universitário Extraordinário. Como um

"*Dozent*" (palestrante) em neurologia, Freud apresentara palestras na Universidade de Viena desde 1886-1887, "mas aparentemente sentia-se cada vez menos confortável lecionando a uma aleatória e imprevisível platéia jovem que não se sintonizava com sua maneira de pensar. Seus cursos aconteciam em salas diferentes, de difícil localização e em horários extremamente inconvenientes (aos sábados, entre 17:00 e 19:00)". (Graf-Nold, 1988, pp. 49 em diante).

Uma lista alfabética dos estudantes que assistiram às palestras de Freud durante os anos acadêmicos de 1886-1887 até 1918-1919 registra o nome de 269 pessoas, dentre as quais algumas teriam um papel na história da psicanálise e da psicologia individual: Helene Deutsch, Leonhard Deutsch, Rudolf Dreikurs, Paul Federn, Otto Fenichel, Josef Friedjung, Gustav Grüner, Margarete Hilferding, Eduard Hitschmann, Edwin Hollerung, Hermine Hug von Hugenstein, Max Kahane, Paul Klemperer, Stefan von Máday, Richard Nepallek, Oskar Rie, Hanns Sachs, Isidor Sadger, Hugo Schwerdtner, Richard Wagner, Erwin Wexberg e Alfred Winterstein.[20] Diversos ouvintes de suas palestras se tornariam membros da "Sociedade de Quarta-Feira."[21]

Escrevendo a respeito de sua situação na virada do século, Freud fez alusão ao tratamento hostil por parte do público em virtude de suas teorias: "Por mais de dez anos depois de minha separação com Breuer, eu não tive seguidores. Estava totalmente isolado. Em Viena eu era evitado; no exterior, ninguém me deu atenção" (Freud [1925], *S.E.*, XX, p. 48). Sulloway (1979) descreveu como mito — que então funcionaria como lenda na historiografia psicanalítica — as declarações de que Freud ficara isolado durante uma década e de que suas teorias não haviam encontrado uma receptividade apropriada, amigável e racional por parte de seus contemporâneos. Ele ainda afirma que foi desta forma que o "Mito do Herói", assim como o mito das descobertas corajosas, passaram para as futuras gerações. Para efeito de comprovação, Sulloway cita sua própria pesquisa, bem como as de Ellenberger (1970) e de Decker (1977).

De fato, a historiografia psicanalítica abusou exageradamente desses relatos; mas Sulloway, em busca de sua tese, parece não ter dado muita importância às suas bases realistas. Jones (1955, pp. 120 em diante) observa, com vários exemplos, que em anos antecedentes à Primeira Guerra

---

20. *Veja Gicklhorn, 1960, pp. 169 e.d.*
21. *Jones (1955, p. 16) em 1906 cita uma lista de presença que inclui entre outros: Carl Furtmüller, Franz Grüner, Gustav Grüner, Paul Klemperer e [H.] Oppenheim; ou seja, adeptos posteriores de Adler na Sociedade de Quarta Feira. Gicklhorn (1960, p. 188) questiona essa lista: Furtmüller, Oppenheim e Franz Grüner nunca se inscreveram nos cursos de Freud; na melhor das hipóteses, eles podem ter assistido às palestras. As minhas próprias pesquisas nos Arquivos da Universidade confirmam essa declaração a respeito de Furtmüller e Oppenheim. Entretanto, Franz Grüner se inscreveu para o curso de palestras de Freud para a temporada de inverno de 1906-1907, verão de 1907, inverno de 1907-1908 e verão de 1909-1910.*

Mundial, em particular, houve uma escalada nas animosidades por parte dos neurologistas e psiquiatras alemães. Para esclarecer se Freud foi realmente tratado com tanta hostilidade ou não, como ele e Jones afirmavam, é preciso considerar que a maioria desses ataques não foram dirigidos diretamente, nem tampouco impressos: "Pois só uma pequena parte da enxurrada vazou para os periódicos científicos e tão-somente de forma relativamente civilizada. A maioria das investidas aconteciam na forma de explosões de raiva não registradas, durante encontros científicos e outras mais, fora deles" (*ib.*).

Também é preciso considerar esse ponto à luz do trabalho de Decker. Apesar de demonstrar que Freud não fora ignorado na extensão declarada, o seu estudo se refere principalmente à recepção de *A Interpretação dos Sonhos*. Entretanto, de acordo com Jones (*ib.*, p. 124), somente o *Três Ensaios sobre a Teoria da Sexualidade* e o caso "Dora", ambos publicados em 1905, levaram ao aumento da hostilidade. Isso também é substanciado em um relatório de Eitingon que se inteirou da psicanálise durante o período da "então atmosfera escaldante em Burghölzli, o hospital mental de Zurig":

> Você sabe que com a publicação do primeiro caso "Dora", começou uma "caça às bruxas" contra ele. Doze anos antes aparecia *"Studies on Hysteria"* (Estudos sobre Histeria), que teve uma receptividade morna — mas assim mesmo com algum favorecimento; e *A Interpretação dos Sonhos* foi antes considerado uma de suas idéias fixas, até o momento em que o caso "Dora" demonstrou o quanto ele estava sendo sincero. (Eitingon, 1950, p. 38).

Jung (1962, p.152) também confirmou que, no mundo acadêmico durante aquele período, Freud era uma *"persona non grata"*. E Binswanger (1956, p. 38) escreveu:

> A resposta ao meu anúncio público pode servir como exemplo de como era grande a atitude de rejeição e de intolerância para com a psicanálise naquela época na Alemanha; o anúncio que enviei ao mundo quando assumi a direção médica de nossa clínica — o simples anúncio de que em nossa clínica também praticávamos a psicanálise! A resposta da Alemanha foi a de como se eu houvesse decretado a sentença de morte para a nossa clínica!

Nem o relato tradicional da história da psicanálise, nem a sua antítese de Sulloway e Decker parecem-me responder de maneira equilibrada à questão que diz respeito à extensão atual do isolamento de Freud e das animosidades contra ele dirigidas. A questão permanece sem solução e não será examinada mais a fundo neste livro.

De qualquer forma, o estabelecimento da "Sociedade Psicológica de Quarta-Feira" terminou com o isolamento de Freud — qualquer que fosse a sua extensão — mesmo que ele próprio tenha datado sua conclusão anos mais tarde, em 1907, o ano em que o psiquiatra de Zurig, C. G. Jung, aderiu à psicanálise.

OS MEMBROS FUNDADORES

Quatorze anos mais jovem que Freud, Adler trabalhou em 1902 como clínico geral no Segundo Distrito de Viena, onde se concentrava a classe média baixa judaica. De certa forma idealizando, Nunberg (*Minutas*, 1962, p. xx) descreveu o relacionamento entre Freud e os médicos que fundaram a "Sociedade de Quarta-Feira": "De um lado, havia um grupo de homens em busca de novas idéias e de um líder, e, do outro, havia um homem solitário que havia realizado importantes descobertas e desejava compartilhá-las com outras pessoas".

O médico Wilhelm Stekel deu a Freud o ímpeto para estabelecer a "Sociedade de Quarta-Feira." Em sua autobiografia, Stekel escreve a respeito de seu tratamento terapêutico com Freud e de seu compromisso jornalístico para com a nova ciência:

> Gradativamente, fiquei conhecido como um colaborador de Freud. Eu lhe sugeri que fundasse um pequeno grupo de discussão; ele aceitou a idéia e, às quartas-feiras, após o jantar, reuníamo-nos na casa dele... As primeiras reuniões foram inspiradoras. Escolhemos aleatoriamente alguns temas para falar a respeito e todos participavam em uma verdadeira discussão. Na primeira noite, falamos acerca das implicações psicológicas do fumo. Havia uma harmonia total entre os cinco, nenhuma dissonância; parecíamos pioneiros em uma terra recém-descoberta, e Freud era o líder. Uma centelha parecia saltar de uma mente para outra e cada encontro era como uma revelação. Estávamos tão entusiasmados com esses encontros que decidimos, por consentimento unânime, agregar novos membros ao nosso círculo.[22]

Para a primeira reunião, Freud enviara convites aos médicos Alfred Adler, Max Kahane e Rudolf Reitler. Seguem alguns detalhes a respeito dos membros fundadores da "Sociedade de Quarta-Feira".[23]

---

22. Stekel, 1950, pp. 115 e.d.
23. *Para estes e outros posteriores detalhes biográficos de membros individuais, as indicações nas* Minutas *(1962, p. xxxiii-xxxvii; 1974, pp. Xiii-xviii; e 1975, pp. Xviii e.d.) e em Federn, 1994, pp. 14 e.d.*

Wilhelm Stekel (1868-1940), como jovem médico, consultou Freud por problemas de impotência e submeteu-se a tratamento psicanalítico. Após algumas sessões, já demonstrava resultados positivos. Ele publicou artigos a respeito de assuntos médicos e de outros, em vários jornais e diários. Jones escreveu (1955, p. 9) que Stekel também fez publicações acerca de apresentações e discussões da "Sociedade de Quarta-Feira" em colunas de domingo do *Neues Wiener Tagblatt*, mas é incorreto. No início de 1901, Stekel realmente publicou folhetins ocasionais no *Neues Wiener Tagblatt*. Essas publicações ocasionais tratavam de vários assuntos, mas não o que era discutido na "Sociedade de Quarta-Feira".[24] Em janeiro de 1902, ele publicou uma revisão favorável do *Interpretação dos Sonhos* de Freud.[25] Entretanto, um outro folhetim de Stekel apareceu em 28 de janeiro de 1903 no *Prager Tagblatt* — "Discussion about Smoking" (Discussão acerca do Fumo) que relatava um encontro do início da "Sociedade de Quarta-Feira". Mas, mesmo nesse jornal, nenhum outro folhetim de Stekel apareceu mais. Ao redor de 1903, ele começou a trabalhar como analista; escreveu diversos artigos científicos acerca de psicanálise e livros, inclusive *Conditions of Nervous Anxiety and Their Treatment*) (Condições da Ansiedade Nervosa e o Seu Tratamento) (1908) *e Sex and Dreams* (Sexo e Sonhos) (1911). Wittels (1924, p. 132) escreveu:

> O dom jornalístico [de Stekel] possibilitou-lhe tornar amplamente conhecidas as teorias de Freud em Viena e em toda a Alemanha. Seus elogios constantemente apareciam na imprensa diária. Sem dúvida, Freud eventualmente conseguiria o seu sucesso sem a ajuda dessa publicidade, mas, de qualquer forma, os trabalhos de Stekel foram consideráveis em uma época na qual a coragem era necessária para aqueles que se proclamavam psicanalistas.

Stekel possuía um notável talento para compreender sonhos e símbolos. Mas Freud desenvolveu uma atitude ambivalente para a maneira pela qual Stekel usava o seu talento. Há vários momentos que indicam seu desagrado com Stekel pela "tempestuosa" forma de analisar e de aplicar a psicologia. Isso também acontecia realmente com outros membros vienenses nos quais Freud também achava que faltasse autocrítica e sensibilidade analítica. Stekel e Freud se separaram em 1912. Mais detalhes a respeito dessa separação, que foi diferente da separação com Adler, não é o escopo deste livro. Federn (1994, p. 24) expressa o seguinte:

> Extraordinariamente talentoso tanto como jornalista quanto como terapeuta, [Stekel] não levava suficientemente a sério a

---

24. *Veja Worbs, 1983, p. 137.*
25. *Reimpresso em Kimmerle, 1986, pp. 106-122.*

necessidade de ser preciso na apresentação da verdade e nas funções administrativas. Não era isso que Freud esperava de seus colaboradores e foi algo que, com o tempo, não conseguiu mais tolerar.

Em uma carta de 3 de novembro de 1912, Freud fez comentários a respeito da demissão oficial de Stekel com as seguintes palavras: "Estou muito satisfeito com isso, pois não é possível imaginar o quanto sofri com a obrigação de defendê-lo perante o mundo. É uma pessoa intolerável" (Freud e Abraham, 1965, p. 125).

Ao escrever a respeito do alegado irresponsável relacionamento de Stekel com a verdade, Jones (1959, p. 219) descreve que independentemente do tema levantado nas reuniões da "Sociedade de Quarta-Feira", ele dizia constantemente "com estas palavras — 'hoje mesmo um paciente deste tipo me consultou' — de maneira que 'o Paciente da Quarta-Feira de Stekel' acabou se tornando uma brincadeira permanente".

Stekel co-editou o *Zentralblatt für Psychoanalyse* (O Papel Central da Psicanálise) até a sua separação de Freud, em 1912; em seguida, o editou sozinho até o início da Primeira Guerra Mundial. Stekel tinha um número considerável de seguidores, mas nunca conseguiu estabelecer sua própria escola psicanalítica de pensamento, apesar de todas as suas tentativas. As terapias de curto prazo praticadas atualmente se baseiam em suas idéias. Em 1940, Stekel exilou-se em Londres.

Max Kahane (d. 1924) encontrou-se com Freud quando era um jovem médico. Tal como Rudolf Reitler, ele havia assistido às palestras de Freud na universidade e, como resultado, fora convidado por Freud a participar da sessão de fundação da "Sociedade de Quarta-Feira". Kahane trabalhava em um sanatório para desordens nervosas e não praticava a psicanálise. Junto com os médicos Alfred Bass e Julius Baum, Alfred Adler editou o *Medizinisches Handlexikon für Praktizierende Ärzte* (Dicionário Médico para o Médico Praticante). Em março de 1907, ele anunciou "que não poderia participar regularmente das reuniões de Quarta-Feira durante o semestre do verão, por estar editando a 'Enciclopédia' [Dicionário Médico]" *(Minutas,* 1962, p. 153). O Dicionário foi publicado em 1908. Wittels (1924, p. 132) escreve que Kahane era um amigo da juventude de Freud. Por volta de 1908, essa amizade chegava ao fim: seus motivos são desconhecidos. De acordo com Stekel (1923, p. 570):

> Eu não quero deixar de mencionar que outro de nossos antigos membros, o perspicaz Max Kahane, também separou-se amargamente de Freud. Nunca perguntei a Kahane os motivos dessa separação, mas a maneira como ele falou de Freud não pode ser reproduzida aqui. Nunca duvidara da importância científica de Freud; ele só se referiu à forma pela qual Freud tratava os

seus amigos, e Kahane tinha o direito de se considerar como um deles.

Depois de março de 1907, Kahane não participou mais da "Sociedade de Quarta-Feira".

Rudolf Reitler (1865-1917) era um proeminente médico vienense na fundação da "Sociedade de Quarta-Feira".[26] Descreveram-no como uma pessoa versátil e de talento artístico. Ele foi o primeiro depois de Freud a praticar a técnica psicanalítica que se desenvolvia e era um terapeuta muito bem sucedido. Reitler faleceu jovem em decorrência de uma grave e longa doença. No obituário do *Internationale Zeitschrift für Psychoanalyse* ele é caracterizado por Freud como um dos primeiros e principais pioneiros da psicanálise.

AS PRIMEIRAS SESSÕES

Freud considerava a fundação e o propósito da "Sociedade de Quarta-Feira" desta forma ([1914d], *S.E.*, XIV, p. 25):

> A partir de 1902, um número de jovens médicos se reuniram à minha volta com a intenção definida de aprender, praticar e divulgar o conhecimento da psicanálise. O estímulo veio de um colega que se beneficiara dos efeitos da terapia analítica. Encontros regulares aconteceram certas noites em minha casa, com discussões de acordo com certas regras, onde os participantes se empenharam para encontrar suas orientações nesse novo e estranho campo de pesquisa e, ao mesmo tempo, interessar outras pessoas.

De acordo com Graf (1942, p. 470), com a fundação da "Sociedade de Quarta-Feira", Freud pretendia cercar-se não só de estudantes, mas também de personalidades que vinham de outros campos de disciplina intelectual. Para Graf, ele fez uma menção passageira do poeta Hermann Bahr, que, no entanto, nunca se tornou um membro da Sociedade. Originalmente, Freud queria que suas teorias fossem discutidas a partir dos mais amplos pontos de vista.

Wittels (1924, p. 134) argumenta que Freud, por meio das discussões da "Sociedade de Quarta-Feira", pretendia "fazer passar suas idéias pelo filtro de outras inteligências treinadas":

> Não importava o fato de as inteligências serem medíocres. De fato, ele não fazia questão que os associados fossem pessoas

---

26. *Conforme Stekel (1923, p. 546), Reitler era um médico na clínica médica de Baden, perto de Viena; mas também trabalhava em Viena numa clínica que oferecia tratamento com banhos de vapor.*

de forte individualidade, críticas e colaboradoras ambiciosas. A sua idéia fixa e a sua vontade era o reino da psicanálise, e aceitava qualquer pessoa que concordasse com suas opiniões. O que ele queria era olhar em um caleidoscópio em que o jogo de espelhos multiplicaria as imagens que ele introduzisse. As noites de reunião eram especialmente agradáveis quando Freud apresentava o seu trabalho no estado nascente... Neste íntimo círculo, o método de Freud era muito mais audacioso do que em uma palestra pública. Ele começava enunciando seus pontos de vista categoricamente a fim de que fossem criticados; então ele proporcionava uma enorme riqueza de argumentos como suporte, de tal maneira que seus ouvintes eram facilmente convencidos de sua verdade. As pessoas que só conhecem Freud por intermédio de seus escritos têm muito mais condição de discordar de suas idéias do que aquelas que ouviam o seu discurso mágico.

Stekel escreve que logo se tornou necessário "preparar com antecedência o programa de cada reunião":

> Um dos cinco membros apresentava um sumário escrito e uma discussão era empreendida. Gradativamente, certas regras foram elaboradas e rigidamente mantidas... As primeiras reuniões foram magníficas e serão inesquecíveis para cada participante. Ciúmes e competição ainda não se faziam sentir. Freud ainda não era reconhecido e todos tinham um objetivo em comum: ajudar o mestre a conseguir o justo reconhecimento. (1923, pp. 545 em diante).

O primeiro grupo que se reuniu em outubro de 1902 era composto exclusivamente de médicos. Entretanto, não demorou muito para que representantes de outras profissões fossem admitidos: escritores, acadêmicos de ciências humanas e educadores. Ordenadamente, os participantes apresentavam resumos que tratavam de tópicos médicos e psicopatológicos pela perspectiva psicanalítica. As interpretações psicanalíticas de questões culturais, filosóficas e educacionais adquiriram uma importância cada vez maior. Em seguida, os tópicos apresentados eram discutidos extensivamente, de acordo com um procedimento pelo qual os nomes eram sorteados para determinar a ordem dos apresentadores.

Dizem que dificuldades pessoais entre os próprios membros também foram discutidas pelo menos durante os primeiros anos. Conforme Nunberg (*Minutes,* 1962, p. XXI):

> Parecia seguro assumir que a premência desses homens em compreender e curar seus semelhantes refletia sobremaneira sua própria necessidade de ajuda. E de fato, nas reuniões da Sociedade, eles discutiam não somente os problemas alheios,

como também suas próprias dificuldades; eles revelavam seus conflitos internos, confessavam seu onanismo [masturbação], suas fantasias e reminiscências a respeito dos pais, amigos, esposas e filhos. É verdade que pareciam ter sido neuróticos, mas não mais do que muitos outros que não são considerados doentes.

Entretanto, poucas passagens aparecem nas *Minutas* — como do período após 1906 — que confirmam a afirmação de Nunberg a respeito dessa atmosfera de confidencialidade durante as discussões.[27]

A "DISCUSSÃO ACERCA DO FUMO": AS PRIMEIRAS "MINUTAS" DA SOCIEDADE DE QUARTA-FEIRA (1902)

Stekel (1923, p. 543) escreveu a respeito do que possivelmente foi a primeira reunião da "Sociedade de Quarta-Feira", da seguinte maneira: "Concordava-se que após algumas observações introdutórias se empreendesse um tópico psicológico. Foi Kahane que sugeriu para que se falasse abertamente acerca de tópicos diferentes e também propôs a idéia de falar a respeito do fumo".

Stekel publicou essa discussão em formato de *folhetim* no *Prager Tagblatt*, em 28 de janeiro de 1903, e uma tradução é reproduzida em seqüência, pois ela representa um retrato característico da primeira conversa informal. Provavelmente, ela diz respeito ao primeiro registro da "Sociedade de Quarta-Feira", que Stekel novamente publicou em 1923 (pp. 543 em diante). Ele escreveu que essa discussão reproduziu a essência do caráter íntimo de algumas reuniões e diverge severamente das minutas escritas por Rank, a partir do final de 1906. Entretanto, é difícil determinar se isto é devido ao estilo de escrever em formato de folhetim de Stekel, ou se os primeiros encontros realmente foram diametralmente diferentes das sessões mais acadêmicas de anos posteriores. Freud aparece na descrição de Stekel como "o Mestre"; Adler, como "o Socialista"(!); Kahane, como "o Descontraído"; Reitler, como "o Reticente" e Stekel, como "o Agitado".

DISCUSSÃO ACERCA DO FUMO

Um pequeno e confortável estúdio na residência de um importante neurologista. O anfitrião está sentado à sua mesa fumando um pequeno cachimbo inglês. "O Agitado" está sentado em uma

---

27. Veja apresentação de Rudolf von Urbantschitsch, My Developmental Years Until Marriage, 15 de janeiro de 1908 (Minutes, 1962, pp. 281-285).

poltrona de couro macio e fuma como o seu mestre — possivelmente com mais satisfação — um cachimbo inglês.

"O Reticente" com destreza e elegância segura um cigarro fino entre seus dedos. "O Socialista", muito sério, fuma confortavelmente um charuto da Virgínia.

A campainha toca e chega "o Descontraído". O anfitrião oferece-lhe um charuto.

O Descontraído: Não, obrigado. Estou fumando pouco agora. Eu me convenci de que os meus pensamentos são muito mais claros quando não fumo. Fumar produz um certo sentido de bem-estar e estimula os nossos poderes criativos. Porém, possui uma grande desvantagem — tal como o álcool, impede uma visão clara e destrói a influência benéfica da autocrítica.

O Mestre: Compreendo. Você não quer que o fumo lhe roube nenhum grama de seu livre-arbítrio.

O Descontraído: É verdade. Agora trabalho com muito mais clareza e sobriedade. Eu gostaria de saber o que vocês têm a dizer a respeito. O declínio das ciências metafísicas e o desvanecimento da Filosofia diante de outras ciências não poderiam ser explicados pelo mau costume de fumar durante a execução de um trabalho intelectual?

O Agitado: Isso não se afina com as minhas experiências. Se eu realmente pensasse a respeito, poderia dizer que os meus escritos coincidem exatamente com o que passei a escrever quando comecei a fumar.

O Descontraído: Você só está confirmando a minha hipótese de que o fumo prejudica o sentido de autocrítica.

O Mestre: Genial — mas malicioso.

O Agitado: E errado, porque eu fumo somente após as refeições e nunca durante o trabalho intelectual. E, além disso, faz quanto tempo que os europeus fumam? O fumo só se tornou um passatempo popular a partir do século XVIII, e até o século XIX era proibido fumar nas ruas. É precisamente durante esses últimos séculos que essas descobertas influentes e esse enorme trabalho intelectual veio à tona.

O Mestre (para o Descontraído): Você está fazendo um mau juízo da natureza da criatividade. Eu, pelo menos, faço o meu trabalho em duas fases. No primeiro dia, conceituo os meus pensamentos sob a influência da inspiração. Aqui, a fantasia deve colaborar consideravelmente para que o assunto se apresente em toda a sua grandeza. O meu senso crítico só se faz presente no segundo dia, fumando ou não. Uma pequena semente de verdade parece estar nessas observações. Caso eu tenha de ler um livro antagônico, que provavelmente me irritará, então não fumo. Eu o leio rapidamente e muito agitado até o fim, e só fumo depois. Claramente, o fumo causa uma pequena anestesia, os nervos experimentam um sentimento de bem-estar.

O Reticente: As mulheres fumantes são outro ponto digno de consideração. Algumas fumam somente pelo desejo de emancipação.

O Descontraído: Para algumas senhoras, fumar é um caminho inocente pelo qual fluem os impulsos da perversidade sexual.

O Reticente: Elas fumam para alcançar o mesmo prazer que o homem tem. Por que procurar pecados mais profundos?

O Mestre: Uma de minhas jovens e vivas conhecidas tinha uma paixão pelo fumo. Então fez a tarefa de casa e defendeu-se com uma charmosa poesia. Era curta e concisa: "Eu fumo muito porque sou tão pouco beijada".

O Agitado: Essa conclusão pode muito bem ter um duplo sentido. Os prazeres da nicotina parecem diminuir os nossos desejos do amor. Existem casos conhecidos.

O Mestre: Eu já sei onde você quer chegar. Aliás, todos nós sabemos: a eterna oposição de nossas mulheres ao fumo!

O Descontraído: Maravilhoso! Além das repreensões de que o cheiro adere às cortinas.

O Mestre: São uma desculpa!

O Agitado: Uma cortina que nos impede de chegar a uma real correlação. *(Todo mundo riu.)*

O Reticente: Está perfeitamente claro.

O Agitado: Absolutamente nada está claro. Ainda há algo que não faz sentido. Conheci uma jovem que eu amava.

O Descontraído: Qual delas?

O Agitado: É irrelevante... que eu amava. Quando a beijei, ela disse: Você não fuma, não é? É estranho, você não tem nem um pouco cheiro de homem. E ela pronunciou "homem" de uma forma muito solene. Um homem — positivamente três vezes grifado.

O Descontraído: Que idade você tinha, nessa época?

• • • • • • • • • • •

O Mestre: Este era um desejo oculto de ver você como homem adulto.

O Socialista: Depois do casamento, ela certamente exigiria de você exatamente o oposto!

O Reticente: É o que eu penso também.

O Agitado: Vocês estão brincando — isso não é psicologia. Eu acredito seriamente que as mulheres não gostariam que faltasse aquele aroma de tabaco em nossos beijos.

O Descontraído: Assim como o bigode, que dizem ter um efeito perturbador no beijo.

O Socialista: Concluímos assim que em muitos casos o fumo tem uma íntima conotação sexual. Isso também é revelado pelo fato de que as vendedoras de leite de mais idade nas montanhas freqüentemente fumam muito mais do que os homens. Elas já renunciaram ao amor.

O Agitado: O Mestre tem razão. O fumo é um anestésico suave. Entretanto, nós, como médicos, devemos admitir que ele pode tornar-se um perigoso veneno.

O Mestre: Pode tornar-se perigoso às pessoas que fumam em grandes doses. Mas será que fumar moderadamente prejudica a saúde? Eu sempre desconfio quando escuto que este ou aquele paciente supostamente morreu por ter sido um grande fumante. Freqüentemente existem outros motivos atrás disso e além disto, parece que a combinação com o álcool seja particularmente perniciosa.

O Agitado: Na realidade, fumo muito pouco. Cinco charutos por dia, uma vez após cada refeição. No entanto, tenho a impressão de que poderia largar a qualquer momento. Sim — depois de um charuto muito ruim, decido-me: amanhã eu largo. É dessa maneira que me engano há vários anos, com o pensamento de que esta seria realmente a última vez. O exaustivo consolo de todos os pecadores! Grandes e pequenos.

O Mestre: Você não é um fumante e, portanto, não pode entender. Durante dois anos, proibiram-me de fumar. Foi terrível. Tinha a sensação de ter perdido um grande amigo por quem devia chorar de manhã até à noite. Hoje tenho o mesmo sentimento pelo meu cachimbo. É o meu bom amigo — meu conselheiro, meu colega, meu consolo, meu companheiro de viagem — que, para mim, encurta o mais longo dos caminhos.

TREINANDO A ANÁLISE

Vários membros, como Wilhelm Stekel, haviam sido tratados por Freud durante períodos curtos ou longos, e juntaram-se à Sociedade por meio desse caminho. Entretanto, submeter-se a tratamento psicanalítico nunca foi um requisito para admissão, e nessa época não era considerado um papel significativo. Porém, mais tarde, foi um requisito importante nas associações psicanalíticas. Freud ainda não tinha pensado em um treinamento de análise, apesar de retrospectivamente enfatizar que "na psicanálise, de modo particular, seria exigido um longo treinamento em autodisciplina e na severidade da própria disciplina". (Freud [1914]. *S.E.*, XIV, p. 26).

O treinamento de análise só foi instituído depois da Primeira Guerra Mundial. No Congresso Internacional de Budapeste, em 1918, Herman Nunberg instigado por Freud, propôs a moção que exigia que todos os analistas se submetessem pessoalmente à análise. Houve oposição por parte de Otto Rank e de Viktor Tausk, mas, em 1925, no Congresso de Bad Homburg, a moção foi finalmente aprovada.[28]

Jones (1955, p. 36) descreve em que consistia o "treinamento de análise" antes da Primeira Guerra Mundial; ele escreveu a respeito da visita de duas semanas de Max Eitington a Viena, em janeiro de 1907, e de sua participação em duas sessões da "Sociedade de Quarta-Feira":

> Ele passou três ou quatro tardes com Freud, que consistiram de um trabalho pessoal analítico durante longas caminhadas pela cidade. Foi assim que se realizou o primeiro treinamento de análise! Lembro-me do passo rápido e da rápida evolução da conversa nessas caminhadas. O fato de andar rapidamente costumava estimular o fluxo de pensamentos de Freud, mas para o acompanhante, que preferiria uma pausa para digerir o que dizia, era de tirar o fôlego. Em outubro de 1909, Eitington passou três semanas em Viena, já que duas vezes por semana ele passava a tarde andando com Freud, continuando seu treinamento.

---

28. *Veja Nunberg, 1969, p. 35.*

Por outro lado, Adler nunca se submeteu à análise ou a um tratamento com Freud. A seguir, o texto de uma carta de Freud para Jung que não foi enviada, datada de 22 de dezembro de 1912:

> Com relação à sua alegação de que... eu faço uso da psicanálise para manter os meus estudantes em um estado infantil de dependência... prefiro não julgar, porque é difícil fazer um julgamento de si mesmo e tais julgamentos não convencem ninguém... Eu já me acostumei com as censuras contrárias vindas de Viena, como a que eu pouco me preocupo com a análise de meus "estudantes". E isso é bem verdade porque, por exemplo, desde que Stekel descontinuou seu tratamento comigo, dez anos atrás, nunca lhe disse nada a respeito de sua análise. No caso de Adler, tive muito cuidado para não fazer o mesmo. (Freud e Jung, 1974, p. 537).

E então, em uma carta datada de 3 de janeiro de 1913, Freud escreveu: "Em Viena, sou repreendido exatamente pelo oposto. Consideram-me responsável pela má conduta de Stekel e Adler... e tampouco fiz qualquer uso de análise com Adler, que nunca foi meu paciente" (*ib.*, p. 538).

Mais tarde, Adler dirigiu-se a respeito da seguinte maneira: "Apesar de nunca ter sido analisado, também recusaria tal convite *"a princípio"*, pois perturbaria a imparcialidade da visão científica — que de qualquer forma não é percebida pela maioria das pessoas — na rígida conformidade à doutrina psicanalítica [de Freud]...". (Adler [1993b] 1973, p. 154).

A questão do treinamento de análise seria discutida marginalmente nas reuniões da "Sociedade de Quarta-Feira". Em 6 de novembro de 1907, Adler e Freud trocaram idéias a respeito da técnica psicanalítica, e Freud também falou implicitamente do treinamento para o psicanalista. Nessa reunião, Freud apresentara um caso de neurose obsessiva (o "Homem Rato"), colocando em debate mudanças na técnica psicanalítica. A livre associação deveria ser agora a diretriz para o tratamento: "A técnica da análise mudou a ponto de que o psicanalista não procure mais elucidar material de seu interesse, mas permite ao paciente seguir sua linha de pensamento natural e espontânea" (*Minutas*, 1962, p. 227).

No debate a seguir, Stekel comentou:

> A confiança do paciente é o fator mais essencial do tratamento. O analista precisa cuidar para que a sua técnica não se torne uma rotina; nem todos os casos seguem o padrão do caso apresentado. As características individuais devem ser consideradas. Um bom analista [a tradução original menciona "Stekel"], aguarda em suas análises [o processo de] o descobrimento das mais profundas conexões, até conseguir o domínio sobre o paciente. (*Ib.*, p.232)

Adler duvidava de que "a psicanálise pudesse ser ensinada ou aprendida":

> Em muitos casos, algumas coisas devem ser deixadas sem explicação; é importante apossar-se tão-somente de algumas posições do inimigo, para que sua rendição garanta a vitória; o inimigo não precisa ser eliminado até o último homem. Por outro lado, não devemos reter conexões importantes uma vez que o paciente as encontre. As regras aplicadas por Stekel podem ser chamadas de "psicodiplomáticas". Quanto ao caso presente, Adler tem certeza de que condições orgânicas serão encontradas. Ele pensa que seja um forte caso de auto-erotismo que ainda não foi substituído pela heterossexualidade. A avareza também deriva de impulsos auto-eróticos (zona anal). Há mais de um caminho na psicanálise. (*Ib.*, p. 234)

Freud concordou com a crítica de Adler a respeito de Stekel e disse: "Em alguns casos, uma solução parcial é suficiente, mas isso de nenhuma forma delimita as possibilidades teóricas. Entretanto, em outros casos é necessário levar a análise até o fim, por razões terapêuticas" (*Ib.*, p. 237). Mas então ele retorquiu, principalmente para Adler, "de que não deveria haver nenhuma dúvida quanto ao fato de que o método psicanalítico possa ser aprendido. Será possível aprendê-lo, desde que a arbitrariedade dos psicanalistas possa ser contida por regras testadas" (*Ib.*).

O AMBIENTE DAS SESSÕES

As reuniões aconteciam todas as quartas-feiras às 20h no apartamento de Freud, em Berggasse. Às 21 horas, à medida que a sala se enchia de fumaça de charuto e o café era servido, as apresentações começavam. Wittels (1924, p. 133) descreve desta forma o ambiente das reuniões:

> Freud tomou o seu lugar. Todos haviam jantado antes de ir à reunião, mas no apartamento de Freud fomos servidos com café e charutos. O presidente fumava como uma fornalha. Geralmente a sessão começava com a leitura de uma apresentação, que podia não dizer respeito à psicanálise. Então, iniciava-se o debate e era esperado que todos participassem. A ordem pela qual cada um deveria falar era sorteada; Rank, que fazia o papel de secretário, encarregava-se do sorteio.

Graf (1942, pp. 470 e.d.) observa que o ritual das reuniões começava pela apresentação de um dos membros. Em seguida, servia-se café com bolo, charutos e cigarros, consumidos em grande quantidade. Freud sempre apresentava o último e decisivo comentário. A atmosfera parecia a fundação de uma religião. Freud, como um novo profeta, tornava supérflua a investigação psicológica. Os estudantes, inspirados e convencidos, eram os seus apóstolos e, apesar das diferentes personalidades, todos eram unidos no respeito a Freud.

Stekel (1923, pp. 542 e.d.) escreve que Freud era um fumante inveterado: "Nunca vi um homem fumar tanto. Mal terminava uma dose de seu cachimbo que já começava a preparar outra. (O fumo deve ter sido um dos complexos do mestre. Como me disse certa ocasião, às vezes ele achava que havia 'fumado demais'. E então deixava de fumar durante alguns dias)".

Os encontros eram animados e tinham um sabor de conspiração, que derivava da sempre presente hostilidade para com a psicanálise. Furtmüller (1965, p. 339) falava de "um tipo de 'romantismo das catacumbas' — um pequeno e audacioso grupo agora perseguido, cujo objetivo era conquistar o mundo". Conforme Leupold-Löwenthal (1981, pp. 326 e.d.), o sentimento de pertencer era fortalecido "pelo reflexo real e fantástico e pelo ambiente acadêmico vivenciado como muito hostil", apesar de que, em Viena, durante os anos que antecederam a Primeira Guerra Mundial, "a frontal recusa da psicanálise era, pelo contrário, a exceção. Publicações psicanalíticas eram aceitas pela imprensa... Os escritores progressivos daquela época viam em Freud uma grande e importante fonte de estímulo".

RIVALIDADES

Freud ([1914d], *S.E.*, XIV, pp. 25 e.d.) caracterizou os primeiros anos da "Sociedade de Quarta-Feira" e as iminentes dificuldades desta maneira:

> Não era nada inferior em riqueza e variedade de talento, ao pessoal de qualquer professor clínico. Desde o início, incluía os homens que mais tarde teriam um papel importante na história do movimento psicanalítico, mesmo que nem sempre fosse bem-vindo. Entretanto, naquele tempo ninguém podia adivinhar os desenvolvimentos futuros... Havia somente duas circunstâncias menos auspiciosas que finalmente me distanciaram internamente do grupo. Eu não conseguia estabelecer entre os seus membros um relacionamento de amizade que deveria existir entre homens engajados no mesmo e difícil trabalho; tampouco consegui reprimir as disputas acerca das prioridades para as quais havia tantas oportunidades, nas condições do trabalho em comum. As dificuldades na forma de designar instruções na prática da psicanálise, particularmente extensas e responsáveis em grande parte pelas presentes discórdias, já eram evidentes nessa particular Sociedade Psicanalítica de Viena. Eu mesmo não me aventurei a apresentar uma técnica inacabada e uma teoria ainda em desenvolvimento, com uma

autoridade que provavelmente possibilitaria aos outros evitarem desvios e eventuais desastres. A auto-segurança de trabalhadores intelectuais, a próxima independência de seus mestres, é sempre gratificante do ponto de vista psicológico, mas é somente uma vantagem para a ciência se esses trabalhadores preenchessem certas condições pessoais que são pouco comuns. Na psicanálise, particularmente, uma longa e severa disciplina e um treinamento em auto-disciplina seriam exigidos. Em vista da coragem demonstrada pela dedicação a um assunto tão mal visto e tão pobre de perspectivas, eu estava disposto a ser muito tolerante com os membros da Sociedade, quando, ao contrário, deveria ter feito objeções.

Hanns Sachs (1945, p. 57), que se juntou ao grupo no outono de 1910, também descreve a tensão e a hostilidade aberta entre os membros. No entanto, desde que os sentimentos de antipatia pessoal invariavelmente se cruzassem e as constelações mudassem regularmente, dois campos de oposição nunca se formaram de fato:

Seria razoável esperar que um pequeno grupo, todos sincera e profundamente interessados no mesmo objetivo — o que realmente eram — e constantemente pressionados pela inimizade do mundo externo, seria enredado intimamente por um sentimento de camaradagem. Mas não foi assim. Os ciúmes, a competição pela prioridade, a crítica ofensiva e as sensibilidades feridas surgiam continuamente como um fogo ardente.

De acordo com Sachs, o motivo dessas "brigas" eram as aspirações competitivas dos membros da Sociedade em conseguir o aplauso e a aprovação de Freud. Conforme Stekel, as maiores animosidades ocorriam entre Adler e Sadger e entre ele próprio e Tausk.

Sem dúvida, os membros da "Sociedade de Quarta-Feira" também foram infectados pela febre da época de se tornarem descobridores e inventores. Eles continuaram tentando deduzir a totalidade a respeito da psique a partir de esparsos fenômenos, para estabelecer de forma geral leis válidas e para encontrar a única teoria completamente explicável. A teoria de Adler da inferioridade orgânica, a sua mudança para a bissexualidade e seu conceito da "unidade das neuroses" podem ser vistos nesta luz. Outros membros do grupo tinham ideais parecidos, o que não raramente provocava as mencionadas brigas a respeito de prioridade.

Nietzsche (1986, pp. 922 e.d.) considerava a baixa "disciplina e o treinamento de auto-disciplina", que Freud lamentava, como sendo precisamente aquela especial qualidade "que distinguia esse curioso círculo de médicos de diferentes especializações: juristas, cientistas políticos, acadêmicos literários, jornalistas, escritores e musicólogos". "Bastava demonstrar suficiente interesse e um pensamento original" para que alguém se tornasse um seguidor de Freud. As queixas de Freud acerca de "brigas, rivalidades, estranhezas e desentendimentos" não eram compartilhadas por Nietzsche: "O fato é que isso tinha o seu lado positivo. A prematura anarquia... demonstrou um 'trabalho em progresso', uma fonte de pensamentos de extraordinária riqueza, uma diversidade não ortodoxa de constantes idéias estimulantes e de discussões honestas".

De fato, as considerações de Freud emergiram com retrospectiva no momento em que a psicanálise já fora institucionalizada, enquanto que as *Minutas* documentam esse período como "os anos que caracterizaram a passagem da psicanálise de um movimento 'livre' para uma escola institucionalizada".

Motivos econômicos podem ter influenciado as rivalidades entre os membros e suas buscas pelo favoritismo de Freud. Brome (1967, p. 39) escreve que Stekel desistiu de sua prática particular para trabalhar como psicanalista e que Freud tinha pacientes em excesso que ele referia a membros de seu grupo. E, apesar de Binswanger (1956, p. 51) não falar de "excesso", ele menciona o fato de que os membros recebiam pacientes recomendados, um tópico encontrado em uma carta que Freud escreveu em 23 de novembro de 1911: "Ele disse estar tranqüilo em Viena, 'mas que, devido aos amargos ataques, a demanda [de psicanálise] não era suficientemente grande para poder suprir os seus jovens colegas'". E Binswanger acrescenta: "Eu sei de Freud pessoalmente o quanto ele apreciava o fato de que os seus mais jovens colegas de Viena eram leais, apesar dos ataques e das concomitantes dificuldades financeiras".

Em 17 de dezembro de 1911, Freud escreveu para Jung: "O fluxo de pacientes do mundo inteiro que no ano passado fizeram me sentir tão seguro, porque possibilitou a manutenção de todos os analistas de Viena bem supridos, deixou de se materializar. Depedo quase que exclusivamente de Viena e das províncias austríacas; se os lobos ficarem famintos, logo começarão a uivar" (Freud e Jung, 1974. p. 473).

Furtmüller (1965, p. 349) viu principalmente o "poder material" no crescente número de pacientes de Freud, que ele não podia tratar pessoalmente. Stekel (1923, p. 551) escreveu que, financeiramente, ele dependia de Freud, "como toda a sua 'turma' que agora se alimentava de sua fonte... Grande parte de (seus) importantes seguidores viviam à sua custa... Ele tinha os nossos cartões de visitas e nos agraciava com pacientes como bem quisesse".

Brome (1967, p. 40) ilustra as qualidades de liderança de Freud na "Sociedade de Quarta-Feira", como segue:

> Sua destreza diplomática, na modificação tanto de suas próprias exigências como daquelas de seus rivais, casava-se com um esforço determinado para permanecer cientificamente imparcial.

Vez e outra sua voz calma e sua influência tranqüilizadora interferiam nas discussões acaloradas, impedindo que se chegasse a uma situação de erupção vulcânica. Considerável sabedoria e tolerância marcaram muitas de suas expressões, e ocasionalmente havia o tremendo vislumbre de uma figura olímpica perante um grupo de pigmeus à sua volta, que acalmava as águas com a varinha da razão. Infelizmente, este lado da personalidade de Freud pesadamente caracterizava outra. Quando alguém apresentava uma proposta que perturbava seriamente os seus pontos de vista, ele primeiro achava difícil de aceitar e então se sentia desconfortável com a ameaça dirigida ao seu templo científico, tão penosamente construído com suas próprias mãos. Desta forma, a tolerância era habilitada pela insegurança [e] pelo alcance de sua visão por meio de uma forma especial de patriarcado judaico.

Binswanger (1956, p. 17) impressionou-se com as qualidades de liderança de Freud: "Portanto, o voto de Freud para mim foi muito especial, pois me mostrou como ele progredia criticamente, como era capaz — com poucas palavras — de chegar ao coração do assunto e como se esforçou para manter a ordem e a disciplina científica entre os seus seguidores". Entretanto, Binswanger descrevia a situação do período a partir de aproximadamente 1907. A "Sociedade de Quarta-Feira" havia crescido consideravelmente, perdendo então o seu caráter de intimidade.

NOVOS MEMBROS

Vamos voltar para 1902. No final desse ano, o musicólogo dr. Max Graf e o editor Hugo Heller juntaram-se aos cinco membros originais da sociedade. Os médicos Paul Federn e Alfred Meisl foram os seguintes em 1903; e, em 1905, foram admitidos, entre outros, o clínico geral Edward Hitschmann, o "prévio estudante de comércio" Otto Rank e o terapeuta físico Dr. Adolf Deutsch.

Paul Federn (1871-1950) era descendente de uma respeitável família vienense de médicos. Ele mesmo foi o primeiro clínico geral e mais tarde um psiquiatra. Desde sua admissão na "Sociedade de Quarta-Feira" até a sua morte, Federn estava decididamente envolvido na história da psicanálise como ciência e como movimento na Europa e também nos Estados Unidos. Quando Freud começou a sofrer de câncer, ele designou Federn como seu representante para todos os assuntos profissionais. Federn tornou-se vice-presidente da Sociedade Psicanalítica de Viena em 1924, uma posição que ele manteve até a dissolução da Sociedade pelos Nazistas, em 1938. Suas inúmeras publicações psicanalíticas refletem uma extensa gama de interesses científicos e ele foi um pioneiro da pesquisa psicanalítica acerca da psicose. Federn também era membro do partido Social Democrático e, a partir de 1918, assumiu atividades de responsabilidade. Como Socialista, preocupava-se em popularizar a psicanálise, encurtando a terapia e reduzindo seus custos. Ele ligou a psicanálise às ciências sociais. Em 1919, foi publicado o seu ensaio intitulado "Psicologia da Revolução: A Sociedade Sem Pai", um dos primeiros escritos no campo da psicologia social analítica. Federn também foi um pioneiro da psicologia do ego:

> Para Federn, o ego era a ligação entre o inconsciente que Freud descobrira e investigara, e as forças sociais que Marx, entre outros, procurara enquadrar em uma metodologia científica. Federn enxergou o futuro da análise exercendo influência na educação e naqueles que afetam as pessoas, não no desenvolvimento de uma ciência reservada e incomunicável. A tomada de poder de Hitler e a emigração de Federn para os Estados Unidos relegaram suas idéias ao esquecimento durante muito tempo (Federn, 1971, p. 727).

O interesse na psicologia do ego reuniu Fedler e Adler, e foi o próprio Adler a fazer "a educação do educador", como o seu programa. Portanto, não é de se surpreender se Federn muitas vezes agia como mediador entre Adler e Freud em suas confrontações. Federn queria prevenir o rompimento, sem velar imprudentemente suas concretas diferenças. Ele também foi um pioneiro da análise leiga; emigrou para os Estados Unidos em 1938.

Sterba (1982, pp. 126 e.d.) apresenta diversas recordações de Paul Federn, cuja personalidade o impressionou muito. Entretanto, ele explica que encontrou dificuldade em descrever a personalidade de Federn, "pois consistia de marcadas contradições":

> Era um homem de grande intensidade e profundamente dedicado à causa da psicanálise... Como clínico, Federn era um perspicaz observador do que ele denominava "sentimentos egóicos"; sua inusitada sensibilidade aos estados de ego possibilitou observar em si mesmo e em outros as mudanças sutis da extensão e da intensidade de catexia *(Besetzung)* das fronteiras do ego. Ele tentou explicar teoricamente o fenômeno do ego observado, com a ajuda do conceito da catexia com a libido ou energia agressiva. Federn tinha grande dificuldade em expressar o seu conceito teórico por meio da palavra, seja escrita ou verbal. Conseqüentemente, seus escritos são de difícil compreensão. Este pode ser o motivo do relativamente pouco reconhecimento de seu trabalho científico.

Sterba descreve Federn como um excelente professor de análise e enfatiza sua profunda compreensão dos processos do inconsciente e de sua nítida habilidade de observação. Um de seus grandes méritos, a tentativa de popularizar a psicanálise — Federn publicou com Heinrich Meng o livro *Psychoanalytisches Volksbuch* — considerada por Sterba como convicções sociodemocráticas de Federn: "Infelizmente, é devido à resistência dinâmica contra o inconsciente que tais tentativas para a disseminação têm pouco sucesso, e sua maioria leva à superficialidade e à incompreensão da análise".[29]

Sterba também descreve Federn como uma pessoa de aparência impressionante: "Uma barba preta no rosto, sobrancelhas pretas e espessas e uma fronte alta estendendo-se pela parte lisa de sua cabeça.[30] Seus gestos eram vivos e intensos, e freqüentemente expressavam seu esforço para encontrar as verbalizações apropriadas".

O clínico geral Eduard Hitschmann (1871-1958) foi apresentado ao grupo por Federn. A sua *Freuds Neurosenlehre* (Teoria da Neurose de Freud) foi publicada em 1911 e foi a primeira introdução à psicanálise. Com sua infalível lealdade a Freud, Hitschmann teve um papel fundamental na psicanálise. Entre 1923 e 1938, ele foi diretor dos pacientes externos da clínica de Viena. Ele emigrou para os Estados Unidos, fixando residência em Boston. Hitschmann escreveu muitos trabalhos psicanalíticos a respeito da libido, assim como estudos a respeito da personalidade de artistas. Foi descrito como um homem muito engenhoso e inteligente.

Otto Rank (1884-1939) manteve um relacionamento próximo e dependente de Freud até 1924, o ano de sua separação. Ele escreveu as *Minutas*, foi secretário e administrador da psicanálise durante um longo período, editou o *Internationale Zeitschrift für Psychoanalyse* (Periódico Internacional para a Psicanálise) e *Imago,* e de 1919 até 1924 foi editor-chefe do *Internationaler Psychoanalytischer Verlag* (Editorial Psicanalítico Internacional). Diversas publicações *(Der Mythos von der Geburt des Helden* [O Mito do Nascimento do Herói], em 1909; *Das desinzestmotiv in Dichtung und Sage* [O Motivo do Incesto na Poesia e na Saga: Fundamentos de uma psicologia de Criação Poética], em 1912; *Das Trauma der Geburt* [O Trauma do Nascimento], em 1924) pertencem aos "clássicos" da psicanálise.

AS POSIÇÕES SOCIAIS DOS MEMBROS

De acordo com Nunberg (*Minutas,* 1962, p. XX), esses homens representavam um corte transversal na camada social intelectual no início do século, que "como possuíam antecedentes e personalidades diferentes... mantinham-se juntos pelo descontentamento comum com as condições prevalecentes na psiquiatria, na educação e em outros campos que lidam com

---

29. Esta frase é traduzida do alemão, porque não foi possível localizá-la na edição inglesa.
30. A versão alemã continua: "Seus olhos eram expressivos... ele era um fumante inveterado".

a mente humana". Os membros vinham predominantemente da classe intelectual judaica liberal, possuindo experiência médica, formação filosófica e ambições literárias; o interesse na compreensão da natureza humana não podia ser satisfeita pela psicologia contemporânea. Para a sociedade, eles eram considerados como uma oposição mais ou menos irreconciliável e marcada.

Conforme Leupold-Löwenthal (1981, p. 339):

> [Os membros da Sociedade não gozavam] das vantagens de uma universidade ou de uma carreira profissional livre de problemas e de fácil acesso. Também tinham pouca inclinação para se adaptarem às classes dominantes e a seus costumes. Para os filhos de famílias menos numerosas, uma carreira acadêmica era a única oportunidade de conseguir uma posição de maior independência e segurança, ajudando-os a amenizar os seus medos crescentes da ameaça das fortes tendências anti-semíticas.

As discussões da Sociedade Psicológica de Quarta-Feira aconteciam na virada do século XX na metrópole da monarquia do Danúbio, a capital de um estado multiétnico, onde a mistura cultural diversificada proporcionou o surgimento de um clima de incrível virulência mental. As condições históricas específicas tornaram possível que intelectuais judeus conseguissem realizações científicas e culturais pioneiras. E devido às atitudes racistas e ideológicas da faculdade na Universidade de Viena, muitas dessas inovações foram desenvolvidas fora das instituições acadêmicas oficiais; por exemplo, em casas de chá, cafés e seminários privados.[31] Essa época, que foi erroneamente denominada de "tempo de paz", manifestava-se neste grupo de intelectuais predominantemente judeus, que se reunia todas as quartas-feiras à noite na casa do "Professor" para discutir novas teorias acerca da vida mental. Para Karl Kraus, a Áustria daquele tempo era o "campo de prova da destruição do mundo". E foi em Viena que, entre 1907 e 1913, a consciência política de Hitler foi moldada".[32]

O conflito e o rompimento das relações entre Adler e Freud aconteceram antes da Primeira Guerra Mundial, que explodiu de forma brutal durante o "idílio" do "tempo de paz", e, ao mesmo tempo, deixando seus vestígios nas teorias científicas dos dois homens: depois da guerra, Freud descreveria o conceito do instinto da morte e Adler introduziria o "sentimento comunitário" como um conceito central em seu sistema.

Em sua análise do livro *Interpretação dos Sonhos* acerca das relações entre a estrutura social e o indivíduo, o historiador Carl Schorske esclarece

---
31. Veja Pollak, 1978, p. 433.
32. Veja Stein, 1988, p. 1, e Hamann, 1996.

que isso também poderia ser verdadeiro no que diz respeito à "Sociedade de Quarta-Feira". Em sua busca pelos conflitos pessoais, profissionais e políticos de Freud, Schorske mostra como a ameaçadora crise política do liberalismo era sintetizada em categorias psicológicas. Isso proporcionava à psicanálise — e continua proporcionando — uma relevância e um magnetismo temáticos:[33] "Ao reduzir o seu próprio passado e presente político ao estado de epifania com relação ao conflito primário entre pai e filho, Freud deu aos seus companheiros liberais uma teoria não histórica do homem e da sociedade que poderia tornar suportável um mundo político fora de órbita e totalmente descontrolado" (Schorske, 1980, p. 203).

As inquietudes e as ambivalências do fim de século eram preservadas naquela forma de pensar que facilitava o descobrimento de que "o ego não é dono de sua própria casa" (Freud [1917a], *S.E.*, XVII, p. 143). Schorske posicionou Freud e a psicanálise no contexto da crise do liberalismo. Erdheim (1981, p. 870 e.d.) pensa que Shorske seguiu a típica incompreensão da teoria freudiana, ou seja, que a teoria supostamente reduz a realidade social à realidade psicológica. Schorske não vira "que Freud estava, na realidade, buscando uma forma de explicar por que as pessoas tinham tão grandes dificuldades em perceber a sua presente realidade para reagir aos problemas de maneira adequada".

ADLER NA "SOCIEDADE DE QUARTA-FEIRA" (1902-1906)

Durante os primeiros anos da "Sociedade de Quarta-Feira", nenhuma das pessoas que deixariam o grupo com Adler, em 1911, era ainda membro da Sociedade. De fato, a maioria dos seguidores de Adler aderiu a ela pouco antes de 1911.

Diversos autores afirmam que Adler queria deixar a sociedade em 1904 e que Freud lhe pedira para reconsiderar a sua decisão.[34] Essas descrições se originam da mencionada biografia de Adler elaborada por Sperber, na qual ele explica:

> Desde 1904, Adler comunicara a Freud por escrito que não tinha mais a intenção de participar das discussões. Freud então lhe respondeu com uma longa carta pedindo-lhe que mudasse de idéia e também lisongeando-o (entre outras coisas), dizendo que considerava Adler "a mente mais afiada" de todo o grupo. Em uma conversa que se materializou a partir de sua sugestão, Freud conseguira convencer Adler a voltar atrás em sua decisão. (1926, p. 18.)

---

33. Veja Fallend et al., 1985, p. 118.
34. Veja Rattner, 1972, p. 21; Seelmann, 1977, p. 525.

Sperber conseguiu a informação acerca da primeira "tentativa de rompimento" do próprio Adler. Entretanto, dúvidas foram expressas a esse respeito, apesar de não haver nenhuma indicação contrária. Rehm (1968, p. 99 e.d.) observa que o artigo de Adler de 1905 ("Das Sexuelle Problem in der Erziehung" [O Problema Sexual na Educação]) era ainda "completamente psicanalítico". Nesse contexto, Rehm também afirma que esse primeiro trabalho psicanalítico de Adler "tinha de ser descrito como o verdadeiro começo da efetividade da primeira geração de estudantes de Freud". Isso se tornou ainda mais real com a publicação, no mesmo ano, do ensaio *Drei Psycho-Analysen von Zahleneinfällen und Obsedirenden Zahlen* (Três Psicanálises de Idéias de Números e de Números Obsessivos), contradizendo o argumento de Sperber de que Adler queria separar-se de Freud "porque fundamentalmente... não concordava com ele". Na realidade, a dissidência de Adler na "Sociedade de Quarta-Feira" começou no outono de 1906, quando apresentou uma palestra a respeito da base orgânica das neuroses; tornou-se explícito somente em junho de 1909, com o seu artigo "A Unicidade das Neuroses".

De uma carta que Freud escreveu para Adler, e recentemente publicada, parece que na primavera de 1908 Adler realmente queria sair da "Sociedade de Quarta-Feira". Em 31 de maio de 1908, Freud lhe escreveu dizendo que o considerava "a mente mais afiada do pequeno grupo" e "que exercia uma grande influência em sua composição". Aparentemente, Freud estava se empenhando em convencer Adler a mudar de idéia, o que Adler deve ter reconsiderado em sua decisão, porque continuou participando da sociedade.[35]

Pouco se conhece do conteúdo das apresentações e das discussões ocorridas entre 1902 e 1906; portanto, isso inclui as contribuições de Adler durante este período. O que resulta das posteriores observações dele nas discussões é que certa vez tentara compreender a psicologia do político. Por volta de 1903, ele apresentou uma palestra em que tentava comparar os sistemas teóricos dos filósofos com suas personalidades e os seus problemas pessoais. Desta forma, ele afirmava que conseguira provar que a origem da visão pessimista do mundo de Schopenhauer "se encontrava no relacionamento com a sua mãe". Em 1905, Adler deu uma palestra a respeito da fisiologia e da patologia das zonas erógenas e, aproximadamente na mesma época, de qualquer forma antes do verão de 1906, ele apresentou um ensaio acerca de mentiras e da tentativa de estabelecer a relação entre a verdade e a mentira. Ele apoiava a opinião de que "mentir era necessário para a preservação de um certo equilíbrio psíquico".[36]

---

35. Veja Capítulo 7, pp. 173, 186.
36. Veja Minutas, 1962, pp. 17, 36; e 1967, pp. 204, 334.

AS MINUTAS

As *Minutas da Sociedade Psicanalítica de Viena,* como era chamada a "Sociedade de Quarta-Feira" — desde 1908 informalmente e desde 1910 oficialmente — foram publicadas em inglês entre os anos de 1962 e 1975 em quatro volumes. A edição alemã apareceu entre 1976 e 1981.

Ernst Federn, um de seus editores, proporciona uma explicação para a tardia aparição desses importantes documentos: parecia haver uma espécie de "resistência" contra a sua publicação por parte do estabelecimento psicanalítico. A publicação não teve um particular apoio, e a psicanálise oficial estava sem reservas, descontente com a publicação das *Minutas.* Federn (1986, pp. 21 e.d.) sugere diversos motivos, mas o fato é que a psicanálise "oficial" não se satisfazia em admitir "que a suposta biografia 'autêntica' de Freud, de autoria de Ernest Jones, mostrava uma imagem errada de Freud". Apesar de o trabalho de Jones merecer admiração, continha "erros e julgamentos fundamentalmente contraditórios":

> Jones não foi capaz de demonstrar empatia com Freud e tampouco de entender a sua época e a cidade — Viena — onde Freud vivia. Isso também esclarece a maneira de como Jones manipulou os membros da "Sociedade de Quarta-Feira". Eles não aparecem como indivíduos com direitos próprios: é difícil saber quem realmente foram, a não ser considerados como "renegados", como Adler e Stekel. É certo que, para Freud, esses primeiros homens, aqueles que aprenderam dele a psicanálise, eram extraordinariamente importantes. Para a história da psicanálise, como a própria biografia de Freud, é imperativo saber que proeminentes médicos e intelectuais vienenses faziam parte do grupo dos primeiros estudantes de Freud: de nenhuma forma eles eram jovens inexperientes sem condição de lidar com suas neuroses.

As *Minutas* eventualmente corrigiriam muita coisa que Jones publicara.

Um outro motivo, de acordo com Federn, do porquê de as *Minutas* serem preocupantes, é que haveria de se "admitir que diversas descobertas psicanalíticas da época pós-Freud já constavam das *Minutas*":

> Particularmente, o papel de Alfred Adler e as suas realizações são colocados em uma nova luz; algumas das coisas que mais tarde foram passadas como novas percepções psicanalíticas poderiam ser encontradas no período psicanalítico de Adler. Esta descoberta significou ferir, e profundamente, o narcisismo psicanalítico. (Federn, *ib.*).

Tornou-se ainda mais desconfortável à medida que as *Minutas* revelavam "que pessoas muito talentosas, mesmo sem tanta experiência em análise, poderiam chegar a ser psicanalistas... As *Minutas* fizeram com que se considerasse se um longo treinamento — como é prática comum atualmente — para ser um psicanalista, seria realmente necessário, visto que os pioneiros precisaram de tão pouco tempo de treinamento". Além disso, as *Minutas* documentam a grande proporção de leigos entre os psicanalistas pioneiros: "A evidência documentada de que não foram só médicos a influenciar decididamente o desenvolvimento da psicanálise... substancia fortemente o argumento contra o foco 'centrado no médico' (Paul Parin) da psicanálise".

As *Minutas* das reuniões, anotadas por Otto Rank, começaram em outubro de 1906, o 5º ano dos trabalhos da "Sociedade de Quarta-Feira". A partir de então, Rank teve a função de secretário do grupo. Seus registros não eram uma representação literal das apresentações e das discussões; por razões puramente técnicas, isso era praticamente impossível. Ao contrário, as minutas materializavam-se da seguinte maneira: Rank fazia anotações durante as discussões, que mais tarde eram revisadas e redigidas para criar uma imagem mais completa. Esse processo tinha suas desvantagens. Diversas apresentações e discussões eram condensadas em anotações incompreensíveis. Hoje, o seu fluxo e conteúdo não podem ser reconstruídos detalhadamente. No entanto, apesar dessa desvantagem, as *Minutas* — complementadas pelas raras autobiografias de alguns membros do grupo — reconstroem a essência e o curso das discussões da "Sociedade de Quarta-Feira", e podem ser consideradas fontes significativas, cuja riqueza de informação ainda não foi cientificamente explorada de forma adequada. Leupold-Löwenthal (1981, p. 325) escreve:

> Surpreendentemente, os anos que seguiram a aparição [das *Minutas*] não provocaram uma abundância de estudos — em Sociologia, História da Ciência e Cultura — como era de se esperar. No entanto, as *Minutas* apresentam um material extraordinário. É muito raro alguém poder tornar-se testemunha de maneira tão autêntica do desenvolvimento de uma teoria, das dinâmicas de um grupo e da forma como os membros se visualizavam.

As *Minutas* demonstram que a maior parte das sessões era dedicada à exposição e discussão de teorias psicanalíticas. Outro grande segmento envolvia histórias e deliberações acerca de questões da técnica terapêutica. Somente 15% das reuniões eram reservadas, seja para confrontar a psicanálise com temas de tópicos sociais-políticos ou aplicando-os à literatura; e ainda uma pequena porcentagem se relacionava com a revisão de livros.[37]

---

37. Veja *Leupold-Löwenthal, 1981, p. 331.*

As *Minutas* também indicam a maneira como as questões organizacionais eram debatidas e como as decisões eram tomadas. Elas mostram, em parte, como essas questões combinavam com os conflitos pessoais e teóricos. Algumas passagens permitem rastrear, com relativa precisão, a interação emocional por trás de uma discussão teórica entre o grupo, apesar do fato de muitos outros autores não indicarem esse aspecto da vida do mesmo. Além disso, as *Minutas* apresentam percepções do estilo dos participantes. O ambiente não era nada escrupuloso. Nietzsche (1986, p. 924) escreve: "Qualquer um que se apresentasse por meio de uma referência deveria ter nervos muito fortes, ou pelo menos uma disposição de não muita sensibilidade. Quanto ao conteúdo, a discussão era bem pungente e, ocasionalmente, com respeito ao apresentador, até ofensivo".

Entretanto, naquele tempo, uma forte discussão a respeito de conceitos científicos não era incomum. Percepções psicanalíticas assim como "interpretações envolventes" caracterizavam um bom número de controvérsias. Como Leupold-Löwenthal (1981, p. 327) descreve:

> [Era um] estilo de discussão que certamente permitia a expressão das interpretações à outra pessoa, sobre percepções a respeito das motivações inconscientes. Desta forma, as técnicas psicanalíticas e as próprias teorias representavam um papel ativo no processo do grupo. Como inconveniente... essa aplicação da psicanálise para o grupo podia servir para silenciar o oponente durante a discussão, que nem sempre era científica, "expondo" as opiniões como um sintoma neurótico.

Os traços da personalidade e os estilos da discussão de participantes individuais são evidentes em diversas passagens. Portanto, podemos ver que Adler quase sempre iniciaria sua contribuição na discussão com um elogio, por exemplo para "o jeito atencioso" do apresentador: em outras palavras, ele começaria com um reforço positivo antes de proceder com a sua crítica.

Pelas *Minutas*, Elrod (1987, p. 315) tinha a impressão de que Adler e Freud podiam discutir juntos de maneira muito construtiva. Federn e Furtmüller cuidariam efetivamente dos comentários de Adler durante as discussões, enquanto Hitschmann, Reitler, Wittels e Steiner tendiam mais fortemente a rejeitá-lo.

Até que ponto, então, podemos avaliar as *Minutas* como fonte objetiva na controvérsia Freud-Adler? A lealdade de Rank com os pontos de vista de Freud é inquestionável. Por outro lado, os membros do grupo habitualmente pediam o empréstimo das *Minutas* individuais e faziam correções. Portanto, Leupold-Löwenthal (1981, p. 330) pensa que extensivamente seja possível "considerar [o texto existente] como um registro do processo do grupo, baseado no consenso comum dos membros, [e como] um trampolim... que permitiria [rastrear este] processo, separado da subjetividade e das distorções da memória, encontradas nas memórias dos individuais membros do grupo". Elrod (1987a, p. 314) é particularmente mais crítico neste ponto. Ele se refere às *Minutas* como originadas no campo dos oponentes de Adler:

> Na realidade, por um longo tempo Freud e seus colaboradores de nenhuma forma consideravam Adler como um inimigo. Rank não poderia ter sido pressionado — pelo menos durante este período — pelo setor mais influente do grupo que poderia provocá-lo a modificar os comentários de Adler. Além disso, Adler, como todos os outros, teria a possibilidade de pedir e corrigir as *Minutas*, caso ele pensasse estar falsamente representado por Rank. No entanto, não nos esqueçamos da seguinte *conjetura*: por muitos motivos, as "minutas" não foram escritas pela perspectiva de Adler e, como é freqüente na história humana, as *Minutas da Sociedade Psicanalítica Vienense* documentou a história da posição de seus sujeitos dominantes: neste caso, do ponto de vista da facção mais forte a favor de Freud, que mais tarde expulsaria Adler.

A própria influência subjetiva de Rank também poder ser presumida a partir de algumas alfinetadas sutis contra determinados membros, em sumários concisos ou omissões. Em caso de dúvida, é portanto aconselhável não se prender a palavras ou frases individuais.

Entre 1912 e 1918, as *Minutas* são poucas e consistem de um só volume, enquanto que o período em que ocorre o confronto entre Freud e Adler é bastante extenso e exaustivamente coberto.

INFERIORIDADE ORGÂNICA, COMPENSAÇÃO E INSTINTO AGRESSIVO (1906-1908)

O GRUPO E SEUS NOVOS MEMBROS

No primeiro volume das *Minutas,* estão documentadas as reuniões ocorridas entre outubro de 1906 e junho de 1908. Durante esse período, muitos novos membros foram admitidos na sociedade, até os médicos Albert Joachim, Edwin Hollerung, Isidor Sadger e Maximilian Steiner, e o autor Fritz Wittels.

Isidor Sadger (1867-1942), com suas contribuições na compreensão das perversões e da homossexualidade, pertence aos pioneiros da psicanálise. Pouco é conhecido a respeito de sua vida. Em 1933, demitiu-se da Sociedade Psicanalítica de Viena; em setembro de 1942, foi deportado para o campo de concentração de Theresienstadt, onde faleceu três meses mais tarde.

Maximilian Steiner (1874-1942) era um especialista em doenças venéreas e da pele que investigou os distúrbios sexuais e também publicou a esse respeito (entre outros, *Die Psychischen Störungen der Männlichen Potenz* [Os Distúrbios Psíquicos da Potência Masculina], 1913). Mais tarde, Steiner trabalhou como psicanalista e, em 1938, emigrou para a Inglaterra.

Fritz Wittels (1880-1950) foi um talentoso e brilhante escritor que se tornou médico depois de juntar-se à "Sociedade de Quarta-Feira". Um de seus livros, *Die Sexuelle Not* (A Necessidade Sexual), de 1907, provocou uma intensa controvérsia pública. Wittels também era um colaborador de Karl Kraus, mas separaram-se depois de algum tempo. Ele publicou um cruel *Roman à Clef* (Romance a Chave) a respeito do renomado ensaísta e satírico escritor que contribuiu para a sua separação de Freud. Wittels demitiu-se da Sociedade Psicanalítica de Viena em 1910 e foi readmitido posteriormente, na década de 1920. Seus comentários originais e provocativos na "Sociedade de Quarta-Feira" a respeito de problemas correntes repetidamente provocavam acaloradas discussões. Seu confronto com Adler na questão de mulheres, acerca do qual trataremos com mais detalhes nas páginas 81-83, é um exemplo. Em 1924, Wittels publicou uma biografia de Freud. Na década de 1920, foi co-fundador da Associação Acadêmica para a Psicologia Médica e, em 1928, emigrou para Nova Iorque.

Até 1907, a "Sociedade de Quarta-Feira" incluía 21 membros, dos quais 14 eram médicos; os outros tinham funções em ciências humanas (jornalistas, musicólogos, escritores, críticos). Cerca de um terço dos médicos provavelmente praticava psicanálise e vivia em parte à custa dessa prática. Um outro terço — incluindo o diretor de um sanatório, clínicos gerais e médicos do exército — aplicava a psicanálise esporadicamente na estrutura de sua profissão. Os outros médicos se interessavam principalmente na teoria.

Freud e Rank estavam presentes em cada uma das 53 reuniões desse período. Adler, Federn, Hitschmann, Stekel e — a partir da aprovação — Joachim, Sadger, Steiner e Wittels se ausentaram em uma só reunião ocasional. Deutsch, Graf, Heller, Hollerung e Reitler participaram aproximadamente de metade desses encontros; os outros oito membros da Sociedade compareciam de forma irregular. Na média, havia uma dúzia de membros por sessão que, entretanto, não incluía os visitantes convidados. O crescente número de visitantes de outros países refletia a grande repercussão internacional da psicanálise. Alguns dos primeiros visitantes foram Max Eitingon (30 de janeiro de 1907), Carl Gustav Jung e Ludwig Binswanger (6 de março de 1907), Karl Abraham (18 de dezembro de 1907) e A. A. Brill e Ernest Jones (6 de maio de 1908).

O dr. David Josef Bach[38] era outro dos membros que compareciam esporadicamente. Bach, que Adler havia apresentado a Freud pouco antes de outubro de 1906[39] e se havia inscrito para ser membro da "Sociedade de Quarta-Feira", submeteu seu pedido de demissão por escrito, durante o verão de 1911, na mesma época em que Adler também se retirou da Sociedade. Entretanto, o ato de solidariedade de Bach deve ser particularmente visto à luz formal, pois sua participação na Sociedade se limitou a um total de nove sessões.[40] Entre maio de 1908 e a sua demissão três anos mais tarde, ele participou de um só evento, uma noite de inauguração no Hotel Residenz, em 12 de outubro de 1909.

---

38. *Para uma curta nota biográfica a respeito de Bach, veja página 211.*
39. *Veja Minutas, 1962, p. XXXIII.*
40. *17 de outubro de 1906, 24 de outubro de 1906, 5 de dezembro de 1906, 20 de fevereiro de 1907, 10 de abril de 1907, 14 abril de 1907, 8 de abril de 1908, 22 de abril de 1908 e 13 de maio de 1908. Bach também participou do Congresso de Salzburg (27 de abril de 1908).*

Bach falou em metade das sessões que participou, e nas *Minutas* podem ser encontrados os seus curtos e insignificantes comentários. Nas outras reuniões ele ficava quieto, com exceção da sessão de 17 de abril de 1907, quando apresentou um tema a respeito Jean Paul. Bach descreveu as condições de vida e a personalidade deste poeta que exercia grande atração entre os artistas da época. Sua apresentação tinha muito pouco do reflexo de profundidade psicológica e às correspondentes objeções respondeu que "ele não estava preocupado com interpretações adicionais *(Andeutungen)*, mas interessava-se pela tentativa de explicar a forma dos trabalhos de Jean Paul a partir de sua constituição psíquica" (*Minutas*, 1962, p. 171).

Nessa apresentação, e entre outros assuntos, Bach fez referência a Adler, que em sua exposição de 17 de outubro de 1906 afirmava "que havia conseguido provar que Jean Paul sofria de enuresia [molhava a cama]" (*Minutas*, 1962, p. 17). Esta é uma das primeiras indicações da teoria de Adler da "inferioridade orgânica". Em um de seus poucos comentários registrados, em 13 de maio de 1908, Bach novamente se referiu às idéias de Adler.[41] Se essas observações foram acidentais, ou então indicações de que Bach se identificava mais com as teorias de Adler (acerca da inferioridade orgânica, o mecanismo do instinto agressivo) do que com a de outros membros do grupo, não pode ser determinado.

Se as demissões de Bach e de Adler representavam um protesto, então deve-se assumir que estivessem em contato. Devido à sua rara presença, Bach não podia ter presenciado a confrontação entre Freud e Adler. Quando Adler, com quem Bach se achava ideologicamente ligado, demitiu-se, isto provavelmente se apresentou como uma ocasião externa para a própria saída de Bach — que já estava demorando — de um grupo junto ao qual ele só pertenceu formalmente durante alguns anos. Talvez ele tenha sido informado por Adler das atividades de Freud e expressou seu desconforto e protesto da forma mencionada. De qualquer forma, David Josef Bach não aparece na escola de Adler que se desenvolveu após 1911 e nem na subseqüente história da psicologia individual.

A SUBSTÂNCIA DO DEBATE

Das 40 apresentações expostas na "Sociedade de Quarta-Feira" entre outubro de 1906 e junho de 1908, Adler apresentou quatro. A primeira, em 7 de novembro de 1906, tinha por título "On the Organic Bases of Neuroses" (Sobre as Bases Orgânicas das Neuroses), que foi seguida em

---

41. Lê-se: "Bach lê algumas passagens do '(Zur) Diätetik der Seele' [Sobre as Dietéticas da Alma] de Feuchtersleben [1838] em que alguns pontos de vista de Adler já são acenados".
(Minutas, 1962, p. 399). Aqui, Bach provavelmente estava se referindo à palestra de Adler no Congresso de Salzburg intitulado "Sadismus in Leben und Neurose" [Sadismo na Vida e na Neurose].

6 de março de 1907 por "A Psychoanalysis" (Uma Psicanálise), e em 29 de janeiro de 1908 por "A Contribution to the Problem of Paranoia" (Uma Contribuição ao Problema da Paranóia). Em 27 de abril de 1908, no Congresso de Salzburg, ele falou a respeito de "Sadism in Life and [in] Neurosis" (Sadismo na Vida e na Neurose). Em 3 de junho de 1908, essa palestra foi extensivamente discutida.

Baseados nos documentos de Adler e em numerosos comentários, podemos determinar onde suas idéias e as de Freud convergiam, assim como em que ponto divergiam. Dois importantes temas emergiram: de um lado, a teoria de Adler da "inferioridade orgânica" e as suas numerosas referências a respeito dessa teoria, que ele afirmava ser fundamental para o entendimento da neurose; e, por outro, a curta mas não menos interessante, a respeito de sua nova opinião acerca do papel do mecanismo do instinto agressivo na neurose.

A TEORIA DA INFERIORIDADE ORGÂNICA[42]

A palestra de Adler em 7 de novembro de 1906 está registrada no "Registro de Presença" da "Sociedade de Quarta-Feira" sob o título "On the Organic Bases of Neuroses" (Sobre as Bases Orgânicas das Neuroses), quando nas *Minutas* o título é "On the Bases of Neuroses" (Sobre as Bases das Neuroses). Presentes nesse encontro estavam Deutsch, Freud, Federn, Kahane, Heller, Hitschmann, Hollerung, Rank, Reitler, Stekel, o clínico geral Alfred Bass e o filósofo Adolf Häutler. A palestra era uma versão resumida e parcialmente suavizada de seu livro *Studie über Minderwertigkeit von Organen* [Estudo sobre a Inferioridade Orgânica], publicado no início de 1907. Na introdução, ele escreveu que "em vista da próxima publicação do livro de Adler, não registraremos a sua apresentação em detalhes".

Para uma compreensão melhor do que Adler apresentou nessa noite e as conseqüentes discussões dos membros, confiaremos tanto nas *Minutas* de Rank como nas passagens do *Study of Organ Inferiority and Its Psychical Compensation* (Estudo da Inferioridade Orgânica e Sua Compensação Psíquica), de Adler (Adler [1907a] 1977).

Para efeito de introdução, Adler observou que seu novo trabalho teve como ponto de partida o resultado de investigações apresentadas no ano anterior a respeito da fisiologia e da patologia das zonas erógenas. Em seu livro, ele mencionou que, por meio das investigações acerca da patologia do rim, ele tinha bases para suspeitar que quase todas as doenças relativas a esse órgão "tinham por base uma inferioridade original dos dutos urinários" (Adler [1907a] 1977, p. 21). Conforme Adler, essas deficiências morfológicas

---

42. Todas as citações neste capítulo se originam das Minutas, *(1962), pp. 36-47, com exceção menção em contrário.*

foram herdadas e também apareciam em outros órgãos: por exemplo, o fígado, o pâncreas, a genitália, os dutos digestivos e os sistemas circulatório, respiratório e nervoso central. Indicações de que tais órgãos defeituosos existiam podiam ser encontrados na doença freqüente desses órgãos, em anomalias dos movimentos reflexos e na maioria dos chamados "defeitos infantis", como gaguejar, urinar na cama, etc.; o defeito infantil é, na realidade, nada mais do que a visível manifestação do esforço para tornar um órgão inferior capaz de se adaptar culturalmente".

Junto com essas indicações em histórias de casos, as mais variadas características morfológicas apontavam para a inferioridade orgânica: por exemplo, atrofias e traços subdesenvolvidos e outros degenerativos. "A inferioridade de um único órgão era quase rara: na maioria dos casos, a inferioridade estava presente concomitantemente em dois ou mais órgãos, enquanto que a inferioridade de cada órgão individualmente estava acompanhada por alguma inferioridade sexual" (Adler, [1907a] 1977, p. 86).

Neste ponto, Adler introduziu a noção de "compensação", que descreve uma realização pelo organismo fora da consciência: o objetivo dessa compensação é fazer com que um órgão inferior se torne capaz de realizar sua função. De fato, de acordo com Adler, os esforços de compensação freqüentemente levam a um melhor funcionamento do órgão originalmente inferior, como ele esclareceu em um exemplo clássico: "Demóstenes, o menino que gaguejava, tornou-se o maior orador da Grécia" (Adler [1907a] 1977, p. 51). Além disso, o esforço de compensação sempre condicionou um aumento da capacidade cerebral: "A inferioridade orgânica é contrabalançada por um maior funcionamento do cérebro". A superioridade mencionada de um órgão originalmente inferior é explicada "por uma supervalorização *(Überwertigkeit)* de sua superestrutura psicomotora" (Adler [1907a] 1977, p. 94).

O efeito total do aparecimento de inferioridades orgânicas é passado para a psique, de forma "que é dado à sua inteira estrutura um caráter idiossincrático... (e) desta forma... [se torna] a base de neuroses e psicoses *(ib.*, p. 51). Entretanto, nem sempre a conseqüência é uma neurose. Como resultado dos esforços de compensação, Adler enxergou uma série de possíveis decorrências, indo aos extremos da degeneração, das neuroses e da genialidade":

> Sob a influência do mundo externo, os órgãos inferiores, que não têm capacidade de compensar, entram em pane, seja de forma rápida ou em um processo gradativo. Por outro lado — por meio de órgãos inferiores — sob a influência da compensação, a natureza forma aparelhos de funções e morfologia variadas, que em muitos casos provam ser bastante eficientes e às vezes mais bem adaptados às circunstâncias externas...

Entre esstes casos extremos estão as formas mistas e aquelas nas quais a compensação não é totalmente sustentável... Em certas condições, casos de neuroses e psiconeuroses podem ser desenvolvidos por esse grupo. (Adler [1907a] 1977, p. 90.)

Como foi brevemente resumido no *Estudo:* "Da tentativa de compensar ou de superar um defeito físico ou a falta de supervalorização funcional — ou seja, de uma inferioridade orgânica, pode até decorrer uma genialidade; mas também pode decorrer uma doença mental, como a neurose" (*ib.*, p. 2).

Adler desenvolveu essa teoria baseado em suas experiências como clínico geral no Segundo Distrito de Viena. Furtmüller (1965, p. 334) indicou que a proximidade de Adler ao Prater, um famoso parque de diversões de Viena, fazia com que tivesse um específico grupo de pacientes: "Artistas e acrobatas de shows. Todas essas pessoas, que ganhavam a vida exibindo sua extraordinária força física e habilidades, mostraram a Adler suas fraquezas e males físicos. Em parte, foi a observação desses pacientes que o levou ao conceito da 'compensação exagerada".

A apresentação de Adler na "Sociedade de Quarta-Feira" não conseguiu a unânime concordância dos membros presentes; no entanto, a receptividade foi predominantemente positiva. A observação de Freud na decorrente discussão foi descrita por Rank da seguinte forma:

> Ele atribui uma grande importância ao trabalho de Adler e conseguiu levar o seu trabalho um passo adiante. A julgar pela imediata impressão, muito do que Adler disse pode estar correto. Ele individualizou duas idéias capitais como significativas e férteis: (1) o conceito da compensação, com a qual uma inferioridade orgânica é contrabalançada por uma atividade cerebral supervalorizada, e (2) que a repressão é realizada pela formação de uma superestrutura psíquica. Uma formulação parecida havia-lhe ocorrido também.

Freud introduziu mais exemplos que substanciavam a teoria de Adler como também a sua própria opinião: algumas pessoas, por exemplo, cujo egoísmo ou ambição excessiva eram proeminentes, muitas vezes apresentaram defeitos orgânicos. Ele achou a escolha do termo "inferioridade", que ele particularmente não gostava, não especialmente original, e sugeriu em seu lugar "uma certa variabilidade dos órgãos".

O elogio de Freud para Adler é surpreendente devido ao fato de que ele sempre recusou conceitos psiquiátricos correntes quanto ao papel da hereditariedade e da degeneração como base da neurose, colocando em seu lugar a etiologia sexual. Mas Freud fez várias declarações saudando a teoria de Adler como meio de expandir a psicanálise, objetivando considerações orgânicas.

No começo, Federn gostou do trabalho e declarou, entre outras coisas: "Certamente, uma parte da neurose pode ser originada pela predisposição orgânica. Entretanto, esta parte deve ser especificada... A explicação de Adler acerca do talento de Beethoven me faz lembrar da teoria de Lombroso; o potencial da doença é tanto maior no gênio quanto a sua doença é mais conspícua".

Hollerung também acolheu bem o documento de Adler e grifou o que para ele era um pensamento importante: a saber, o que é transmitido por hereditariedade entra em conflito com as condições sociais, e — sem nenhuma mediação — o desenvolvimento seria anormal. Heller comentou que considerava o trabalho de Adler "uma realização intelectual impressionante", vendo nele "uma continuação e um suplemento às realizações ['idéias' na tradução original] de Freud". Bass agradeceu a Adler pelos seus "múltiplos estímulos".

As reações negativas à apresentação de Adler vieram de Reitler e Stekel. Segundo Reitler, Adler precisava dar mais evidência à sua principal afirmação "de que um órgão inferior pode tornar-se supervalorizado por meio da atividade compensatória cerebral", e que Adler havia atribuído demasiada importância à hereditariedade e Stekel não podia enxergar nenhum progresso neste trabalho: "Ele simplesmente parafraseia as idéias de Freud em termos orgânicos. Além disso, a palestra era entediante demais".

Hitschmann aprovou a tentativa de Adler na busca de "fatores orgânicos" como pano de fundo das neuroses. Entretanto, faltaram "os dados estatísticos que são indispensáveis quando se lida com tais tópicos". Inferioridades orgânicas nem sempre ou necessariamente resultam em neurose. Ele também achou que diversos exemplos de artistas apresentados por Adler eram incorretos.

A objeção de Häutler "de que, neste trabalho, a idéia favorita de Adler, polarização, novamente aparece", é interessante, porque este comentário um tanto generalizado se refere a anteriores trabalhos e comentários de Adler pelos quais as *Minutas* não existem. Durante a discussão, vários casos exemplos foram citados como suporte à teoria de Adler, assim como alguns que a contradiziam.

À medida que a discussão prosseguia, Adler mencionou como alguns médicos escolheram suas carreiras, observando que muitas vezes sofreram de doenças durante suas infâncias. Na realidade, isso se relaciona com o próprio passado de Adler que provavelmente fora importante na sua compreensão da compensação em traumas sofridos na infância. É sabido que Adler foi uma criança fraca, que sofria de raquitismo a ponto de limitar os seus movimentos durante muitos anos, por estar sempre enfaixado. Ele também sofria de freqüentes ataques de laringite, principalmente quando chorava, que lhe criavam momentos dolorosos de quase sufocação. Com a idade de três anos, seu irmão de oito meses faleceu de difteria em sua presença. Aos cinco anos, teve uma grave pneumonia, visto que o seu médico havia perdido a esperança de salvá-lo. Ainda em sua infância, sofreu dois atropelamentos por carro.

Qual foi a perspectiva científica que Adler buscava ao publicar o seu *Estudo*, que, conforme declarou, levou muitos anos de trabalho? Adler havia anunciado sua próxima apresentação para a sessão de 17 de outubro de 1906 na "Sociedade de Quarta-Feira". Ele falou de uma palestra a respeito do "sumário de uma teoria das neuroses". Esta é uma primeira indicação significativa de que o *Estudo* não era simplesmente o resultado de um ativo interesse na patologia dos rins e de outros órgãos, e de que não se deveria limitar às bases orgânicas da neurose. Ao contrário, Adler queria produzir uma nova teoria pioneira das neuroses. Essa conjetura é substanciada por uma passagem de seu livro: "Queremos... enfatizar que o objetivo deste estudo é rastrear todos os aparecimentos das neuroses e das psiconeuroses de volta para a inferioridade orgânica, no grau e tipo de compensação central não totalmente bem-sucedida, e dos distúrbios da compensação quando se pronunciarem" (Adler [1907a] 1977, p. 98).

Essa citação provoca uma série de *conjeturas* e de perguntas. Na "Sociedade de Quarta-Feira", a opinião revolucionária e até mesmo provocativa de Freud naquele tempo em que, segundo ele, as neuroses derivavam da sexualidade reprimida, estava sendo discutida. Se durante tantos anos Adler havia desenvolvido uma teoria que reivindicava que todas as neuroses derivavam de órgãos inferiores, significava que ele não mais concordava com o conceito de Freud quanto à etiologia das neuroses. Neste contexto, é relevante o significado que Adler proporcionava à sexualidade em sua teoria da inferioridade orgânica e como ele entendia o papel das normas culturais que condicionavam a supressão. Enquanto Freud relacionava a evolução neurótica com a civilização na forma de forçar a repressão da necessidade sexual, Adler em nenhum momento questionou a influência das normas culturais. Ele entendeu a civilização como uma entidade que ele valorizava de forma neutra ou até positiva. Como ele expressou em sua apresentação:

> Toda a atividade da criança é direcionada para o prazer; estes sentimentos sensitivos de prazer ligam o indivíduo ao mundo externo. No total e natural desenvolvimento, a busca pelo prazer é gradativamente transferida para a busca cultural. Entretanto, o órgão inferior continua lutando pelo prazer, tornando esse esforço um hábito.

No *Estudo,* ele tem uma formulação até mais explícita: "Os órgãos quase normais aos quais corresponde um sistema nervoso suficientemente receptivo, adaptam-se sem problema às demandas de seu ambiente social" (Adler [1907a] 1977, p. 92). Conforme Adler, o neurótico não vacila devido às excessivamente altas exigências da civilização, mas por causa do órgão "inferior" insuficientemente desenvolvido.

Repetidamente, Adler introduzia pontos de vista sociológicos e sóciopsicológicos nas discussões psicanalíticas. Freqüentemente, era considerado um psicólogo progressista e de mente aberta acerca das questões políticas. Entretanto, a sua imagem também tinha suas desvantagens: encontram-se nos escritos de Adler passagens em que ele faz absolutas condições sociais promove uma apologia para a ordem dominante ou ainda atribui a "culpa" de um fracasso ao indivíduo. Esse aspecto já é evidente na citação acima, de 1907, e persistiria nos trabalhos de Adler, eventualmente tornando-se predominante no período mais tardio do mesmo. Por exemplo, na década de 1930, Adler declarou que prestar auxílio à comunidade é um critério de saúde mental.[43] Talvez fosse isso que Freud pensava quando disse: "A neurose deve ser investigada na origem da disparidade entre a predisposição constitucional e as exigências feitas pela cultura do próprio indivíduo."

A observação de Freud a respeito da sexualidade infantil, que ele havia publicado em 1905 em seus *Three Essays on the Theory of Sexuality* (Três ensaios Sobre a Teoria da Sexualidade), está claramente integrada na teoria da inferioridade orgânica:

> Nas afecções infantis às quais o caráter masturbatório se relaciona — até mesmo chupar o dedão, estalar os lábios, coçar a pele, tocar a zona anal e a própria masturbação precoce —, uma tendência divertida em busca do prazer pode ser observada, típica do órgão inferior: a boca, os intestinos, os órgãos genitais... Se agora nos recordássemos que talvez todos os órgãos inferiores se associam regularmente com os órgãos sexuais inferiores, cuja inclinação pelo alto grau de prazer é igualmente típico, e se a isto adicionássemos o fato de que todas as crianças afetadas por defeitos infantis também tenham movimentos masturbadores com seus órgãos genitais, então deveríamos... afirmar que a posse de órgãos inferiores possa possivelmente levar a uma maturidade sexual precoce, à masturbação precoce. (Adler [1907a] 1977, p. 100).

Parece que Adler se utilizou de uma dupla estratégia. Ele não solapou a existência da sexualidade infantil, e desta forma evitou um confronto com Freud. Por outro lado, ele subordinou a sexualidade infantil para conformá-la de acordo com o seu próprio sistema. A sexualidade infantil torna-se fixa somente onde — devido a um órgão inferior — uma luta pela capacidade de adaptação cultural ocorre. Então, a sexualidade infantil não é mais um extenso fenômeno que deva sempre levar a conflitos em um ambiente que restringe o prazer, e cujas vicissitudes — de qualquer forma, durante as diferentes fases de seu desenvolvimento — tenham uma influência formativa

---

43. Veja Jacoby, 1978, e Handlbauer, 1984, pp. 266 e.d.

na personalidade do adulto. De acordo com Adler, no caso positivo o prazer é prejudicado em favor da capacidade de adaptação cultural. O foco do conflito encontra-se na inferioridade orgânica e não no desenvolvimento sexual.

Neste ponto, Adler já havia revisado as idéias de Freud, apesar de essas mudanças serem mais perceptíveis em seu *Estudo* do que em sua apresentação. A alegação de que órgãos inferiores associam-se regularmente com os órgãos sexuais inferiores induz Adler a corrigir a suposição "errônea" a respeito da etiologia sexual das neuroses: "As descobertas regulares acerca da 'base sexual' das psiconeuroses também são esclarecidas" (*ib.*, pp. 101 e.d.).

Holtz (1981, p. 21) argumenta que, no *Estudo* de Adler, o componente sexual como fator central na etiologia das neuroses — por enquanto — de forma alguma era revogado ou inferiorizado, pois Adler havia indicado "várias vezes que o órgão sexual inferior era um fenômeno concomitante ou principal nas inferioridades orgânicas"; o componente sexual só era "complementado pela ênfase do aspecto orgânico do processo neurótico".

Entretanto, essa interpretação não é aceitável. O "componente sexual" *foi* empurrado para as margens do *Estudo,* e desta forma complementando muito menos do que Holtz afirmava. Para Adler, a causa da neurose é uma inferioridade orgânica que somente se conecta secundariamente com uma inferioridade da genitália. Aqui, Adler aparentemente tentou combinar sua abordagem com a de Freud. No entanto, para Adler a inferioridade orgânica tinha um papel central na etiologia da neurose. Com essa ênfase, "a descoberta regular a respeito da 'base sexual' das psiconeuroses" é explicada por Adler como um fenômeno secundário.

Vários aspectos da teoria da inferioridade orgânica deram a impressão de estar sendo construídos. Adler não se limitou à hipótese de que uma inferioridade orgânica estivesse na base de todas as neuroses. Além disso, ele postulou que cada inferioridade orgânica era acompanhada de um aparelho sexual inferior, explicando dessa forma indireta "a descoberta regular a respeito da 'base sexual' das psiconeuroses". Surge então a pergunta se não teria sido mais sensato para Adler decidir-se claramente quanto à etiologia das *neuroses, em vez de ainda agregar a etiologia sexual, introduzindo mais idéias, e descrevendo-a como um simples apêndice.*

Atualmente, o *Study of Organ Inferiority* (Estudo da Inferioridade Orgânica) de Adler levanta uma série de questões que também foram confirmadas por outros psicólogos individuais. Conforme Metzger, em sua introdução da edição alemã de 1977 do *Study of Organ Inferiority,* p. 10, "a esperança de chegar a uma teoria da neurose e da psicose, a partir dos fatos da inferioridade orgânica funcional e dos processos que entram em jogo para compensar essa inferioridade, ainda não foi conseguida na estrutura do *Estudo*".

A recepção predominantemente positiva de Adler na "Sociedade de Quarta-Feira" pode ser explicada pelo fato de que, em comparação com o próximo aparecimento do livro, a apresentação resultou em uma reunião mais cautelosa em alguns pontos críticos; portanto, a intenção de Adler em marginalizar a etiologia sexual das neuroses a favor da teoria da inferioridade orgânica ainda não era discernível. Além disso, a apresentação representou uma realização intelectual considerável. Foi formulada de maneira conclusiva e Adler ofereceu vários novos pontos de vista e aplainou novas bases científicas para o grupo, como sugeriu o seu trabalho intitulado "On the Organic Bases of Neuroses" (Sobre as Bases Orgânicas das Neuroses). Em sua maneira de observar, Adler ainda se comparava a Freud. Particularmente, Freud gostava do conceito da compensação. As idéias de Adler acerca do deslocamento da energia compensatória provavelmente correspondiam com a maneira de pensar de Freud.

Holtz (1981, p. 22) acha que Freud estava pronto para reconhecer os trabalhos de Adler desde que não questionassem suas teorias fundamentais (de Freud), "como a teoria da resistência, da repressão, da transferência do inconsciente... e a importância das experiências infantis", e desde que "Adler, com seu postulado da relevância etiológica da inferioridade orgânica, não atacasse o que para Freud era fundamental — a etiologia sexual das neuroses". E foi precisamente o que Adler, em sua restrita apresentação, provavelmente não fez.

Freud ([1914d], *S.E.*, XIV, pp. 50 e.d.) escreveu a respeito de suas expectativas de Adler naquela época:

> Quando percebi o pouco dom que Adler tinha para julgar material inconsciente, minha opinião mudou para uma expectativa de que ele conseguisse descobrir a conexão da psicanálise com a psicologia e com os princípios biológicos dos processos instintivos — uma expectativa que é de certa forma justificada pelo valioso trabalho realizado na "inferioridade orgânica".

O *Estudo* é a mais importante publicação médica — "médica" porque foi dirigido a médicos utilizando-se de um vocabulário correspondente, e porque trata de aspectos "morfológicos" e "funcionais". Como Adler escreveu no prefácio de uma reimpressão de 1926: "Este livro é um ponto de partida para a medicina moderna".

Provavelmente, Adler já empenhava seus esforços para uma carreira universitária em 1907. De qualquer forma, em 1912, ele submeteu o *Estudo* junto com seu livro *Über den Nervösen Charakter* [A Constituição Neurótica] para sua *Habilitação* (a qualificação de pós-doutoramento necessária para a nomeação de uma posição permanente). Entretanto, sua proposta foi negada, em base à negativa avaliação de Wagner-Jauregg.[44]

---

44. *Para mais informações, veja Beckh-Widmanstetter, 1965, e Handlbauer, 1984, pp. 103 e.d.*

Adler prosseguiu o *Estudo* com vários outros ensaios dirigidos a médicos.[45] A partir de 1908, e muito mais a partir de 1910, Adler novamente voltou-se para a perspectiva educacional-psicológica, e algumas de suas declarações posteriores contradizem às mencionadas no *Estudo*. Por exemplo, uma contradição é a assumida natureza hereditária das neuroses e mais tarde o otimismo educacional de Adler. Também para Metzger (1977, p. 538), Adler não desenvolveu sua teoria das neuroses procedendo em uma linha reta; pelo contrário, ele começou "com uma espécie de salto lateral para além da esfera social, onde a educação de crianças ocorre nas esferas orgânicas, internamente". No entanto, até o fim de sua vida, Adler considerou o seu *Estudo* "como um filho favorito", mesmo depois da conclusão de que "as inferioridades orgânicas por si só nunca seriam responsáveis pelo surgimento da neurose".

Considerando-o hoje, o *Estudo* não pode conseguir a reivindicação de oferecer uma teoria básica das neuroses. Apesar disso, ele é de grande importância para a criação da teoria adleriana, devido à introdução dos conceitos da "inferioridade orgânica" e da "compensação" como precursores de conceitos posteriores do "sentimento de inferioridade" e do "protesto masculino" (ou "o empenho pela superioridade" e "o empenho pelo poder").

O livro de Adler não é de fácil leitura. Seu estilo é muitas vezes superficial e esquemático. Ele escreve com habilidade e dinamismo, mas sua argumentação muitas vezes permanece no reino especulativo. O que parece ser interessante e consistente durante uma leitura rápida, em uma análise mais detalhada, muitas vezes resulta em afirmativas, hipóteses e formulações especulativas de lógica negligente. Seu estilo vivaz e alternadamente intenso contrasta com a falta de dados empíricos. Apesar de Adler se expressar habilmente, nem sempre é muito claro. A falta de clareza teórica é compensada pela grande quantidade de curtas vinhetas. De fato, a interpretação de suas histórias de casos é freqüentemente simplificada demais. Por exemplo, o conceito de "compensação exagerada", como é ilustrado no expressivo exemplo do orador grego Demóstenes, serve de experiência agradável durante uma leitura superficial. Depois de uma consideração mais intensa, o leitor fica sem respostas a muitas perguntas. Essa impressão também é compartilhada por Hofstätter (1948, p. 273), que relata:

> Demóstenes, que era gago, é o clássico paradigma da "compensação exagerada". Mas, também, os fatos neste caso não são fáceis de determinar, porque, em primeiro lugar, gaguejar não depende de um órgão inferior, mas na realidade ele é em si mesmo uma fracassada "compensação exagerada" — o

---

45. Adler *[1907b] 1973, (1917c); 1908a, 1908c, [1908e] 1973; 1909b.*

ato de falar torna-se problemático pelo excesso de atenção concentrada no problema — e, em segundo lugar, Demóstenes era de fato e indiscutivelmente um grande orador, mas também como político era um completo desastre: ele deixou de considerar a situação política e as táticas de Felipe da Macedônia. Uma investigação sobre suas tendências neuróticas seria válida.

Adler apresentou afirmações simplistas similares ao referir-se a pintores que sofriam de deficiência visual ou músicos que tinham deficiências auditivas. Evidências estatísticas e observações detalhadas de causalidade não puderam ser encontradas. Portanto, muitos dos exemplos que parecem conclusivos à primeira vista não possuem nenhum suporte em uma análise mais apurada.

Seria interessante verificar até que ponto o *Estudo* de Adler foi influenciado por Darwin, por Lamarck e, principalmente, pelo psiquiatra italiano Cesare Lombroso. Esse último apresentara uma teoria de que genialidade, insanidade e crime têm origens orgânicas herdadas. Selesnick (1966, p. 79) diz que o fisiologista francês Claude Bernard (1813-1878) foi um precursor de Adler. Bernard apoiou a teoria de que os órgãos procuram manter uma constância em seu ambiente interno.

Vários autores indicaram que o *Estudo* está no limiar da medicina psicossomática.[46] Essa opinião está correta, pois Adler reconheceu, logo no início, uma correlação entre os males neuróticos e orgânicos. Entretanto, este era um conceito psicossomático muito reduzido: um órgão inferior levava à neurose, mas, de acordo com Adler, os conflitos neuróticos não levavam a distúrbios na função do organismo. Para Adler, o relacionamento entre a psique e o soma (corpo) era uma via de mão única; o mesmo é verdadeiro com relação à questão da seleção orgânica. Conseqüentemente, do ponto de vista das opiniões psicossomáticas modernas que se baseiam nas inter-relações e não nas relações monocausais, o *Estudo* foi suplantado.

A recepção originalmente positiva da apresentação de Adler na "Sociedade de Quarta-Feira", no decurso dos dois anos seguintes, deu margem a crescentes reservas a respeito de sua teoria. O esforço consistente de Adler para posicionar sua teoria da inferioridade orgânica com relação aos vários possíveis tópicos em discussão parece ter sido um fator decisivo para o assunto. Por exemplo, em 21 de novembro de 1906, Adler se referiu ao fato de que em casos de paranóia "ele observou uma incrível sinceridade, ou seja, as impressões infantis (que normalmente são reprimidas) encontravam-se na superfície. Isso demonstra uma inferioridade no sistema sexual" (*Minutas,* 1962, p. 59).

---

46. Veja *Furtmüller, 1965, p. 340, e Biebl, 1977.*

Em 6 de março de 1907, Adler apresentou o caso de um gago que ele chamou de "Uma Psicanálise". Essa pessoa demonstrou uma série de sintomas compulsivos. Adler apresentou muitas observações detalhadas, mas pouca análise correlata, sendo criticado por Sadger e Stekel durante a discussão. Adler respondeu dizendo que a análise revelou um sadismo fortemente reprimido, um assunto que teria para ele importância maior. Além disso, Adler interpretou esse caso — o paciente sofria, entre outras coisas, de inflamação do intestino (catarro intestinal) — na estrutura de sua teoria da inferioridade orgânica: "rumores intestinais, má formação dos dentes e hemorróidas são outras indicações de um conduto alimentar inferior" (ib, p. 139). O recurso para a teoria da inferioridade orgânica foi criticado por Sadger e Freud, e Federn estava apavorado: "Certamente não se pode inferir a inferioridade de um órgão a partir de catarro intestinal" (ib., p. 140).

C. G. Jung, participando pela primeira vez como convidado na "Sociedade de Quarta-Feira", tomou o partido de Adler: "A crítica dirigida à doutrina da inferioridade orgânica lhe parecia muito pungente [para Jung]. Em sua opinião, a idéia era brilhante e não justifica a nossa [os participantes] crítica por nos faltar experiência suficiente" (ib., p. 144).

Em 18 de dezembro de 1907, durante uma discussão acerca de trauma sexual, Adler disse: "Os traumas infantis são significativos somente em conexão com a inferioridade de órgãos" (ib., p. 274). Em 4 de março de 1908, Rank se referiu a essa teoria, provando que o poeta Friedrich Schiller tinha uma inferioridade ocular. Isso foi criticado na discussão como sendo "muito forçado". Adler se sentiu na obrigação de apresentar uma defesa geral de suas opiniões. Ele podia "explicar a oposição à doutrina da inferioridade somente assumindo que não havia sido compreendida...". Em sua opinião, não poderia existir um dramaturgo sem um aparelho visual inferior: ele cria uma cena em sua mente devendo visualizá-la na forma em que mais tarde será apresentada no teatro" (ib., p. 342). Em 10 de novembro de 1909, dois anos depois de sua apresentação, Adler ainda declararia: "Hoje já é possível expressar com convicção a idéia de que somente aqueles que são organicamente inferiores, aqueles que possuem uma disposição hereditária de uma certa categoria, têm a capacidade de desenvolver a neurose" (Minutas, 1967, p. 309). E em 27 de abril de 1910, por ocasião de uma discussão a respeito de suicídio, Adler disse: "Quanto às descobertas patológicas [Bartel], parece que, de fato, alguma forma de inferioridade orgânica aparece nos suicídios" (ib., p. 503).

Seria possível citar muitos outros exemplos entre 1906 e 1908, indicando que durante as discussões Adler continuava referindo-se à sua teoria da inferioridade orgânica,[47] que domina a maioria de seus comentários.

---

47. Entre outros, veja: Minutas, 1962, pp. 49, 59, 96, 106, 171, 179, 187 e.d., 207, 217, 274, 318, 322 e.d., 338 e.d., e 1967, pp. 112 e.d., 120 e.d., 125 e.d., 142 e.d., 308 e.d., 321.

De fato, os comentários aparecem surpreendentemente de maneira unilateral em sua tendência de envolver todos os diferentes fenômenos psíquicos em uma só e auto-explicativa causa. Alguns anos mais tarde, de maneira parecida, Adler insistia no "protesto masculino" ou "o empenho pelo poder" como os novos e totalmente explicativos princípios. Conforme Bruder-Bezzel (1983, p. 114): "Essa busca pelo princípio geral, a chave que se encaixaria em todos os processos psicológicos, era então, e de forma geral, muito disseminada, como também em outras disciplinas científicas".

Holtz (1981, p. 22) também notou que as observações repetidas de Adler acerca de sua doutrina da inferioridade orgânica podiam parecer forçadas e, pela sua freqüência, até perturbadoras. Entretanto, ele principalmente reconhece nisso a "consistência de Adler — ou sua coerência lógica e a sua constância".

Durante muitos anos, Adler manteve na "Sociedade de Quarta-Feira" a teoria unilateral e estreita da etiologia das neuroses. Esse fato deve ser levado em consideração quando se confirma que seu afastamento do círculo de Freud em 1911 foi devido às suas opiniões unilaterais. De qualquer forma, faria muito mais sentido discutir o conteúdo dessas opiniões — mesmo sendo precipitadamente generalizadas por aqueles que as estabeleceram.

O relatório apresentado por Adler em 29 de janeiro de 1908, intitulado "A Contribution to the Problem of Paranoia" (Uma Contribuição ao Problema da Paranóia), foi uma das primeiras discussões na "Sociedade de Quarta-Feira" para tratar de um caso de psicose. Adler introduziu, entre outros pontos, considerações teóricas interessantes a respeito das diferenças fenomenológicas entre a neurose obsessiva, a histeria e a paranóia. Entretanto, ele só apresentou material relativamente escasso para o caso concreto. Provavelmente, isso aconteceu pelo fato de ter usado como ponto de partida uma análise prematuramente interrompida. Adler colocou seu diagnóstico na estrutura da doutrina da inferioridade orgânica: paranóia diz respeito "a uma superestrutura dos órgãos da visão e do ouvido (que se tornaram deficientes)... da 'inferioridade' desses dois órgãos" (*Minutes*, 1962, pp. 291 e.d.). A discussão detalhada e controvertida deste documento não será tratada aqui.

SADISMO E O INSTINTO AGRESSIVO

Um ano depois da publicação do *Estudo da Inferioridade Orgânica*, Adler começou a introduzir nas discussões das Quartas-Feiras novos conceitos e fragmentos de teorias que o seu livro ainda não considerara. Por exemplo, um desses tópicos que o interessava cada vez mais, era o sadismo. Já na discussão de 10 de abril de 1907, com relação à suposta assassina e revolucionária russa Tatjana Leontiev, Adler levantou alguns pontos acerca de sadismo e de sexualidade; ele indicou, por exemplo, a atitude ascética da revolucionária com relação à vida e que ela pertencia a uma seita que reprimia todas as livres atividades sexuais: "Na Rússia, a repressão imposta resultara na liberação do sadismo. Como regra geral, todos os revolucionários são benevolentes, caridosos e modestos, mas, de vez em quando, o sadismo se faz presente. Na análise final, essa liberação é basicamente provocada pela repressão sexual" (*Minutas*, 1962, p. 163).

Na compreensão do sadismo como resultado da repressão sexual, a opinião de Adler ainda é compatível com a de Freud e de outros membros do grupo, por exemplo: a opinião de Federn. Aqui, a tentativa de Adler de ligar a repressão social com a repressão sexual individual e indicá-la como causa de repentes sadistas merece consideração.

Em 27 de novembro de 1907, durante a discussão do relatório de Stekel, "Two Cases of Anxiety Hysteria" (Dois Casos de Histeria Ansiosa), Adler falou de [sua] impressão de que o sadismo era herdado, e conseqüentemente todas as qualidades psíquicas ou processos mentais. No caráter anal, pode-se demonstrar também que certas características psíquicas estavam presentes nos ascendentes. Essa é uma verdade para todos os órgãos inferiores. Além disso, no segundo caso, o caráter enurético [molhar a cama] é bastante relevante" (*ib.*, p. 252).

Na realidade, durante esse período, Adler muitas vezes trazia à baila o termo "caráter anal", apesar de não ficar claro o que ele queria que se entendesse por esse termo. Com a ajuda desses conceitos (caráter anal, caráter enurético) obviamente ele queria ligar sua teoria da inferioridade orgânica ao conceito do desenvolvimento da libido segundo Freud. Entretanto, conforme Wittels (1924, p. 155), a tentativa de Adler de ligar as zonas erógenas com os sistemas de órgãos inferiores era insustentável.

Adler ofereceu a primeira descrição detalhada de suas novas abordagens teóricas em 27 de abril de 1908, no Congresso de Salzburg, no qual 40 outros médicos da Áustria, da Hungria, da Suíça, da Alemanha, da Inglaterra e dos Estados Unidos também participaram. Esse foi o primeiro encontro internacional de psicanalistas, o primeiro Congresso da Escola Freudiana de Psicologia. Freud levara 24 estudantes de Viena; outros cinco, entre os quais estavam Jung, Bleuler e Riklin, chegavam da Suíça. E assim foi que, nesse Congresso, as primeiras palpitações entre os dois grupos começaram. O mais importante resultado organizacional do Congresso foi a decisão de fundar um periódico, cuja primeira edição apareceu em 1909 como *Fahrbuch für Psychoanalytische und psychopathologische Forschungen*. Freud e Bleuler foram os editores; o editor-chefe foi C. G. Jung.[48]

Wittels (1924, pp. 135 e.d.) recontou o ambiente desse Congresso da seguinte maneira: "Nunca presenciei um triunfo tão notável como o conseguido

---

48. *Veja Dapra, 1988.*

por Freud nesse congresso. Os suíços, pessoas mais cautelosas, fizeram muitas objeções, mas Freud levou as críticas às alturas pelo ímpeto e a clareza de suas expressões. Para ele, parecia que por meio do crescimento da Escola Suíça, seus ensinamentos teriam um pé no domínio da ciência geral".

Tal como Freud, Jones, Sadger, Abraham, Stekel, Jung e outros, Adler também tinha algo para apresentar; seu documento intitulava-se "Sadism in Life and Neurosis" (Sadismo na Vida e Neurose). Este trabalho não está impresso nas *Minutas,* mas apareceu no mesmo ano com o título de "The Aggressive Instinct in Life and in Neurosis" (O Instinto Agressivo na Vida e na Neurose) em um periódico médico.[49] O texto original de 1908, que aqui será usado, difere em alguns pontos essenciais de sua reimpressão, recolhidos no *Heilen und Bilden* [Cura e Educação] [1914a] 1973.

O trabalho manobra no terreno da teoria do impulso instintivo e, portanto, em uma área que Adler logo abandonaria. Para brevemente resumir o conteúdo do ensaio: Adler viu no sadismo e na sua contraparte, o masoquismo, "o fator que mais diretamente se orienta para as doenças nervosas".[50] Esta tese foi trabalhada com precisão e colocada no início do artigo:

> Até agora, todos os exames de sadismo e de masoquismo tiveram como ponto de partida aquelas manifestações sexuais em que traços de crueldade são verificados. Entretanto, a força impulsora aparentemente deriva de pessoas saudáveis (o caráter masculino da sexualidade), de pervertidos e de neuróticos... aparentemente de dois instintos originalmente separados que se fundem posteriormente. Verifica-se, então, que um decorrente sadomasoquismo corresponde a dois instintos simultâneos: o instinto sexual e o instinto agressivo. (Adler, [1908b] 1973, p. 577).

Adler entendeu o conceito "instinto" como uma abstração, ou seja, "a soma das funções elementares do órgão correspondente, junto com os nervos que lhes pertencem, [a] origem e o desenvolvimento dos quais devem derivar da força do mundo externo e de suas exigências. O objetivo dessas funções elementares é determinado pela satisfação das necessidades do órgão e pelo alcance do prazer do ambiente".

Adler percebeu a confluência dos instintos como um fato fundamentalmente determinante das estruturas da personalidade, de maneira que — o que é menos plausível — designou a cada atividade do órgão o seu próprio instinto e, portanto, introduziu uma série de novos instintos. Ele falou de

---

49. *Veja Adler, [1908b] 1973. A mudança de nome pode ser explicada por uma crítica que apareceu durante a discussão de 3 de junho 1908, da Sociedade de Quarta-Feira.*
50. *Adler [1908b] 1973, p. 577. Esta frase falta na versão de 1914.*

um "instinto de comer", "um instinto de ver", "um instinto de cheirar", "um instinto de ouvir" e "um instinto de urinar e de defecar". Em todos os traços da personalidade, que Adler viu como resultado da confluência do instinto, "o instinto sexual tinha um papel predominante" (*ib.*, pp. 577 e.d.). Além disso, elucidando as diferentes manifestações das inibições instintivas inconscientes, Adler falou da reversão do instinto para o seu oposto, de seu deslocamento para outro objetivo, de seu direcionamento para o próprio Eu e do deslocamento da ênfase para outro e mais forte instinto. Para todas essas possibilidades ele apresentou exemplos — para o último, apresentou o seguinte: "A repressão do instinto sexual aumenta a atividade do instinto visual a tal ponto que os símbolos sexuais são vistos em todos os lugares, ou que a visão consciente — por exemplo, de símbolos sexuais — seja impedida por ataques nervosos: ausências, ataques histéricos, agorafobia, etc." (*ib.*, p. 579).

Como Adler chegou a essa gama extensa de tantos instintos estranhos é explicado precisamente pelo seu entendimento específico dos mesmos como "atividades orgânicas":

> A psicanálise permite rastrearmos cada instinto de volta para a atividade orgânica primária que é iniciada para poder alcançar o prazer. Essas atividades orgânicas primárias incluem realizações irrestritas dos órgãos dos sentidos, do trato alimentar, do sistema respiratório, dos órgãos urinários, dos aparelhos motores e dos órgãos sexuais. O termo prazer sexual somente pode ser aplicado, neste ponto, às sensações do aparelho sexual. Mais tarde, todo "sentimento orgânico" pode aparecer — por meio da "confluência dos instintos" mencionada acima — acompanhado da sexualidade. (*Ib.*, p. 579)

É claro que Adler estava começando a partir de um entendimento do prazer sexual completamente diferente daquele conceituado por Freud, cuja libido em seu desenvolvimento exigia uma aplicação mais compreensiva do que as "sensações do aparelho sexual".

Aqui, Adler estava definitivamente condicionando o significado do instinto sexual. Ele aparece como um dos diversos instintos orgânicos que meramente parecem mais universais por meio da "confluência dos instintos" do que originalmente era. Não é por coincidência que essa construção relembra sua teoria da inferioridade orgânica, na qual o aparecimento de fatores sexuais era condicionado de maneira parecida. De fato, Adler também explicou a extensão da força respectiva dos instintos na estrutura de sua doutrina da inferioridade orgânica: "O olho inferior possui o maior instinto visual; o trato alimentar inferior possui o maior instinto de comer e de beber; o órgão sexual inferior possui o mais forte instinto sexual" (*ib.*, p. 580).

De acordo com Adler, os instintos que provocam pressão para atingir o prazer e sua força condicionam a posição da criança em relação ao mundo externo: "O destino da pessoa, e portanto também a predestinação à neurose — se considerarmos a idéia de uma média social entre um grupo de cultura homogênea e as exigências culturais correspondentes —, encontra-se na inferioridade orgânica" (*ib.*, p. 581). Aqui, podemos ver uma das tendências de Adler que contradiz outra de sua expressa compreensão das influências sociais: ele não atribui a responsabilidade pelo desenvolvimento neurótico à repressão cultural, mas a fatores individuais e, neste caso, à inferioridade orgânica herdada.

Adler, em seguida, preocupou-se com o instinto agressivo — a hostilidade perante o mundo externo — que pode ser observado muito cedo na criança (o primeiro grito) e que ele viu como condicionado pela dificuldade em tornar "possível o prazer para o órgão". O instinto agressivo que é "o instinto para conseguir satisfação" não está mais ligado ao "órgão e à sua tendência em conseguir o prazer". Ao contrário, ele pertence à "superestrutura geral" representando "um campo psicológico primordial que conecta os instintos":

> O instinto agressivo mais forte geralmente corresponde aos instintos mais fortes, ou seja: à inferioridade orgânica... Similarmente aos instintos primários, o despertar do instinto agressivo é ativado pela relação entre a intensidade instintiva e as demandas do mundo externo. Seu objetivo é definido pela satisfação dos instintos primários e pela cultura e adaptação. (*Ib.*)

O instinto agressivo pode da mesma forma seguir as várias vicissitudes dos instintos por inibição inconsciente. Ao se transformar em seu oposto, ele aparece como humildade, submissão, devoção e masoquismo; orientado para si próprio, ele resulta em depressão e suicídio.

Adler tratou de uma série de outros aspectos — por exemplo, o relacionamento entre sadismo e ansiedade — que, entretanto, aqui não será considerado com mais detalhes.

Tanto em sua apresentação quanto em seu ensaio, Adler ampliou consideravelmente sua doutrina da inferioridade orgânica. O "instinto orgânico" intensificado (instinto da visão, instinto do defecar, instinto sexual, etc.), devido à inferioridade orgânica, conduz ao aumento do instinto agressivo, que Adler ainda considerava orgânica–biologicamente ancorado e que ele colocava acima de todos os outros instintos vitais. Podemos ver aqui um estágio preliminar de seu conceito posterior de "protesto masculino", que, entretanto, e naquele momento, não era mais definido pela biologia, mas pela "psicologia experimental".

Uma típica disputa acerca da questão de prioridade de idéias parece ter sido importante na recepção da palestra de Adler em 13 de maio de 1908, na "Sociedade de Quarta-Feira". A briga era entre Adler e Rank. Este último havia se referido ao fato de que já havia demonstrado a conexão entre sadismo e ansiedade em um de seus livros. Adler retorquiu que desconhecia esse fato, que procuraria inteirar-se e o corrigiria se ele achasse que fosse verdadeiro: [Adler] declara [como sua a descoberta] haver separado o sadismo da sexualidade, colocando-o acima de todos os outros instintos" (*Minutas,* 1962, p. 400).

Essa declaração provavelmente contribuiu para o fato de que os membros da Sociedade agissem com reserva na discussão da apresentação de Adler em Salzburg, em 3 de junho de 1908.[51] Hitschmann enfatizou que Adler reconhecera corretamente que a nova psicologia tinha de proceder dos instintos. Desta forma, atributos e ações deveriam ser definidos em termos de instintos: "De forma geral, a opinião de Adler não altera muito do que havíamos implicitamente assumido. De forma nenhuma [todas] as afirmações foram comprovadas".

Hollerung apreciava o advento de "um verdadeiro começo... com o problema dos instintos" e observou que o termo "impulso agressivo" era redundante: "O conceito de impulso implica agressão, agressão contra o mundo externo. Ele então sugeriu o termo 'reação' em vez de 'impulso'. A mudança para o oposto não é um segundo impulso, mas, ao contrário, a incapacidade de reagir ao mundo externo". Stekel disse:

> As suposições de Adler não trazem nada de novo... nem... valioso no que diz respeito à análise... Tudo está contido nos escritos do Professor. Pelo termo "neurose defensiva", Freud indicou que todas as neuroses se baseiam no impulso defensivo. Freud também introduziu [o conceito de] sublimação. As afirmativas de Adler não podem ser comprovadas. O instinto de defecar não existe; ele é um reflexo e o resto é incorreto. Resumindo, é uma tentativa perigosa tentar reduzir tudo em um único ponto.

Freud enfatizou "que concorda plenamente com o estudo da inferioridade orgânica":

> Adler passou rapidamente pela psicologia para poder fazer uma conexão com a medicina. Entretanto, o presente documento ainda gira em torno do reino que faz fronteira tanto no campo psíquico quanto no somático: o instinto vital. Ele concorda com a maioria dos pontos de Adler por um motivo definido: o que Adler chama de impulso agressivo é a nossa libido.

Entretanto, Freud criticou Adler por agrupar o impulso agressivo e o sadismo: "Sadismo é uma forma específica de impulso agressivo que envolve

---

51. As seguintes citações fazem parte das Minutas (1962, pp. 406 e.d.).

infligir dor... Quanto ao resto, a descrição do instinto vital, segundo Adler, contém muitas observações valiosas e corretas. Adler somente observou os impulsos instintivos a partir da psicologia normal; a psicologia patológica escapou de sua atenção". Imediatamente, Federn corrigiu Freud dizendo "que Adler não tinha a intenção de substituir o 'impulso agressivo' pela 'libido:'

> De acordo com o ponto de vista de Adler, é a frustração dos vários meios de conseguir prazer que torna a criança agressiva... Adler se equivocou ao abandonar tão precipitadamente o significado primário dos impulsos sexuais. É uma falácia deduzir a existência de um órgão inferior a partir da presença de um forte impulso instintivo.

Aqui, podemos ver as primeiras tentativas de Federn em mediar as diferenças teóricas entre Freud e Adler. Não há dúvida de que Federn foi o único membro da Sociedade que mais bem conseguira ligar os conceitos adlerianos às teorias de Freud, sem abandonar a teoria da libido. Foi também Federn o primeiro a apontar em seus comentários que Adler se esquecera da importância da etiologia sexual da neurose.

Em suas um tanto estranhas palavras finais (pelo menos como elas foram anotadas), Adler comentou entre outras coisas, a respeito do relacionamento entre o sadismo e a agressão: "Sadismo e masoquismo já são fenômenos complexos nos quais a sexualidade e a agressão se combinam. A agressão nem sempre é cruel".

Holtz (1981, p. 24) resume as discussões da seguinte maneira: "De certa forma, Adler se baseou na psicanálise de Freud permanecendo fiel à psicologia dos instintos; mas, por outro lado, em comparação com o debate acerca da inferioridade orgânica, divergências mais agudas estavam se cristalizando entre Adler e Freud, naquele momento."

Nas *Minutas,* ainda há uma nota para o efeito de que ocorreu um debate mais longo a respeito das diferenças ou da identidade do instinto agressivo de Adler e a "nossa libido" — como Rank se referiu a ela. Mas esse debate, que sem dúvida deve ter apresentado pontos extremamente interessantes, apesar de tudo, não foi registrado. O intervalo de verão começou após a conclusão dessa discussão e, desta forma, terminou uma maior discussão que, potencialmente, poderia ser um debate muito produtivo do qual poderiam sobrevir as opiniões mais diversas de Freud e Adler.

O "instinto agressivo" de Adler flui em seus posteriores conceitos de "protesto masculino", "empenho pelo poder" ou "empenho pela superioridade", que, no entanto, não mais define instintos biológicos. O significado da sexualidade se perdeu extensivamente na forma de pensar de Adler. Da mesma forma, Freud e seus estudantes não se deram ao trabalho de levar adiante as sugestões de Adler a respeito do relacionamento entre agressão e sexualidade. Como Laplanche e Pontalis escrevem (1973, p. 17):

A psicanálise veio gradativamente proporcionar uma grande importância à agressividade, mostrando-a em atividade nos primeiros estágios de desenvolvimento do indivíduo e fazendo aparecer o fluxo e refluxo de sua fusão e separação da sexualidade. O ápice dessa crescente tensão sobre a agressividade é a tentativa de encontrar um único e básico suporte instintivo na idéia do instinto da morte.

Mas, na realidade, essa descrição diverge do fato de que doze anos teriam de passar do tempo em que Adler apresentou o seu ensaio para o tempo em que Freud cautelosamente decidiu postular um "instinto da morte".

Antes da Primeira Guerra Mundial, Freud distinguiu os instintos sexuais dos instintos de autopreservação que ele pensava incluíssem também a agressão. Em seu ensaio "Analysis of a Phobia in a Five-Year-Old Boy" (Análise de uma Fobia em uma Criança de Cinco Anos de Idade), publicado em 1909, Freud se referiu mais de uma vez ao ensaio de Adler. Ele adotou o "próprio" conceito da "confluência dos instintos" e, em outra passagem, disse que a ansiedade do "pequeno Hans" derivava de agressões reprimidas. Isso parecia confirmar a tese de Adler; e, no entanto, Freud não podia concordar com ela:

> Não consigo presumir a existência de um especial impulso agressivo junto com os instintos familiares de autopreservação e sexuais, e em um nível equivalente. Parece-me que Adler, de maneira errada, promoveu em um instinto especial e autosubsistente o que na realidade é um atributo universal e indispensável de todos os instintos — seu caráter instintivo *(triebhaft)* e autoritário, que pode ser descrito como sua capacidade para iniciar movimento. Nada restaria então dos outros instintos a não ser a sua relação com um objetivo, pois sua relação com os meios de alcançar esse objetivo seria substituída pelo "instinto agressivo". Apesar de toda a incerteza e obscuridade de nossa teoria dos instintos, neste momento prefiro aderir à opinião habitual que deixa a cada instinto particular o seu próprio poder de se tornar agressivo.[52]

Somente depois da Primeira Guerra Mundial — que pode muito bem ter influenciado seus pensamentos — Freud reexaminou a possibilidade de um instinto agressivo independente. Em seu trabalho de 1920, *Beyond the Pleasure Principle* (Além do Princípio do Prazer), Freud redigiu uma hipótese do instinto da morte que ele já havia desenvolvido a partir de seu crescente pessimismo cultural. Mas o instinto agressivo, mesmo em seu novo conceito, permaneceu em segundo plano, um derivativo do básico e autodestrutivo instinto da morte.

---

52. *Veja Freud [1909b], S.E., X, pp. 106, 140 e.d.*

A esse respeito, Holtz (1981, p. 24) menciona uma "ironia na história da psicologia profunda":

> [Freud estendeu] o instinto agressivo para englobar o instinto pessimista da destruição ou da morte, e o identificou como uma segunda força junto ao instinto sexual. Em 1908, tal pensamento era ainda inconcebível para Freud e, até mais tarde, ele encontrou dificuldade em confirmar que as observações de Adler a respeito do instinto agressivo virtualmente intimavam um componente essencial da base de sua definitiva teoria do instinto.

A respeito da mudança de suas opiniões, Freud, em *"Civilization and its Discontents"* (Civilização e seus Descontentamentos) ([1930a] 1961, pp. 66. e.d.), tomou a seguinte posição:

> Sei que no sadismo e no masoquismo sempre presenciamos manifestações do instinto destrutivo (direcionado externa e internamente), fortemente amalgamado de erotismo. Mas não posso mais compreender como pudemos deixar de olhar para a ubiqüidade da agressividade não-erótica e da destruição, e pudemos falhar em proporcionar-lhe o devido lugar em nossa interpretação da vida... Lembro de minha atitude defensiva quando a idéia de um instinto de destruição primeiro surgiu na literatura psicanalítica, e de quanto tempo levou antes que eu me tornasse receptivo a ela.

A falta de avaliação de sua longa aversão a um instinto agressivo independente poderia talvez ser explicada pelo fato de que, após a separação de Adler, ele tivesse uma grande resistência interior para aceitar como essencial e correto algo que Adler havia identificado.

Psicólogos individuais também enxergaram o debate de 1908 como um simples estágio de transição. Na teoria posterior de Adler, não havia espaço para um instinto agressivo integrado biologicamente. Desta forma, uma discussão potencialmente produtiva entre Freud e Adler a respeito do relacionamento entre sexualidade e agressão só poderia ser retomada em 1908 ou 1909.

Tal como Freud, Adler também introduziria em sua psicologia, depois da Primeira Guerra Mundial, um novo conceito-chave denominado "sentimento social". Nisso é possível encontrar um remanescente sublimado e relacionado ao superego da abandonada "libido". Köhler (1987) descreveu esse conceito como uma "pseudocategoria" que forçou e enobreceu o id junto com um bem-intencionado "superego". Portanto, aqui está outra ironia na história da psicologia profunda.

A hipótese de Freud acerca do instinto da morte continuou sendo controvertida nas discussões psicanalíticas. Uma discussão em profundidade a respeito da relação entre sexualidade, agressão e destruição ainda não acontecera e muito do que se escreveu a respeito permanece insatisfatório. E, para contribuir, ainda há as "viseiras" que as respectivas escolas usam; e a pergunta a ser colocada é a qual delas essas viseiras estão condicionadas historicamente.

Os conceitos adlerianos seriam adotados, entre outros, pelos neofreudianos, sem no entanto referir-se a Adler com muitas palavras. Fromm, em seu tratado intitulado *Anatomie der menschlichen Destruktivität* [Anatomia do Poder de Destruição Humano] (1974), não cita nem menciona Adler, que havia delineado o primeiro conceito do instinto agressivo na história da psicanálise.

Bruder-Bezzel (1983, pp. 60 e.d.) pesquisou como Adler teve a noção de um instinto agressivo independente. Ela enumerou exemplos descrevendo a atmosfera da Europa Central pré-1914 como infusa de agressão e beligerância:

> Poderíamos presumir... que Adler, como jovem testemunha, "reagiu" de maneira interpretativa para essa situação tensa. Mais do que isso, sua situação pessoal e experiência imediata fizeram com que sentisse mais claramente o humor existente "ali fora"... Até então, nunca pensara em abandonar o pensamento de seguir uma carreira universitária. Portanto, continuava sendo um jovem ambicioso nesse grupo, vivendo em um ambiente intelectual de universidade, no qual os pensamentos competitivos e as hostilidades estavam bem presentes. Tais experiências poderiam tornar uma pessoa sensível à atmosfera geral de hostilidade e agressão desse período.

Aparentemente, as reações dos intelectuais a essa situação política nem sempre eram iguais. Não devemos esquecer que esse mesmo período também era considerado como "tempo de paz". Provavelmente, Freud não enxergara a mensagem escrita na parede. Quatorze anos mais velho que Adler, ele era mais fortemente preparado pelo século XIX, durante o qual as revoltas contra a autoridade eram severamente punidas. De fato, sua vida de sólida classe média baseava-se no comportamento agressivo de inibições e tabus. Por outro lado, Adler casara-se com uma mulher pessoalmente emancipada e politicamente radical. Entretanto, Freud, em vista de como ele se relacionava com os outros, parecia ter menos inibições que Adler quanto à agressividade. Também Freud tinha de lutar contra e confrontar as mais agressivas hostilidades. Desta forma, podemos considerar a especialidade das especulações de Bruder-Bezzel e de como elas poderiam ser extrapoladas.

DISCUSSÕES ORGANIZACIONAIS E TENSÕES DO GRUPO

Durante os anos de 1907 e 1908, o movimento psicanalítico ganhou terreno por intermédio de repercussões internacionais. Ao mesmo tempo, tensões, rivalidades e conflitos de natureza profissional e pessoal despertaram com grande freqüência no seio da própria "Sociedade de Quarta-Feira". O ambiente de trabalho estava se deteriorando. Em uma tentativa de melhorar a situação, promoveu-se um debate acerca da estrutura organizacional da "Sociedade de Quarta-Feira", que ocorreu em 5 de fevereiro de 1908. A discussão continuou durante duas outras sessões. O objetivo do debate constava de três moções relacionadas com a reorganização das reuniões, introduzidas por Adler, como segue:

1. A abolição da urna e, por conseguinte, a anulação da obrigatoriedade de falar. Em seu lugar, instalaria-se um sistema de participação voluntária na discussão.

2. Apresentações deveriam ser feitas a cada duas semanas. As reuniões intermediárias seriam dedicadas à continuação da discussão da última apresentação e à comunicação de revisão e relatórios de livros. Essa proposta facilitaria o preparo de uma elaboração mais completa das apresentações, assim como uma discussão mais séria e totalmente objetiva...

3. Quando os nomes de novos candidatos à admissão fossem propostos, a votação deveria ser secreta e a maioria dos votos seria decisiva (*Minutas*, 1962, p. 299).

Como essas moções foram discutidas acaloradamente, seria apropriado descrever mais precisamente os eventos que levaram à sua conclusão, mesmo que alguns sejam apenas resumidos.

O motivo original dos nomes sorteados de uma urna e da obrigatoriedade de todos se pronunciarem, mencionado no primeiro ponto, era para prevenir que alguns participantes monopolizassem a discussão, ajudar outros membros a superar sua ansiedade ao falar em público e para evitar discussões. Isso nos faz lembrar das metodologias usadas na dinâmica de grupos, na qual o objetivo é incluir todos os membros e estimular as pessoas a se manifestarem. Entretanto, a obrigação de falar nem sempre provocava o resultado desejado. Um comitê de cinco, que incluía Adler, Federn, Graf, Hitschmann e Wittels,[53] formulou suas propostas da seguinte maneira:

---

53. *Entretanto, Federn e Graf não apareceram para as discussões do comitê.*

Inquestionavelmente, diversos membros — em vez de simplesmente se ausentarem — costumavam sair das reuniões rapidamente, logo após a leitura da apresentação, porque temiam a obrigação de falar. Isso é prejudicial à dignidade e ao trabalho da Sociedade. Além disso, a obrigação de falar pode tentar facilmente aqueles que somente têm a expressar invetivas pessoais. Por outro lado, aqueles que têm algo para dizer ganham tempo para discussões mais detalhadas e possivelmente para falar várias vezes. (*Minutas*, 1962, p. 314).

Também outros motivos podem ser presumidos: o grupo tornara-se maior. Visto que todos os membros eram obrigados a participar, aquele que tivesse mais a dizer a respeito do assunto, teria de esperar muito até que sua vez chegasse novamente. As *Minutas* ilustram certos momentos em que ocorriam rivalidades e buscas de poder sutis e raramente abertas: neste contexto, "o tempo para falar" confere poder. Portanto, era imperativo, particularmente para Adler que já havia trabalhado em uma nova teoria da neurose durante diversos anos — uma teoria que se diferenciava consideravelmente das opiniões da maioria dos outros membros — que se tivesse mais tempo para falar. Somente desta forma poderia apresentar sua teoria mais detalhadamente. Enquanto ainda não houvesse encontrado qualquer simpatizante no grupo — mas numerosos oponentes —, o tempo para falar que lhe cabia não poderia ser-lhe indiferente.

Visto por outro ângulo, por meio da obrigatoriedade de falar é possível que um certo controle de "pureza" de pensamento possa ter-se introduzido no grupo: pontos de vista divergentes não podem ser escondidos quando se é obrigado a tomar uma posição acerca de todos os tópicos. Por conseguinte, a abolição da urna — se isso estiver certo — viria a beneficiar aqueles que se sentiam limitados pela estrutura interpretativa predeterminada por Freud.

As duas suposições apontam para direções diferentes, de maneira que, se forem justificáveis, elas podem ser aplicáveis a pessoas diferentes. Para Adler, a primeira interpretação é a mais provável.

O segundo ponto: como motivo dessa proposta podemos presumir, entre outras coisas, que a apresentação semanal de um relatório pressionava em demasia os membros individuais. Além disso, uma certa abertura do grupo para o mundo externo aconteceria como resultado das discussões durante as reuniões; e as inclusões de periódicos e livros médicos e psicológicos amenizariam o dogmatismo do grupo interno. É possível presumir que, naquele tempo, Adler ansiasse por essa mudança, e que uma abertura maior para o mundo externo fosse o desejo dos diversos membros do grupo.

O terceiro ponto: de acordo com o procedimento habitual, os novos membros do grupo eram recomendados e sua admissão era discutida na reunião próxima. Somente por meio do voto unânime é que os candidatos seriam admitidos, e Freud, como hóspede das reuniões, tinha um papel importante na seleção. Isso também resultou de uma formulação do comitê: "Esta assembléia é algo que ocorre entre um grupo convidado pelo Professor Freud e uma sociedade; portanto, quem for aceito pelo Professor, também deve ser aceito pelos outros" (*Minutas*, 1962, p. 315).

É possível que, com essa moção, Adler quisesse introduzir pessoas favoráveis à sua maneira de pensar e abrir o pequeno círculo, pois quando o comitê recomendou manter o procedimento das admissões da mesma forma, Adler apresentou a seguinte emenda: "Reuniões mensais em alguma outra localidade (quem sabe um pequeno auditório da Universidade), já que os candidatos somente seriam admitidos se fossem aprovados por uma maioria de dois terços. Desse grupo, alguns poderiam ser selecionados como membros para participar do círculo mais íntimo da Quarta-Feira, pelo processo de votação em vigor até o momento" (*ib.*, pp. 315 e.d.).

A proposta de Adler provocou uma vigorosa discussão e mais tarde ele a retirou, recomendando que a sugestão de Freud fosse aceita, pela qual "um grupo maior seria formado, totalmente independente do círculo da Quarta-Feira, e de forma alguma afetaria a sua composição ou o seu método de trabalho" (*ib.*, p. 317). Essa moção foi implementada, mas não teve nenhuma conseqüência prática.

Os conflitos entre os membros que repetidamente se acusavam de roubo de idéias criou o pano de fundo para uma das moções de Federn, pela qual ele pedia "a abolição do 'comunismo intelectual'": "Nenhuma idéia pode ser usada sem a autorização de seu autor. Do contrário, sobreviria a inibição para discutir livremente [as próprias opiniões]" (*ib.*, p. 299).

Brigas acerca de prioridades eram freqüentes na "Sociedade de Quarta-Feira". Elas geralmente caracterizavam a vida científica de uma época quando novas descobertas e idéias eram constantes. Uma das mais importantes disputas de Adler, ocorrida fora da Sociedade da Quarta-Feira, pode demonstrar isso claramente.

Em 1910, Adler reagiu à publicação de um artigo no *Wiener Klinische Wochenschrift* intitulado "Distúrbios no Desenvolvimento das Gônadas Masculinas na Puberdade", do dermatologista, e depois professor de universidade, Josef Kyrle, com a seguinte declaração (na edição de número 47 do mesmo jornal):

> Esse artigo no número 45 do *Wiener Klinische Wochenschrift* trata de um problema do qual eu... já tratei extensivamente em meu *Estudos sobre Inferioridade Orgânica*. Para não ser cansativo, citarei uma única passagem do capítulo acerca de "inferioridades orgânicas múltiplas" (p. 59), em vez do que é comunicado no jornal, em termos de material clínico e análises correspondentes: "Essa coordenação (adicionar: das inferioridades) tem um papel importante no aparelho sexual e em outros órgãos cuja inferioridade muitas vezes é pequena, mas encon-

trada tão freqüentemente que eu gostaria de afirmar que não há inferioridade orgânica sem o acompanhamento de inferioridade sexual". Portanto, posso perfeitamente confirmar no trabalho de Kyrle o grande valor da corroboração patológico-anatômica, mas muito mais devo enfatizar a minha prioridade neste caso, pois em meus mais recentes trabalhos em patologia, hereditariedade e neuroses, prossegui trabalhando com esse meu conceito inicial. O significado das descobertas me exime do dever de me desculpar por essa declaração. Devo prevenir qualquer suspeita futura acerca do fato de ter usado — e não mencionado — os trabalhos de Kyrle e de seus colegas. Como Kyrle não conhece os meus trabalhos, sou forçado a mencioná-los.

Kyrle respondeu para Adler na mesma edição: "O meu trabalho trata de pesquisas patológico-anatômicas e histológicas. Como não há dúvidas quanto ao trabalho citado acima pelo dr. A. Adler, parece-me não haver nenhuma razão para qualquer disputa sobre prioridades."

Vamos voltar para a "Sociedade de Quarta-Feira". A proposta de Adler para abolir o comunismo intelectual era aparentemente dirigida a Stekel, porque Wittels o defendeu "contra ataques pessoais que se estão estendendo demais." Federn fez um comentário para efeito de se "sentir culpado": "Ele não teve a intenção de ofender Stekel" (*Minutas,* 1962, p. 300). A respeito desse assunto, Stekel disse que "ele mesmo havia considerado ser seu dever espalhar as idéias do Professor; se ao fazê-lo ele ocasionalmente escorregara, ele faria um ato de contrição e não aconteceria mais. Ele abandonará esse tipo de jornalismo e procurará evitar dar motivos para conflitos" (*ib.*, p. 302).

A maioria das pessoas que comentou a respeito da proposta de Federn enfatizou que o problema não seria resolvido por resoluções e que os membros eram responsáveis pelo uso de tato pessoal e de como lidavam com ele. Adler disse que, com essa proposta, Federn não teve a intenção de "supervisionar todos os detalhes, mas de precaver uma moderação na discussão. Entretanto, também tinha a intenção de prevenir o 'comunismo', com relação aos problemas aqui levantados e às suas soluções. É claro que isso se aplica somente às pessoas que escolheram tópicos importantes para suas pesquisas" (*ib.*, pp. 302 e.d.). Após a discussão, a seguinte moção foi aprovada por unanimidade: "Toda propriedade intelectual apresentada neste círculo pode ser usada desde que não seja explicitamente designada pelo autor como sua propriedade" (*ib.*, p. 303).

É difícil saber a que outras pessoas a proposta acerca do "comunismo intelectual" ainda se aplicava. De qualquer forma, as brigas internas do grupo devem ter atingido um ápice, senão a intervenção de Sadger, formulada na 5ª moção, dificilmente faria sentido: "Investidas pessoais e brigas devem ser imediatamente contidas pelo Presidente, que terá a autoridade *(Macht)* de exercê-la" *(ib.,* p. 300). Freud não adotou esta moção:

> Ele não gostava de repreender as pessoas. Se a situação chegar a ponto dos participantes não se tolerarem, impedindo a expressão de suas verdadeiras opiniões científicas, então devem retirar-se. Ele esperava — e ainda espera — que uma compreensão psicológica mais profunda superasse essas dificuldades por meio dos contatos pessoais. Ele poderia fazer uso da autoridade *(Gewalt)* mencionada na Moção 5, somente se as pessoas estivessem perturbando o apresentador com conversas à parte. Ele conta com um certo grau de seriedade e educação, e agradece aos dois colaboradores pelas moções e pela franca abordagem desses difíceis assuntos.

Em 12 de fevereiro de 1908, uma semana depois, os membros votaram as moções revisadas pelo comitê de cinco membros. As decisões foram: manutenção da urna, mas a abolição da obrigatoriedade de falar; introdução de reuniões dedicadas a revisões — por exemplo, uma vez por mês — que também poderiam ser usadas para histórias de casos, e manutenção dos procedimentos para a admissão de novos membros.

Graf procurou esclarecer o sentido da discussão organizacional: "Essas propostas de reorganização se originam do sentimento de constrangimento. Não temos mais o tipo de reuniões que costumávamos ter. Apesar de continuarmos sendo convidados do Professor, estamos chegando ao ponto de nos tornarmos uma organização" *(ib.,* p. 301).

O relatório do comitê também se referiu ao recente "mau humor no reino *(Reichsverdrossenheit)*" e à impossibilidade de superá-lo por meio de regras e regulamentos. Entretanto, eles denunciavam a esperança "de que só a boa intenção seria suficiente para abafar todos os futuros conflitos" *(ib.,* p. 316). Na realidade, nada mudaria essencialmente com relação às rivalidades; elas simplesmente seriam ofuscadas pelas emergentes diferenças teóricas com Adler.

A "Sociedade de Quarta-Feira" apareceu publicamente pela primeira vez como "Sociedade Psicanalítica", dois meses depois desses acontecimentos. Magnus Hirschfeld, sexólogo de Berlim, havia proposto a Freud colaborar na redação de um questionário, com o propósito de explorar a vida sexual. Na sessão de 15 de abril de 1908, a sugestão de Hirschfeld foi discutida e aceita pela maioria. Rank anotou nas *Minutas (ib.,* p. 373): "A sociedade, que nesta ocasião deve aparecer perante o público pela primeira vez, é denominada *Sociedade Psicanalítica* (voto da maioria)". Entretanto, a autorizada fundação da Associação e a elaboração de seus estatutos somente aconteceriam em 1910, em conseqüência do Congresso de Nuremberg.

ADLER E ASPECTOS CONTEMPORÂNEOS

OS COMENTÁRIOS SOCIOPSICOLÓGICOS DE ADLER (1908-1910)

Este capítulo examina vários comentários de Adler durante discussões acerca de tópicos como a emancipação das mulheres e o objetivo do Socialismo, que demonstram sua mente aberta nas abordagens sociopsicológicas e nos assuntos políticos. Por meio de sua franqueza, Adler se diferenciava, de maneira aceitável, de muitos outros membros da "Sociedade de Quarta-Feira".

Em 12 de fevereiro de 1908, durante uma discussão acerca de anestesia sexual, Adler comentou a respeito das razões sociais para a frigidez:

> Existem muitas mulheres que são anestésicas, mas não possuem supressões ou repressões que mereçam menção. Poderíamos dizer que são anestésicas por escolha consciente. Elas conscientemente resistem ao homem e às suas carícias. Devemos lembrar da crença popular que diz que as mulheres anestésicas não amam seus maridos... O tratamento psicanalítico da anestesia... dificilmente tem sucesso se a culpa for do homem. Isso também se aplica aos homens que fisicamente são impotentes com suas esposas. As mulheres estão apenas começando a dirigir suas próprias vidas independentemente, separadas de suas famílias, e a desenvolver sua personalidade. Essas tendências podem constituir uma certa barreira para completar sua consolidação no intercurso. Essa circunstância pode ser o motivo pela particularmente alta incidência de anestesia em nossa época (*Minutas,* 1962, pp. 306 e.d.).

No comentário de Adler, podemos entrever opiniões que complementam razoavelmente a manipulação puramente psicológica do assunto. Os editores das *Minutas* também confirmaram a contribuição de Adler em uma nota de rodapé, escrevendo: "Adler pode muito bem ser considerado o primeiro aluno de Freud a tentar uma correlação entre a psicanálise e as ciências sociais" (*ib.*, p. 307).

Quatro semanas depois, em 11 de março de 1908, Fritz Wittels fez uma apresentação acerca de "The Natural Position of Women" (A Posição Natural das Mulheres). Ao final de inúmeras teorias especulativas e curiosas, que aparentemente esclareceu a posição "natural" das mulheres, ele condenou "a nossa detestável cultura atual, no sentido de que as mulheres lamentam o fato de não terem vindo ao mundo como homens; entretanto, elas tentam tornar-se homens (movimento feminista). As pessoas não apreciam a perversidade e a falta de sentido desses esforços, como também as próprias mulheres" (*Minutas,* 1962, p. 350).

A exposição de Wittels foi seriamente criticada por vários participantes. Hitschmann a considerou como "fantasias de um jovem reacionário". Também Adler culpou Wittels por não ter tratado mais com o presente e o futuro do problema, do que como um "reacionário", voltando-se ao mais distante passado "para nele buscar deficiências". Ele se opôs às opiniões de Wittels e de Freud, cuja apresentação "divertiu e estimulou", declarando: "Embora fosse geralmente assumido que a estrutura dos presentes relacionamentos entre homens e mulheres seja constante, os Socialistas assumem que a estrutura atual da família já é instável e se tornará ainda mais instável no futuro. A mulher não permitirá que a maternidade lhe impeça de assumir uma profissão" (*ib.*, p. 352).

Adler então apresentou um argumento acerca do panorama econômico em relação à situação das mulheres. Suas exposições não foram claramente reportadas, mas os editores das *Minutas* souberam preencher os espaços: "Adler deve ter dito aproximadamente o seguinte — assim como, sob a influência da propriedade privada, tudo se torna propriedade privada, assim também acontece com a mulher. Primeiro ela pertence ao pai, e depois ao marido. Isso determina o seu destino. Portanto, em primeiro lugar, a idéia de possuir uma mulher deve ser abandonada" (*ib.*, p. 352). Os editores estão apontando para uma essencial diferença entre Freud e Adler: Freud estava mais interessado nos aspectos antropológicos e psicológicos de um problema, enquanto Adler queria demonstrar o aspecto político e social do problema.

Durante a discussão, Adler se referiu ao Marxismo, pelo qual as condições políticas, sociais e culturais eram determinadas pelas condições econômicas. A resposta polêmica de Wittel de que "não é possível ser freudiano e democrata-social ao mesmo tempo, esta é a fonte das contradições de Adler", não deve ser aceita literalmente. A maioria dos membros do grupo era versada na teoria marxista; alguns simpatizavam com as exposições de

Adler e outros, como Federn ou Josef Friedjung, que se juntou ao grupo no outono de 1909, podiam muito bem conciliar o fato de ser freudiano e ao mesmo tempo um praticante democrata-social.

Em uma discussão posterior, Adler declarou mais precisamente sua compreensão pela qual "a doutrina Marxista apoiava as condições de transformação", e por meio dela ele entendia os "direitos iguais para todos. Era a existência da escravidão sexual... [que] seria reduzida a uma medida tolerável, se aquela doutrina fosse comprovada correta e caso se conseguisse restringir o estilo de vida capitalista" (*Minutas*, 1967, p. 97).

Quando Wittels, em sua apresentação de 16 de dezembro de 1908 acerca de "Die sexuelle Not" [A Necessidade Sexual], falou contra a participação de mulheres na força de trabalho, Adler se opôs ferozmente:

> A característica mais proeminente de Wittels é a sua subestimação das mulheres e particularmente o seu trabalho intelectual; esta é uma atitude que ele compartilha com os filisteus. Não devemos nos esquecer de que a mulher apenas começou a sua luta, e que em todos e tais movimentos os primeiros pioneiros devem ser sacrificados. Podemos indicar um número tão grande de mulheres com mérito intelectual que em uma comparação com a média de realizações dos homens, as mulheres não estariam em desvantagem. (*Ib.*, p. 91).

Na discussão de 27 de janeiro de 1909 acerca do papel do demônio, Adler expressou várias opiniões sociopsicológicas, especialmente a respeito da função social da caça às bruxas; mas isso não será discutido neste livro.

Portanto, como um exemplo de como a compreensão sociopsicológica de Adler era tão estreitamente contida, uma discussão a respeito do suicídio de crianças escolares será brevemente considerada. Em 20 de abril de 1910, Oppenheim apresentou esse tópico, e uma semana depois ocorreu uma discussão mais detalhada a respeito. Na primeira reunião, Furtmüller alegou que os suicídios de estudantes não deveriam ser tratados unicamente de um ponto de vista puramente psicológico, mas era preciso considerar também os pontos de vista sociais. Ele se referiu à responsabilidade como uma instituição caracterizada por numerosas condições severas que resistiram às reformas, pois em geral prevaleceu o princípio das realizações. Isso colocava limites no treinamento psicológico dos professores. As escolas eram uma instituição de massas e não deveriam contar com educadores inatos.

A opinião de Adler era de que cada e toda forma de inferioridade orgânica parecia aplicar-se aos suicídios; a maioria das vezes essas inferioridades orgânicas haviam sido acompanhadas por sentimentos inferiores desde a infância. Conforme Adler, a importância da instituição escolar contribuiu de forma limitada no suicídio: "O suicídio é a tentativa de um protesto masculino; é claro que é em pessoas cuja feminilidade não é questionada. Essas são pessoas que trazem consigo desde sua infância um sentimento de inferioridade bem arraigado, dele surgindo uma ambição ilimitada" (*Minutas*, 1967, p. 504). O papel das escolas e dos professores nos suicídios de crianças escolares é de importância marginal, considerando o fato de que as crianças que cometem suicídio simplesmente e por acaso pegam seu material da escola; mas também poderiam tê-lo encontrado em outros lugares.[54]

"SOBRE A PSICOLOGIA DO MARXISMO" (10 DE MARÇO DE 1909)

O ensaio de Adler de 10 de março de 1909, intitulado "Sobre a Psicologia do Marxismo", é considerado a primeira tentativa de conectar teoricamente a psicanálise e o Marxismo, apesar do conteúdo desse ensaio ter sido extraído das *Minutas* em fragmentos. Adler indicou que o documento logo seria publicado, mas isso não veio a acontecer.

Conforme Furtmüller (1965, p. 333), enquanto estudava na universidade, Adler havia feito amizade com membros do grupo de estudantes Socialistas, sem que ele mesmo participasse à noite de suas discussões, logo após formar-se médico. Ele seria visto em grandes reuniões populares, às vezes em companhia de Raissa Timofeyevna Epstein, estudante russa com quem se casaria mais tarde. Nesses eventos, ele era somente um ouvinte. Na opinião de Furtmüller, Adler nunca esteve particularmente interessado na teoria econômica de Marx:

> O conceito sociológico sobre o qual o marxismo baseia-se, era algo bem diferente, e teve uma influência decisiva em todo o desenvolvimento do pensamento de Adler. De Marx, ele aprendeu como a situação social estabelecida, sem que o indivíduo soubesse, influenciava a vida intelectual e emocional do indivíduo. Aqui, também, Adler não era um marxista no sentido ortodoxo da palavra. Enquanto seus amigos argumen-

---

54. *A discussão foi publicada em 1910 sob o título* Über den Selbstmord, insbesondere den Schülerselbstmord *[Sobre Suicídio: Sobre Suicídios de Alunos em Particular] (Discussões da Sociedade Psicanalítica de Viena, volume I), Wiesbaden, 1910. Adler escreveu tanto uma contribuição como o prefácio. Oppenheim, sob o pseudônimo "unus multorum", forneceu uma introdução. O ensaio de Furtmüller apareceu também com um pseudônimo (Karl Molitor). Como professores escolares, Furtmüller e Oppenheim poderiam não querer tornar público o fato de que eram membros da Sociedade Psicanalítica de Viena.*

tavam a respeito da interpretação de passagens difíceis e ambíguas de Marx, esse silencioso ouvinte absorvia as idéias de Marx, amalgamando-as com a sua própria personalidade e deu-lhes tempo para amadurecer. (*Ib.*)

Perto da virada do século, Adler se concentrava nos aspectos da medicina social, como pode ser visto pela sua primeira publicação, *Das Gesundheitsbuch für das Schneidergewerbe* [O Livro da Saúde] (1898). E, então, um artigo seu apareceu no primeiro ano da revista mensal socialista *Der Kampf* (1908): "Über Vererbung von Krankheiten" [Sobre a Transmissão Hereditária das Doenças]. Naquele tempo, dizia-se que Adler estivera — por intermédio de sua esposa — próximo ao círculo dos emigrantes socialistas russos. Um dos pacientes de Adler foi Adolf Joffe, que se tornaria um diplomata da Revolução Russa. Adler também conhecia Trotsky, que morou em Viena entre 1907 e 1914 e que — nessa época era ainda um político mais moderado — tinha contato com os Democratas Socialistas austríacos. Glaser (1976, pp. 12 e.d.) conclui com isso que Adler, em 1909, ainda estava argumentando "contra a base da similaridade intelectual entre o austro-marxismo e a comunidade russa de emigrantes revolucionários".

Como os membros da "Sociedade de Quarta-Feira" se interessavam principalmente por tópicos psicológicos e psicopatológicos, era esperado que o documento de Adler encontrasse pouco apoio. Entretanto, aconteceu que houve muita reação positiva assim como previstas reações reservadas. Parece que Adler ficou positivamente surpreso porque, em suas palavras de encerramento, ele agradeceu ao grupo "pela recepção proporcionada a seus argumentos; ele não se havia sentido muito seguro a respeito". A resposta positiva pode ser atribuída ao fato de que, durante esse tempo, a Democracia Social estava ganhando influência política e de que as idéias socialistas estavam sendo discutidas — e não somente com desprezo — nos círculos de médicos e de intelectuais mais liberais, predominantemente judeus.

Muitos autores observaram que Freud estava em termos amistosos com diversos socialistas importantes (Victor Adler, Gustav e Therese Eckstein). Federn e Friedjung eram democratas socialistas; Ludwig Jekels era comunista. Entretanto, a ligação entre a "Sociedade de Quarta-Feira" e os democratas socialistas foi às vezes descrita com exagero. A maioria dos membros era liberalmente inclinada e estava decepcionada e preocupada com o declínio do liberalismo como fator político. Portanto, mantinham distância da vida política. O que os conectava com a democracia socialista não era a concordância política, mas uma similar posição social, na situação de estranhos em relação à maioria conservadoramente clerical — e cada vez mais anti-semítica.

Somente seis membros, além de Adler e Freud, estavam presentes nessa reunião de 10 de março de 1909: Federn, Hitschmann, Joachim, Rank, Stekel e Steiner. Esta circunstância deve ser levada em consideração na avaliação da recepção do documento pela "Sociedade de Quarta-Feira". Josef Friedjung e Ludwig Jekels só se associaram no outono de 1909.[55]

Devido à natureza fragmentada das *Minutas,* as observações de Adler somente são parcialmente compreensivas. Como indica Glaser (1976, p. 12), Adler tentou oferecer alguns elementos de uma biografia psicanalítica de Marx. Ele discutiu a personalidade e as realizações de Marx e enfatizou as habilidades intelectuais que lhe possibilitaram "conseguir uma percepção tão profunda do processo de desenvolvimento social". Marx compreendeu claramente "a primazia da vida instintiva" que caracterizou a psicanálise. Começando com as economias nacionais, Marx identificou as condições econômicas como manifestações elementares de uma sociedade, "onde a convergência da vida instintiva e as tendências para a satisfação encontraram expressão. A satisfação somente era alcançada por um desvio da agressão que abarcava as condições de produção".

A psicanálise mostrara que as idéias altruístas (simpatia, caridade, gentileza, modéstia) não eram inerentes nem derivadas de um sentido moral; eram muito mais formações de reação "criadas por impulsos opostos, originados diretamente pela vida instintiva. Elas proporcionam um estado afetivo que se expressa como sensibilidade (sensibilidade à humilhação, à degradação e, por último, à desgraça)". A sensibilidade se alastra em numerosos aspectos da vida: "Entre o proletariado, ela existe com relação a todos os tipos de degradação e é o afeto que se encontra na raiz da consciência da classe... A maior realização de Marx pode ser vista no fato de que ele trouxe essa sensibilidade na consciência (a primeira análise de escala completa das massas), focando-a então em um só ponto".

Adler conclui com a esperança de "que a sua exposição demonstrara que a teoria da luta da classe está claramente em harmonia com os resultados de nossos ensinamentos dos instintos".

A exposição de Adler está aqui reproduzida de uma maneira resumida, e ocasionalmente é difícil de ser seguida; grande parte da conseqüente discussão também é difícil de se entender. Isso acontece porque os participantes se referem a passagens do documento que não foram registradas. Portanto, somente algumas passagens serão citadas: Freud disse que "a sua atitude nessas palestras que ampliam o nosso horizonte só pode ser receptiva". Adler "deixou de nos oferecer qualquer evidência a respeito de nossa linha de pensamento acerca de Marx", mas, por outro lado, "procurou apresentar o fundamento psicológico das posições de Marx". Freud gostou da avaliação crítica de Adler quanto às "idéias" como formações de reação:

---

55. *A menos que de outra forma indicadas, as seguintes citações são encontradas em as Minutas (1967, pp. 172-178)*

Marx foi o primeiro a oferecer às classes oprimidas a oportunidade de se libertarem do Cristianismo — por meio da visão do novo mundo que ele lhes proporcionava. Se o sadismo se convertesse em Cristianismo (masoquismo), Marx explicou aos homens seu respectivo masoquismo, tornando-o assim insuportável para eles e novamente libertando o instinto primário da autopreservação. Isso ilustra como, trazendo essas coisas à consciência, é possível levantar uma repressão. Desta forma, o instinto de agressão foi passado para a consciência de classe.

Joachim achou o assunto muito complicado e remoto para uma avaliação crítica. Rank apresentou a base das éticas e admitiu que Adler estava certo: "Todas as idéias éticas são formações culturais de reação para todas as formas de impulsos agressivos". Hitschmann concordou com o argumento apesar de ter dificuldades com a contenção de Adler quanto "à expansão da consciência" por intermédio do Marxismo:

> O indivíduo que participa deste movimento está unicamente consciente de inclinações pessoais como motivo de sua participação; neste sentido, [foi] difícil lidar com o conceito da consciência de classe que tão somente é uma doutrina exposta pelos líderes. Pois é uma questão de saber se estamos enfrentando uma necessidade metafísica (ou metapsicológica) ou uma "compulsão de inoculação religiosa *(Impfzwang)*". Também teria sido interessante aprender de que forma os ensinamentos de Marx derivaram de sua psicologia pessoal.

Steiner se referiu à interpretação do Socialismo de Federn como um substituto para a religião. É precisamente por isso que desconfiou dele. Também, o Socialismo lhe parecia — em um mau sentido — uma religião. Ele chegou a perguntar até que ponto o Socialismo na realidade era uma neurose. Em sua conclusão, Adler respondeu principalmente para Hitschmann e Steiner:

> No que diz respeito à expansão da consciência implicada no conceito de classes, Rank, em concordância com Freud, declarou que o que está aqui envolvido é um efeito de sadismo (ele [Adler] o chama de instinto agressivo), assim como são as idéias éticas. Além disso, com respeito ao Socialismo, torna-se claro que não é uma questão de neurose (Steiner): no neurótico, podemos ver [o] instinto de agressão inibido, enquanto que a consciência de classe o libera; Marx mostra como ele pode ser satisfeito, tendo em mente o significado de civilização: compreendendo as verdadeiras causas da opressão e da exploração, e por meio de uma organização adequada.

Era com grande tolerância que se procedia para responder à questão justificada das condições de vida de Marx: "A mais importante circunstância externa *(Impuls)* parece ter sido o fato de que Marx achou impossível ser reconhecido como um palestrante universitário. Além disso, está claro que ele trouxe consigo algo mais: a sua mente". Concluindo, Adler disse "que todo o trabalho de Marx culminou na demanda de fazer História *conscientemente*".

É um crédito inquestionável de Adler o fato de ter sido o primeiro a confrontar a psicanálise com o Marxismo; outras tentativas seriam empreendidas a partir das décadas de 1920 e 1930. Entretanto, os esforços de Adler não eram apreciados de maneira uniforme. Glaser (1976, p. 15) analisou a mencionada apresentação profundamente e a interpreta como uma alavanca para posterior cooperação de Adler com os austros-marxistas, e para a sua prática pedagógica. Glaser reconhece nela um ímpeto que enriqueceu o austro-marxismo com debate psicanalítico.

Conforme Dahmer (1982, p. 252), essa apresentação e a conseqüente discussão indicaram um denominador comum entre Marx e Freud com relação à crítica da religião e trazendo para a consciência coações escondidas, assim como a própria libertação das mesmas. Ele achou desnecessárias maiores tentativas para extrair analogias. Ele também observou a tendência de rotular o Marxismo como um substituto para a religião, subjugando-a à crítica da psicanálise: "O interesse clínico supera de longe o interesse de familiarizar-se com a teoria não-psicológica que pode trazer o contexto social, do qual também surgiu a psicanálise, para a consciência".

Elrod (1987a, pp. 320, 325) durante critica Adler por sua compreensão do marxismo, como foi expresso em uma discussão em 23 de dezembro de 1908. Nessa reunião, Adler interpreta Marx no sentido de "restringir o método capitalista de produção", quando na realidade Marx queria superá-lo. Conforme Elrod, isso prova a falta de habilidade de "mostrar Marx como um marxista e Freud como um freudiano. Ele começara a ler Marxismo e psicanálise superficialmente; nunca se tornou um mestre tanto no primeiro como no segundo... Para falar sem restrição, ele se tornou, tanto em Marxismo quanto em psicanálise, um peixe fora d'água".

Bruder-Bezzel (1983, pp. 67 e.d.) argumenta que o documento de Adler não oferecia nenhuma contribuição para o debate marxista. Ao contrário, ele apelou para a compreensão do movimento dos trabalhadores no círculo freudiano burguês, com argumentos psicológicos. Ela questiona a sinceridade freqüentemente declarada do círculo perante a Democracia Social. E tampouco, examinando as minutas da discussão, ela pôde encontrar uma recepção positiva:

> [ou melhor, o fato] de que não havia interesse na questão teórica do relacionamento Marx-Freud, e tampouco na questão política da consciência de classe ou na luta de classe. Quanto

às questões políticas, os presentes ou se distanciavam — era "remoto", "complicado", "nossa atitude só pode ser receptiva" (Freud, Joachim, Hitschmann e Paul Federn) — ou então eram sarcásticos: "O socialismo como substituto da religião", como "neurose", "consciência de classe como doutrina apresentada pelos líderes", como "compulsão de inoculação religiosa" (Steiner, Hitschmann). Paul Federn foi o único a adicionar um complemento positivo na comparação entre Marx e Freud, a respeito da crítica da religião.

Continua sendo o crédito de Adler, o fato de ter sido o primeiro a idealizar o encontro entre o marxismo e a psicanálise. Ele procurou levar os membros do grupo em um confronto com uma teoria que não pode ser facilmente traduzida em termos psicanalíticos nem interpretada de um ponto de vista psicanalítico. Entretanto, é certamente um exagero falar a respeito como um confronto. Esta não foi uma discussão de destaque e tampouco teve continuidade. Da mesma forma que os membros da "Sociedade de Quarta-Feira" introduziam qualquer tipo de assunto (fumo, poetas, vidas privadas, etc.) com relação a novas teorias, assim também o Marxismo foi apresentado naquela reunião. Somente durante os anos que seguiram a Primeira Guerra Mundial é que o discurso entre marxistas e psicanalistas foi retomado, mas desta vez por uma nova geração de psicanalistas (Wilhelm Reich, Siegfried Bernfeld, Otto Fenichel). A apresentação de Adler aparece muito inconseqüente para o interesse político dos psicanalistas.

O CRESCIMENTO DAS DIFERENÇAS TEÓRICAS (1908-1910)

Nas 60 sessões, aproximadamente, que aconteceram entre outubro de 1908 e junho de 1910, Freud e Rank sempre estiveram presentes, e Hitschmann, Sadger, Federn e Stekel quase sempre; Adler e Steiner faltaram em uma dúzia delas; e Reitler, Joachim, Wittels e Heller faltaram em quase metade.

Durante esse período as diferenças teóricas entre Adler e Freud cresceram significativamente. A apresentação a respeito da base orgânica das neuroses foram as primeiras a indicar suas contrastantes opiniões que, entretanto, foram toleradas pelo grupo assim como por Freud. Mas agora o ambiente parecia reverter-se e esta crescente divisão em seus entendimentos teóricos se tornaria conspícua em três específicas reuniões, nas quais Adler fez suas apresentações: em 3 de fevereiro de 1909 ("Um caso de Rubor Compulsivo"), em 2 de junho de 1909 ("A Unicidade das Neuroses") e em 23 de fevereiro de 1910 ("Hermafroditismo Psíquico").

"UM CASO DE RUBOR COMPULSIVO" (3 DE FEVEREIRO DE 1909)

Nessa reunião, Adler apresentou uma história do caso de uma pessoa que sofria de eritrofobia (medo de corar).[56] Ele disse que estava à procura

---

56. *O documento nunca foi publicado; entretanto, passagens essenciais aparecem em Adler [1909a] 1973. A não ser que haja diferente indicações, as citações nesta seção provêm das Minutas (1967, pp. 125-144).*

da causa da neurose em uma inferioridade orgânica e que estava sendo realista da opinião "que todos tivemos, mas a respeito da qual nenhuma explicação parecia prevalecer — ou seja, a causa imediata do surgimento de uma neurose, e de vários outros pontos". Assim, Adler aqui anuncia suas opiniões dissidentes, embora de maneira velada e vaga.

Em vez de querer trabalhar minuciosamente por meio dos detalhes dos sintomas do caso que estivera tratando durante quase nove meses, Adler tencionava descrevê-lo em uma forma compreensiva, porque, para ele, o mais importante quanto a uma análise era apresentar suas conexões. Sua explicação ressoou como uma crítica reconhecidamente clara das familiares anotações de histórias de casos psicanalíticos:

> Se olharmos para a literatura da escola freudiana, raramente conseguimos encontrar as conexões [entre os diferentes elementos] apresentadas em uma análise; devemos contentarnos com as conexões que eventualmente são apresentadas em fragmentos. A maioria das publicações não demonstra as conexões... O máximo que as publicações apresentam é repetir o que Freud enfatiza e afirma de que "tudo está ali".

Nas análises de Adler, também, "tudo" (ele quer dizer perversões, pensamentos incestuosos, complexos, traumas infantis, etc.) está "ali". Mas muitas coisas ocorrem a pessoas "normais" que não levam inevitavelmente à neurose. Adler demonstrava o seu desconforto a respeito de como as abordagens explicativas desenvolvidas por Freud estavam sendo adotadas e aplicadas pelo grupo; de como as diferentes observações estavam sendo interpretadas conforme um método estereotipado; e de como outras possíveis interpretações não eram levadas em consideração. Ele mesmo queria confrontar o esquema abstrato de Freud evocando um contexto de vida mais compreensivo.

A história de caso de Adler contém uma quantidade de detalhes que preenchem mais de 11 páginas das *Minutas*. Sem fazer um diagnóstico precipitado, ele descreveu os sintomas, meticulosamente delineou a história da desordem e considerou os mais diversos fatos. Entretanto, isso já intimava uma fraqueza em sua apresentação, porque, depois de tão extenso material, uma detalhada explicação, análise ou sumário diagnóstico não se materializou — um material que depois de tantos fatos singulares seria esperado. Somente ao final é que Adler ofereceu uma curta e de certa forma surpreendente explicação da desordem: "Portanto, à raiz de sua condição neurótica, existe a impossibilidade de impressionar os outros, uma impossibilidade que levou a uma inibição geral de agressão e diversas ramificações". Dessa forma, a interpretação de Adler resultou dos antecedentes de sua nova teoria a respeito da principal importância do instinto agressivo e de sua inibição, para efeito da etiologia das neuroses.

Na discussão consecutiva, Freud expressou "um pouco de crítica" na análise de Adler, que ele achou superficial demais. Ele passou então a expor a opinião de Adler — ou seja, a inibição da agressividade como a causa da neurose — contrária à sua própria, pela qual a neurose originava-se da inibição da sexualidade. Hitschmann achou injustificada a especial ênfase na vontade de impressionar os outros, porque isso era um componente freqüente da auto-estima e pertencia ao "instinto psíquico da auto-preservação". Wittels também criticou a chave de Adler para a solução dessa neurose — o desejo de impressionar — em relação à curta e inconspícua conclusão, baseada em uma exagerada generalização.

Ao concluir, Adler explicou as dificuldades de sua palestra alegando que não tivera tempo suficiente para prepará-la, e ele cuidadosamente especificou suas diferenças de opinião com Freud:

> Para evitar interpretações errôneas, é preciso dizer mais a respeito da inibição da agressão. Ela não produz o mal, mas é a sua forma. O que resta [a determinar] é onde ela se origina... Quanto ao [fator] sexual, Adler é conhecido por sua ligeira oposição a esta opinião, porque a sua é de que os defeitos sexuais e outros defeitos da infância se misturam entre si... [e] aqueles outros defeitos de infância originalmente carecem de qualquer nuança sexual, enquanto que o [fator] sexual possui a coloração de defeitos da infância... (Ele) nunca encontrou uma neurose que não apresentasse o caráter anal. Mas só podemos chegar a isso depois de pensarmos na ampliação dos conceitos.

As idéias de Adler não estão claramente comunicadas nestas linhas. Os registros abreviados de Rank nas *Minutas* contribuíram para isso, como também a tendência de Adler na formulação nebulosa e a sua cautela que manifestou nesta época a respeito de todas as declarações claramente dissidentes. Wittels (1924, pp. 146 e.d.) descreveu a sua impressão da seguinte maneira:

> Adler... lançou esse grupo de idéias sistematizadas na intrincada rede dos mecanismos de Freud. Posso ainda imaginá-lo na mesa redonda, com seu eterno charuto Virginia na boca, falando sempre no dialeto vienense e perpetuamente voltando à sua idéia da "inferioridade dos órgãos". Era óbvio que abrigava um objetivo profundo. Ele se expressava cautelosamente: "A nossa ciência ainda se encontra nos estágios iniciais"... "No presente estado de conhecimento não podemos ir tão longe...", "De qualquer forma, eu não deveria presumir...". E desta forma, ele rondava como um gato ao redor de uma terrina de leite. Uma luta travava-se internamente nele, mas não era uma luta pelo conhecimento, pois já possuía idéias bem definidas

em sua mente. Era uma luta pela coragem de prestar testemunho, sabendo que não podia falhar em seu objetivo de romper com Freud. Romper com um homem como Freud não era um problema de pequena importância.

Novas inflexões podem claramente ser detectadas, apesar da falta de clareza nas afirmações de Adler. Conceitos como "instinto agressivo", "inibição agressiva" ou ainda "caráter anal" cada vez mais solapam a sua pura teoria da inferioridade orgânica.

Adler adotou o termo "caráter anal" seguindo a teoria do instinto de Freud, aparentemente em um esforço de incorporar seus novos resultados no sistema teórico de Freud, que explicara em seu ensaio de 1908, intitulado "Caráter e Erotismo Anal", aquelas estruturas da personalidade que são distinguidas pela tríade: ordem, economia e obstinação, como formações de reação ao erotismo anal. Onde Freud queria indicar traços de personalidade adquiridos durante a "fase anal" do desenvolvimento da primeira infância — que por si só representava somente uma das muitas fases alternativas — "caráter anal", para Adler, desde a época do Congresso de Salzburg, tornara-se uma característica distinta do neurótico: "Não existe nenhum neurótico no qual não se descobrisse o caráter anal" (*Minutas,* 1967, p. 205). O termo "caráter anal" era usado por Adler como sinônimo para o tópico de agressão e o seu destaque correspondia ao fato de que Adler começara a dar precedência ao instinto agressivo acima da inteira vida instintiva. A libido de Freud ainda era omitida desse sistema. Não havia dúvida de que uma clara confrontação acentuada estava por acontecer.

"A UNICIDADE DAS NEUROSES" (2 DE JUNHO DE 1909)

Essa palestra, que Adler anunciou em 4 de novembro de 1908, ocorreu ao final do 7º ano da Sociedade e foi crucial no que diz respeito ao confronto teórico entre Adler e Freud. Aqui, as diferenças essenciais foram expressas abertamente pela primeira vez. Holtz também (1981, p. 25) percebe nesse documento o início público do rompimento entre os dois homens. Enfim, essa interessante apresentação provocou uma discussão extremamente animada e enigmática.[57]

Como introdução, Adler enfatizou as dificuldades de falar acerca desse assunto "tão prematuramente". Ele expressou a sua esperança de que a sua palestra pudesse representar um passo à frente na compreensão e na terapia das neuroses e confirmou que suas idéias ainda precisavam de muita tolerância.

---

57. *A não ser que haja indicação diferente, as citações das pp. 80-83 encontram-se nas* Minutas, *(1967, pp. 159-174).*

Adler especificou cinco aspectos comuns em todas as neuroses:

1. Inferioridade orgânica, considerada a base para a compreensão da vida instintiva. A inferioridade reforça o instinto que entra em conflito com as exigências da civilização. Isso também levaria às inibições desenvolvidas na psique.
2. Instinto agressivo, que aparece de inúmeras formas (ou seja, ansiedade), mas para a qual é possível rastrear de volta às mais diversas manifestações de neuroses.
3. Sensibilidade exagerada que se origina de uma transformação do instinto agressivo e é uma das mais evidentes qualidades de todos os neuróticos. Seu reconhecimento acima de tudo é imperativo para efeito do tratamento prático: "A confiança no médico [do paciente] forma-se e cresce a partir do momento em que o paciente percebe que sua sensibilidade é compreendida e, como resultado, concessões são feitas. Ao contrário dos pacientes que interrompem o tratamento por terem sua sensibilidade ferida".
4. Caráter anal que interage com os três primeiros tópicos e, portanto, está presente nos mais diversos traços (desafio, avareza).
5. Relacionamento com os pais.

Como base para a "escolha da neurose", ele citou o tipo de confluência ou colisão de instintos, o tipo de inferioridade orgânica e, como fator mais importante, o respectivo estágio do desenvolvimento da criança no momento em que os instintos colidem com o mundo externo. Adler argumentou suas idéias detalhadamente e, ao concluir, disse que havia esquematizado "como se deveria enfrentar a escolha da neurose e que de fato as pré-condições existem para se colocar todas as neuroses juntas, sob um único e uniforme ponto de vista".

Na discussão que se seguiu, Freud comentou que as idéias de Adler eram excepcionalmente lúcidas e consistentes. No entanto, ele as rejeitaria por motivos fundamentais:

> [Minha] mais generalizada objeção é que Adler, como se fosse por desígnio, eliminou o fator sexual, que não pode ser omitido quando se considera a unicidade das neuroses. Adler está essencialmente ocupado com a psicologia da consciência e com aquela parte da psicologia que [eu] negligenciei e que poderia ser chamada de psicologia dos instintos do ego. Toda a psicoterapia se posiciona ao lado da outra, os instintos eróticos, a fim de tornar o indivíduo capaz de outros interesses. A etiologia das neuroses e o seu comportamento com relação aos instintos sexuais que devem ser evitados é uma questão

de extraordinária importância; ela é indispensável. Entretanto, é preciso opor-se à opinião de que a descrição desta parte da psicologia representa a caracterização da neurose; é a caracterização do ego.

Com essa crítica, Freud tomou uma posição a respeito da psicologia de Adler que ele essencialmente manteria em declarações posteriores. Freud também escreveu em uma carta a Jung em 19 de dezembro de 1909: "A psicologia de Adler considera somente o fator repressivo, por conseguinte, ele descreve 'sensibilidade', essa atitude do ego em oposição à libido, como a condição fundamental da neurose" (Freud e Jung, 1974, p. 278).

À medida que a discussão prosseguia, Freud expressou surpresa devido ao fato de Adler confundir erotismo anal com caráter anal. Ele mesmo quis somente mostrar a origem erótica de certos traços do caráter que, na verdade, nada tinha a ver com as neuroses. Freud considerou os dois últimos pontos colocados por Adler (caráter anal, amor pelos pais) como condições universais da civilização. Eles eram particularmente inadequados para estabelecer a unicidade das neuroses. Ele indicou que as explicações de Adler quanto à escolha das neuroses eram abstratas demais e que sua tentativa para resolver esse problema não obteve sucesso. Concluindo, ele disse que "agora a unicidade das neuroses não precisava mais ser procurada porque existiu há muito tempo. [Ele] mesmo considera as neuroses como formações substitutivas para a libido reprimida e explica suas diferenças em termos de mecanismos diferentes da repressão e do retorno do reprimido".

Adler se manteve na defesa durante a discussão. Para a acusação de que eliminara a sexualidade, disse "que não falou hoje acerca de etiologia e achou que podia deixar de destacar a importância da sexualidade. Além disso, essa lacuna parece ter sido encerrada no 5º ponto". O 5º ponto se refere ao "amor pelos pais" e, desta forma, a uma versão muito ambígua e suavizada do que Freud entendeu como incluir-se na sexualidade.

Holtz (1981, pp. 26 e.d.) tem a impressão de "que Adler estava se esquivando das palavras claras de Freud":

> Primeiro [Adler] considerou a menção da sexualidade sem importância e supérflua para o fluxo de seus argumentos; e então a sexualidade na realidade apareceu totalmente indefinida por meio de suas palavras inconclusivas: "relacionamento com os pais"... Em seu discurso, Adler não podia — ou não queria — reagir de igual maneira aos problemas e às diferenças que Freud havia apontado em suas opiniões e nas de Adler, que poderia ter acontecido por meio da demonstração de francas dificuldades, discutindo-as a fundo. Em vez disso, é possível ver que Adler, um tanto desesperado, procurou evitar as diferenças para integrar os seus conceitos; enquanto que o desenvolvimento de seu relacionamento a partir dessa sessão, senão an-

tes, devido à crítica concreta e detalhada..., estava progressivamente marcada pelo confronto.

Na discussão, Federn tentou provar que a "sensibilidade" de Adler era tão-somente o resultado de repressão e não um elemento constituinte da neurose. Ele considerou esse conceito muito mais uma generalização e, portanto, a rejeitou. Hitschmann descreveu a opinião de Adler como frutífera em sua oposição, mas ele também não estava satisfeito com o conceito de "sensibilidade". Reitler pensou que Adler, ao postular o instinto agressivo, extraíra a força impulsora do instinto sexual e, ao separar a sensibilidade, extraíra a força impulsora do instinto de autopreservação: "Despojar totalmente o impulso sexual de seu caráter instintivo... é absurdo". Ele também destacou que o caráter anal e o relacionamento com os pais era comum a todas as pessoas — e não somente aos neuróticos.

Prosseguindo na discussão, os pontos de vista de Freud e de Adler separavam-se cada vez mais. Adler disse:

> A unicidade das neuroses vai muito além da etiologia das neuroses individuais que até agora tiveram pesquisas separadas. O princípio da unicidade deve desconsiderar a escolha da neurose; essa é uma questão de diferenciar aquela que surge da constituição psíquica, pois, na realidade, não faz nenhuma diferença fundamental se um indivíduo se torna neurastênico, histérico ou paranóico.

Aqui, Adler já indicava uma opinião que se tornaria característica de suas teorias posteriores. Principalmente depois da Primeira Guerra Mundial, Adler voltou-se com grande interesse para o problema da perversidade juvenil. Ele armaria suas teorias tão amplamente que comportamentos neuróticos e delinqüentes podiam ser explicados por meio de uma única e geral teoria. Para Adler, os psicanalistas haviam enfatizado as diferenças entre neurose e delinqüência (como estruturas de superego mais ou menos desenvolvidas). Adler levou seus pontos de vista unificados tão longe que juntou não somente as diferentes formas de neuroses mas também, e de forma generalizada, as mais diversas formas de desvios sociais na teoria da unicidade. Em um ensaio que apareceu em 1930, intitulado "Novamente — A Unicidade das Neuroses", ele escreve:

> Todos os casos de neurose, de psiconeurose, de suicídio, de alcoolismo, de dependência de morfina e outros, de depravação e desajustamento, de anomalia sexual, de desilusão criminosa, de tirania, etc., indicam, cada vez mais... que no caso concreto, um suficiente sentido de comunidade não pode ser incutido nos primeiros quatro anos" (Adler [1930j] 1982, p. 44).

Em 1909, Adler ainda estava longe do conceito do "sentimento social"; no entanto, a sua opinião da unificação das neuroses, que posteriormente se estenderia também a outras formas de desvios sociais, já podia ser reconhecida.

Freud enxergava esse assunto de uma forma completamente diferente e, mais tarde, descreveria a abordagem de Adler como "a uniformidade *(Einerleiheit)* das neuroses" (um jogo de palavras em alemão: Freud diz *Einerleiheit*, "uniformidade", em vez de *Einheit* "unicidade" ou "unidade") (*Minutas,* 1974, p. 146). Em 2 de junho de 1909, Freud apresentou a crítica de que a unicidade das neuroses somente teria significância "se tivermos consideração pela diversidade das neuroses: e isso se baseia na diversidade das condições pelas quais a repressão ocorre... Na terapia, as diferenças no julgamento do neurótico na vida real, e talvez até na profilaxia [prevenção], correspondem às diferenças nos mecanismos da repressão".

Que Freud percebera suas contrastantes idéias como tais naquela reunião, pode ser observado pela troca de correspondência com Jung, que fora informado da discussão e escrevera a Freud dez dias mais tarde. Ele ouvira "que ele [Adler] estava se afastando de você (Freud) e seguia sozinho na direção oposta à sua. Há alguma verdade nisto?" (Freud e Jung, 1974, p. 232). A resposta de Freud em 18 de junho de 1909 revelou a sua opinião pessoal a respeito de Adler, naquela época:

Sim, acredito que a história seja verdadeira. Ele é um teórico; astuto e original, mas não afinado com a psicologia; ele passa por ela e se concentra nos aspectos biológicos. Mas é um sujeito decente; ele não desistirá no futuro imediato, mas tampouco participará como gostaríamos que o fizesse. Devemos mantê-lo o máximo possível. (*Ib.*, p. 235).

A apresentação de Adler a respeito da unicidade das neuroses também era a última reunião da "Sociedade de Quarta-Feira" antes do intervalo de verão. A seguinte e maior confrontação teórica entre Adler e Freud só ocorreria mais tarde, no início de 1910.

NOVOS MEMBROS

No outono de 1909, Josef Friedjung, Viktor Tausk e Carl Furtmüller foram admitidos no grupo. Ludwig Jekels participou como convidado em muitas ocasiões.

Josef Friedjung (1871-1946), amigo e colega de universidade de Paul Federn, era pediatra e professor acadêmico adjunto *(Privatdozent)* de pediatria na Universidade de Viena. A partir de 1900, ele foi um democrata social ativo e um dos primeiros psicanalistas politicamente envolvidos. Em 1912, foi eleito para o parlamento regional da Baixa Áustria, e de 1922 a 1934 foi eleito para o parlamento regional de Viena. Friedjung estava principalmente envolvido na forma de aplicar a psicanálise à pediatria. Provavelmente simpatizava com os conceitos preventivos e educativos de Adler. De qualquer forma, em 1911 foi um dos que assinaram uma declaração que criticava a ação contra Adler. Entretanto, diferentemente dos outros signatários, Friedjung não se juntou ao grupo de Adler, mas permaneceu como membro da Sociedade Psicanalítica de Viena. Após a tomada de poder pelos fascistas austríacos, Friedjung foi internado no campo de detenção de Wöllersdorf. Em 1938, ele emigrou para a Palestina.[58]

Originalmente, Viktor Tausk (1875-1919) foi juiz na Croácia. Depois de tornar-se repórter em Berlim e Viena, mudou de profissão em 1914 e tornou-se médico e psiquiatra. O seu suicídio em 1919 provocou inúmeras especulações e controvérsias.[59]

Ludwig Jekels (1867-1919), como neurologista e psiquiatra, era diretor de um hospital mental na Silésia Polonesa. Depois da Primeira Guerra Mundial, ele foi a Viena para ser um dos primeiros analisandos de Freud. Como socialista praticante, emigrou em 1935, via Suécia e Austrália, para os Estados Unidos.

Carl Furtmüller[60] era grande amigo de Adler, que depois se tornaria um de seus colaboradores mais importantes na fundação da Escola de Psicologia Individual. A partir de 1909, ensinou alemão, filosofia e francês em Viena, em uma escola técnica de segundo grau *(Realschule)*. Furtmüller escreveu que Adler havia atraído o seu interesse para a psicologia freudiana; ele começou a ler os livros de Freud, discutindo-os com Adler. Ao voltar para Viena em 1909, após um longo período como professor em Kaaden (hoje Kaden), na Boêmia, Adler o apresentou à "Sociedade de Quarta-Feira", e em 27 de outubro foi formalmente admitido. Furtmüller considerava as reuniões semanais do grupo entre as mais frutíferas experiências que tivera. Era particularmente interessante para ele ver como Freud e Adler interpretavam de diferentes maneiras o material apresentado pelos membros do grupo.[61] Em 3 de novembro de 1909, Furtmüller participou pela primeira vez de uma sessão e até a sua saída, em outubro de 1911, esteve presente em todas as reuniões. Acima de tudo, Furtmüller contribuiu nos aspectos filosóficos e educacionais das discussões. Entretanto, em discussões médico-psicopatológicas, e considerando-se um leigo, sua participação era menor.[62] Relutava em empregar termos psicanalíticos. Como educador, ele procurava na psicanálise "indicações para uma educação perceptível, como previsão de conflitos que aguardam uma criança e que com o tempo podem ir crescendo". Desta forma, ele entendia tanto "o sistemático impe-

---

58. *Para uma biografia de Friedjung, veja Gröger, 1988.*
59. *Veja Roazen, 1969 e Eissler, 1971.*
60. *Mais detalhes a respeito de Furtmüller são encontrados nas pp. 211-212.*
61. *De uma das cartas de Furtmüller: Veja Ansbacher e Ansbacher, 1965, pp. 325 e.d.*
62. *Veja Minutas, 1967, pp. 325, 439.*

dimento de certos fatores prejudiciais" como "a educação dos pais e de outras pessoas que cuidam de crianças" (*Minutas,* 1967, p. 325).

Em 15 de dezembro de 1909, ele apresentou seu primeiro relatório que demonstrou o seu conceito pedagógico. O tópico era "Educação ou Fatalismo?". O estímulo para esta apresentação fora possivelmente uma observação expressa por Wittels em 17 de novembro de 1909, no contexto de um relatório de Friedjung ("O que a Pediatria Esperava da Pesquisa Psicanalítica?"). Para a questão de Wittels acerca do que a educação infantil tinha de aprender dos resultados conseguidos até então pela psicanálise, e à sua própria resposta (de Wittels) de que "não deveríamos educar as crianças por não sabermos como educá-las; aliás, não deveríamos de forma alguma nos preocupar com as crianças", Furtmüller respondeu que este princípio "é válido, somente se por 'educação' Wittels se referia à *má* educação" (*Minutas,* 1967, p. 325).[63]

Seu ponto de partida foi "a grande resistência às afirmações que Freud havia encontrado a respeito da vida interior das crianças". O "paraíso da infância", na realidade, veio a ser um "desejo-realização retrógrado" dos pais. Os pais não davam importância à sexualidade das crianças e evitavam a própria. Por meio das pesquisas de Freud, a crítica do existente sistema educativo tinha conseguido maior coesão e profundidade. Durante a discussão, Tausk protestou contra a observação de que "Freud ofereceu simplesmente inter-relações e aprofundamento de certas coisas que há muito tempo foram suposições. Ao contrário, ele indicou motivações e fontes reais que até o momento não foram trabalhadas".

Vamos voltar para a apresentação de Furtmüller: "O egoísmo e a arrogância dos pais" eram impotentes diante dos "impulsos de rebeldia e de rivalidade da criança". Os numerosos riscos do desenvolvimento neurótico neste campo, entre rebeldia e submissão, levou "a um profundo ceticismo quanto aos problemas da educação... [e] tudo nos obriga a uma profunda e contínua rejeição da educação".

Na verdade, Furtmüller se dissociou desse ponto de vista: "Existem meios de modificar o método educativo utilizado até agora a fim de que os seus efeitos nocivos sejam de alguma forma evitados". Ele lembrou "que dentro de poucos anos a criança deverá passar por um [processo de] desenvolvimento pelo qual a humanidade como um todo precisou passar durante milênios; que entre os instintos naturais do indivíduo e as exigências da civilização encontra-se um abismo que deve ser superado pelo trabalho totalmente psíquico da criança". Uma importante ajuda para a criança, o "instinto imitativo", não poderia mais ser utilizado devido às mudanças na existência social (uma conseqüência das "condições totalmente mudadas

---

63. *Citações do documento de Furtmüller e a decorrente discussão são das* Minutas, *1967, pp. 353-364.*

de nossa vida econômica"). Até o presente momento, a criança viveu fora e ao lado da sociedade: "O novo caminho para a educação... deve substituir o crescimento natural dentro da sociedade por um preparo artificial para a sociedade".

Furtmüller falou contra o princípio da obediência, da subordinação ao educador e contra os meios brutais da coação. Ele também argumentou a favor da continuidade, da estabilidade e da sutileza das medidas educativas: "É claro que isso não quer dizer que devemos parar perante qualquer resistência da criança; fazer isto seria realmente um pobre preparo para a vida social que é tão rica em restrições... [mas ao contrário] limitaria a coação direta para um mínimo, dando preferência à coação indireta que torna o prazer de ganhar dependente da submissão".

Neste contexto, ele se referiu às "formidáveis sugestões" que Adler havia proporcionado em "como a necessidade de afeto da criança pode ser transformada em vantagem pedagógica". Aqui Furtmüller referia-se ao um ensaio intitulado "A Necessidade de Afeto da Criança" que Adler publicara em 1908 em uma revista médica vienense. No relacionamento dos pais entre si e com a criança, há o risco de "afeto demais ou de menos".

As explicações de Furtmüller a respeito de educação sexual não estão bem claramente resumidas:

> Provavelmente, esta parte mais pessoal da vida humana se afastará da intervenção do educador. No entanto, quando um desenvolvimento anormal do instinto sexual fica aparente, de forma alguma devemos desistir de tentar uma intervenção; principalmente quando os processos de repressão estão envolvidos, bons resultados serão conseguidos colocando à disposição da criança ajuda psíquica. Quanto à questão do esclarecimento sexual, [ele] compartilha da opinião de Adler de que não devemos apresentar tais assuntos à criança, a não ser que ela sinta uma séria necessidade a respeito do assunto.

A apresentação de Furtmüller é significativa, pois demonstra a idéia pedagógica de uma personalidade importante na história da psicologia individual, uma personalidade que apóia sua orientação pedagógica e fortemente influenciou Adler nesta direção.

A apresentação engatilhou uma animada discussão que expressou a insegurança dos membros do grupo a respeito das conseqüências educativas da psicanálise. Freud enfatizou "que ele sempre evitou ao máximo tirar conclusões — e muito menos, emitir prescrições — com relação à educação, baseado em nossas descobertas":

> [Entretanto], ele teria prazer em receber... um ensaio que refletisse as impressões de um pedagogo conseguidas a partir de seu encontro com a psicanálise. No documento de hoje,

podemos começar a observar uma fachada psicanalítica atrás da qual existem opiniões bem liberais e promissoras acerca de educação.

A não ser por um ensaio que Ferenczi apresentara no Congresso de Salzburg, intitulado "Psicanálise e Pedagogia", a palestra de Furtmüller foi o primeiro estímulo para os membros da "Sociedade de Quarta-Feira" para discutir as relações entre psicanálise e a prática pedagógica.

Para Elrod (1987b, p. 344), Furtmüller demonstrou nas discussões que era "equilibrado, com vontade de discutir, capaz de controlar a tensão, e interessado em soluções humanas e cientificamente justificáveis de problemas levantados". Em seus comentários nas discussões, Furtmüller freqüentemente confrontava as explicações psicanalíticas com a sociologia. Mais de uma vez, pronunciou-se contra o uso de percepções psicanalíticas como arma contra pessoas. Essa crença emergiu mais claramente durante uma discussão a respeito de Karl Kraus. Freud gostaria de ter visto esse famoso satirista e crítico como um "efetivo ajudante [aliado] da psicanálise". Em sua luta para separar moralidade da criminalidade, Kraus havia-se referido à teoria da sexualidade de Freud. Ao final, os esforços de Freud não foram bem-sucedidos:

> Diferenças pessoais com o aluno de Freud, Fritz Wittels, seu colaborador no *Fackel*... logo preparou o terreno para um dia de julgamento que lidava especialmente com a análise de artistas feita por estudantes de Freud e, mais tarde, com a prática do movimento psicanalítico. Foi precisamente essa transgressão pelo analista na esfera de artistas — uma esfera que Kraus considerava intocável — o motivo do rompimento com Freud.[64]

O ponto de partida para essa separação foi a apresentação "The *Fackel* Neurosis" (A Neurose de *Fackel*), que Wittels expôs em 12 de janeiro de 1910 na Sociedade, e na qual ele "revelou" Kraus como um neurótico. Wittels certa vez trabalhara com Kraus, mas a partir de então se separaram. Nessa apresentação, Wittels estava acertando as contas. *"Ezekiel, the Newcomer"* (Ezequiel, o Recém-chegado), um livro baseado nesta apresentação, apareceu no mesmo ano; ele representava um deslize maldoso contra Karl Kraus, que se tornou um amargo oponente e um zombador da psicanálise, e nunca o perdoou pelo resto de sua vida, apesar de todas as tentativas de reconciliação por parte de Freud. Durante a discussão da apresentação de Wittels, muitos membros se referiram ao diagnóstico acima. Para Adler, Kraus era "um filisteu enlouquecido para quem o caminho para a auto-indulgência adequada havia sido cortado". Joachim

---

64. Worbs, 1983, p. 10. A respeito de *"Karl Kraus e o Movimento Psicanalítico"*, veja ib., pp. 149 e.d.

preferiu "considerar (Kraus) do ponto de vista psiquiátrico" e para Heller havia "um notável traço de caráter sádico" (*Minutes*, 1967, p. 389) em Kraus. Tausk e Freud defenderam o crítico vienense. Freud pensou: "Nós nos esquecemos muito facilmente de que não temos o direito de colocar a neurose em primeiro plano, sempre que um grande acontecimento é envolvido" (*ib.*, p. 391). Furtmüller também percebeu um risco na apresentação:

> A questão é se a análise deve ser considerada uma estrutura de dogmas ou um método de trabalho. Na apresentação de hoje, parece que a balança favoreceu o primeiro conceito; portanto, o resultado não é muito convincente e uma grande parte foi negligenciada; o que na realidade nos levou, de certa forma, a um mal-entendido acerca desse homem. Um homem como Kraus não consegue encontrar um lugar na *Imprensa*, mesmo sem uma neurose (*Ib.*, p. 393).[65]

Em 12 de janeiro de 1910, Freud propôs a admissão do dr. David Ernst Oppenheim,[66] "professor" de línguas clássicas em Viena, em uma escola acadêmica de segundo grau *(Gymnasium)*. Ele também deixou o grupo em 1911, junto com os partidários de Adler. Em seus comentários nas discussões do grupo, Oppenheim muitas vezes se referiu a tópicos encontrados na história antiga e na mitologia. Ele tratava principalmente de mitos, de sonhos e de símbolos. Em 16 de fevereiro de 1910, deu sua primeira apresentação a respeito do "Fogo como Símbolo Sexual". Entretanto, essa apresentação não foi registrada. Em 20 de abril de 1910, ele apresentou "Suicídio na Infância". Participou ativamente na discussão acerca do suicídio entre crianças escolares e, quando a publicação dessa discussão foi debatida, pediram-lhe que escrevesse um capítulo de introdução. Oppenheim declarou-se pronto a fazê-lo, mas queria manter o anonimato. Sua contribuição foi assinada *Unus multorum*.[67]

Em 1911, Oppenheim foi co-autor com Freud do manuscrito "Dreams in Folklore" (Sonhos no Folclore) que, no entanto, só foi publicado depois da morte dos dois autores. O fato de o manuscrito não aparecer em 1911 talvez possa ser explicado porque Oppenheim deixara a Sociedade Psicanalítica de Viena em outubro de 1911. A matéria-prima para esse artigo encontrava-se com Oppenheim, enquanto Freud organizou e fez comentários a respeito, assim como redigiu a introdução.[68]

---

65. *Furtmüller expressou pensamentos similares contra o uso da psicanálise como uma arma, em sua discussão a respeito da "Teoria do Conhecimento e Psicanálise"* (Minutes, 1967, pp. 336 e.d.).
66. Para uma biografia de Oppenheim, veja pp. 214-215.
67. Veja "Sobre Suicídio; com Referência Especial a Suicídios de Crianças Escolares" (Discussões da Sociedade Psicanalítica de Viena, *volume I*), Wiesbaden, 1910.
68. Veja Freud e Oppenheim [1958a], S.E., XII, pp. 180-203, e particularmente a nota do editor, pp. 177 e.d.

Margarete Hilferding[69] foi recomendada para admissão na associação em 6 de abril de 1910. Hilferding foi uma das primeiras médicas de Viena, tendo-se qualificado em 1903. Em 14 de abril de 1910, ocorreu um debate a respeito de seu pedido de admissão. Sadger declarou-se contra pelo princípio de não admitir mulheres. Adler argumentou a favor de admitir médicas e mulheres em geral. Freud considerou o pedido "uma inconsistência grosseira se fôssemos excluir mulheres por princípio". Em uma votação sem obrigatoriedade, três membros se opuseram em admitir mulheres e onze votaram a favor, por princípio. Como resultado, Adler foi obrigado "a proceder com extrema cautela nesse ponto" (Minutas, 1967, p. 477). A questão de admitir a Dr.ª Hilferding seria referida ao comitê executivo. Duas semanas mais tarde a admissão era decidida, com 12 votos a favor e dois votos contra. Um dos votos contrários provavelmente foi de Sadger e o outro provavelmente de Wittels, já que, por causa de sua atitude contra "médicas"[70], o "não" deveria ser esperado. (Apesar de não estar presente, ele havia submetido uma carta a respeito desse voto que foi lida perante a assembléia e incluída como um dos 15 votos válidos). E assim, Margarete Hilferding tornou-se a primeira mulher membro da "Sociedade de Quarta-Feira". Em 11 de janeiro de 1911, ela fez sua primeira apresentação intitulada "On the Basis of Mother Love" (Sobre a Base do Amor Materno). Em outubro de 1911, ela saiu da associação com Furtmüller e outros seguidores de Adler.

Dois outros membros foram formalmente introduzidos ao grupo na primavera de 1910: Stefan von Máday[71] e barão Franz von Hye.[72] Von Máday era doutor em Filosofia. Fora recomendado para admissão por Adler em 20 de abril de 1910 e duas semanas depois, com 13 votos a favor e duas abstenções, ele foi admitido. Nas Minutas da sessão de 5 de outubro de 1910, é indicado que von Máday, que desejava passar o ano estudando em Innsbruck, pediu uma suspensão limitada da associação. No verão de 1911, ele retirou-se da sociedade em solidariedade a Adler, sem ter participado de uma reunião sequer.

Von Hye foi recomendado para admissão por Stekel em 27 de abril de 1910, e duas semanas depois era aceito por unanimidade. Já era sabido que ele só assumiria sua situação de membro no outono de 1910. Entretanto, ele só compareceu em uma reunião (2 de novembro de 1910). Von Hye também saiu da sociedade no verão de 1911, em solidariedade a Adler.

---

69. Mais informações a respeito da Dr.ª Hilferding pode ser encontrada na p. 213.
70. Veja a discussão de um ensaio idêntico ao de Wittels em 15 de maio de 1907 na "Sociedade de Quarta-Feira' (Minutas, 1962, pp. 195-201).
71. Para mais informações a respeito de von Máday, veja p. 214.
72. Para mais informações a respeito de von Hye, veja p. 213.

"HERMAFRODITISMO PSÍQUICO" (23 DE FEVEREIRO DE 1910)

Os comentários nas discussões do outono de 1909 não são particularmente relevantes. Mas ele fez uma afirmação interessante em 20 de outubro de 1909, dizendo que a "Química" tinha um papel importante na questão da base da neurose; de fato, estava intimamente ligada com a vida mental. Para a objeção cética de Tausk, Adler respondeu que "as impressões do mundo externo devem primeiro passar pela corrente sangüínea para que possam aparecer como sensação" (*Minutas,* 1967, p. 278 e.d.).

Em 10 de novembro de 1909, Adler falou pela primeira vez acerca do "sentimento de inferioridade". Esta é uma primeira indicação da reestruturação fundamental que ocorreu nas teorias de Adler durante os meses seguintes, abordando aparentemente uma "mudança de paradigma" em seus pensamentos, a ponto de seu conceito poder ser usado aqui sem exagerá-lo. Essa mudança o levou da "inferioridade orgânica" para o "sentimento de inferioridade" experimental-psicológico.

A palestra de 23 de fevereiro de 1910 intitulada "Hermafroditismo Psíquico" demonstra claramente que uma básica reestruturação de seus pensamentos estava acontecendo. Ele começou sua apresentação indicando que o seu tópico abordava o ponto mais delicado na área da investigação psicanalítica. Entretanto, não é fácil apresentar uma visão geral do que ele realmente disse, pois a maior parte de seu documento não é muito clara. Aparentemente, isso não se deve somente aos registros de Rank nas Minutas: a falta de habilidade de Adler em explicar claramente seus pontos de vista foi criticada por diversos participantes na discussão que se seguiu. No mesmo ano, essa apresentação foi publicada em um periódico médico com o título "Hermafroditismo Psíquico na Vida e na Neurose" (Adler [1910c] 1973). Para transmitir melhor os pensamentos de Adler, as páginas seguintes se referirão tanto às *Minutas* como a esse ensaio.

Na primeira parte da apresentação, Adler fez alusão ao fato de que até então sua opinião a respeito do instinto agressivo havia sido prejudicada pelo fato "de sua base ser biológica e inadequada para uma completa compreensão do fenômeno neurótico. Para essa finalidade, é preciso levar em consideração o conceito do neurótico, que é altamente pessoal e que julga os fenômenos de uma forma que não admite uma definição em termos biológicos, mas somente em termos psicológicos, ou em termos da psicologia cultural" (*Minutas,* 1967, p. 425).

Com esta afirmação, Adler descrevia a reestruturação fundamental em sua maneira de olhar as coisas, que se tornaria tão importante para a construção de sua futura teoria. Isso significava a substituição da perspectiva biológica (inferioridade orgânica, instinto agressivo) por uma abordagem (experimental) psicológica (sentimento de inferioridade, protesto masculino).

Adler também percebeu claramente essa mudança: ela não ocorreu gradativamente e, tampouco, sem reflexão.

Continuando seu discurso, Adler disse que todas as pessoas possuíam traços masculinos e femininos, já que o traço sexual oposto diminuiria ou seria sublimado. Na realidade, ele colocou esse hermafroditismo no centro de sua etiologia da neurose, sendo particularmente interessado no valor que psicologicamente lhe era proporcionado. Tudo que é ativo é masculino e tudo que é passivo é feminino. Os fracos e os inferiores eram femininos, e o esforço pela compensação era experimentado como sendo masculino. Entretanto, Adler nunca definiu, tanto em sua apresentação como em seu ensaio, exatamente o que ele conceitualmente entendia ser "masculino" ou "feminino"; e nem sempre é explícito se ele considerava somente errado julgar valores infantis, ter idéias culturais convencionais ou haver diferenças biológicas "objetivas". No entanto, podemos assumir que ele tinha em mente principalmente avaliações infantis. Isso também está evidente pelas suas observações conclusivas pelas quais declarou: "A compreensão infantil da criança a impele a olhar tudo que é inferior como 'pouco masculino', passando a considerá-lo 'feminino'" (*ib.*, p. 428). Essa palestra, na qual Adler chegou a uma posição-chave de sua teoria em desenvolvimento, pode não ser tão clara e mesmo confusa devido ao fato de ele ainda ser incapaz de articulá-la adequadamente. A introdução de um novo conceito essencial, protesto masculino, também é confusa. Ellenberger (1970) relata que esse conceito se relaciona com a época em que Adler vivia com Raíssa, sua esposa emancipada e politicamente radical, mas quanto de verdade há nesta hipótese é difícil determinar. Seja como for, Bottome, que conheceu bem os Adlers, também reportou as dificuldades em conseqüência do comportamento independente e emancipado de Raíssa.

O conceito de "protesto masculino" surgiu primeiro na tentativa de descrever o instinto agressivo de forma psicológica: de como ele é experimentado. Entretanto, logo provou ser uma formulação particularmente infeliz, devido ao fato de que, por ser tão ambíguo, precisava de mais explicações. Posteriormente, Adler entendeu o protesto masculino como o esforço pela compensação — a superação dos experimentados traços inferiores e femininos — como um protesto, o empenho para o ideal masculino. Em sua apresentação, Adler ainda falou acerca do "protesto masculino", mas novamente sem explicar de maneira clara se o que ele postulava era válido tanto para os homens como para as mulheres.

O ensaio de Adler tem como ponto de partida a observação de que "sinais físicos do sexo oposto" podem ser encontrados em quase todos os neuróticos. "Essas manifestações objetivas freqüentemente fazem surgir um sentimento subjetivo de inferioridade" (Adler [1910c] 1973, pp. 85-86).[73]

---

73. Veja Ansbacher e Ansbacher, 1956, pp. 46 e.d.

Esse sentimento de inferioridade muitas vezes é conseqüência de uma educação demasiadamente autoritária que força as crianças no papel "que para elas parece afeminado. Todos os neuróticos experimentaram uma infância com dúvidas a respeito de suas habilidades de alcançar a plena masculinidade". Disso resultaram avaliações infantis, "de acordo com as quais qualquer forma de agressão desin*ib*a, atividade, capacidade, poder, e os traços de bravura, liberdade, riqueza, agressividade ou sadismo são percebidos como masculinos. Todas as inibições e deficiências, assim como covardia, obediência, pobreza, etc., são percebidas como femininas" (*ib.*, pp. 487 e.d.).

Agora, Adler deduziu que uma neurose não se origina exclusivamente de uma inferioridade orgânica, mas surge de vários fatores:

> O sentimento de inferioridade estimula... a vida instintiva, intensifica excessivamente os desejos, provoca a sensibilidade exagerada e produz um desejo intenso pela satisfação que não tolera acordos... Nesse desejo hipertrofiado, nessa dependência do sucesso, nesse louco comportamento de protesto masculino encontram-se as sementes do fracasso — como também a predestinação de realizações geniais e artísticas. A neurose então se instala por meio do fracasso do protesto masculino para atingir o seu maior objetivo. (*Ib.*, p. 490).

Como intervenção terapêutica, Adler recomendou "a revelação dessa dinâmica, tornando-a consciente":

> Desta forma, a hipertrofia dos traços "masculinos e femininos" desapareceriam e a avaliação infantil faria espaço para uma atitude mais madura perante a vida. A sensibilidade exagerada seria reduzida e o paciente aprenderia como enfrentar as tensões do ambiente sem perder o seu equilíbrio. Aqueles que antes eram meros objetos de impulsos obscuros e inconscientes tornam-se mestres ou portadores conscientes de seus sentimentos. (*Ib.*, p. 493).

A discussão que seguiu a apresentação de Adler causa a impressão de uma certa perplexidade. Tausk, Furtmüller e Oppenheim duvidaram da existência de critérios que pudessem determinar, em um sentido psicológico, o que distinguia os traços masculinos dos femininos.

Federn disse que "na realidade era possível concordar com cada frase e, no entanto, colocar a seu lado um ponto de interrogação". Ele viu na apresentação uma tentativa de Adler elaborar a teoria da inferioridade em sua aplicação no desenvolvimento das neuroses, mas ele criticou a falta de diferenciações e confessou não encontrar novidade na observação de que o hermafroditismo aparecia regularmente e em alto grau nos neuróticos:

Ele mesmo ainda não observou que os pacientes consideram como "feminino" tudo, o que para eles parece deficiente; é uma questão de saber se Adler não está exagerando ao colocar o fator da bissexualidade como ponto central. Existem histéricos que assim se tornam sem [qualquer sentimento de] inferioridade. A bissexualidade, como tantas outras condições, pode ser um fator provocativo, mas não pertence ao centro de uma teoria de neuroses. (*Minutes*, 1967, p. 429).

Sadger criticou a apresentação baseado no fato de que a tendência de Adler em teorizar tornara-se proeminente demais. Por outro lado, Jekels reconheceu a exposição como "uma continuação logicamente incontestável e consistente das opiniões de Adler a respeito do significado do instinto agressivo e da teoria da inferioridade orgânica". Steiner indicou que os conceitos de masculino e feminino "não são contraditórios, mas complementares... O oposto de masculino é infantil" (*ib.*, p. 431).

Como sempre, Freud achou a apresentação de Adler "uma soma total de observações sagazes, conceitualmente muito bem separadas [uma da outra] e, acima de tudo, trazendo fatos à luz". Mas ele culpou Adler por sua incapacidade de facilitar para os outros uma compreensão mais simples de seus pensamentos:

> [Ele achou] digno de nota que três membros que não eram de fato psicanaliticamente orientados — Tausk, Oppenheim e Furtmüller — colocaram sua ênfase no que era decisivo: que na área da psicologia não sabemos o que devemos chamar de masculino ou feminino... Os conceitos de "masculino" e de "feminino" não têm utilidade na psicologia e seria melhor que, em vista das descobertas na psicologia das neuroses, fossem empregados os conceitos da libido e da repressão. Tudo que se referir à libido tem um caráter masculino, assim como a repressão tem um caráter feminino. Psicologicamente, somente podemos apresentar o caráter de atividade e passividade. (*Ib.*, p. 432).

Freud expressou-se contra o cerne do problema das neuroses como sendo conectadas ao hermafroditismo. Ele rejeitou os novos conceitos de Adler por causa de sua falta de clareza. Em sua conclusão, Adler notou que esperava argumentar sua teoria mais a fundo no Congresso de Nuremberg. E ainda disse que "o problema mais importante mencionado em seu documento nem poderia ser aprofundado agora. Mas Adler enfatizou sua primeira impressão de que o problema do incesto é tão-somente um fenômeno secundário e se baseia nesses fundamentos" (*ib.*, p. 434).

Adler utilizou-se do conceito "hermafroditismo" para evitar a expressão mais amplamente usada de "bissexualidade". Ele então o colocou ao centro de sua etiologia das neuroses, deixando em aberto a questão de saber quem o havia influenciado. No começo de sua apresentação, ele mesmo se referiu a Wilhelm Fliess, Hermann Swoboda e Otto Weininger, entre outros. De fato, as afirmações de Adler evocavam Fliess, pois Fliess estava convencido do grande significado da bissexualidade humana. Em geral, o conceito ficou conhecido principalmente a partir do livro de Otto Weininger intitulado *Geschlecht und Charakter[* [Sexo e Personalidade] (1903), que alcançou enorme sucesso público, apesar de seu conteúdo duvidoso. Seria realmente interessante investigar o quanto Adler foi diretamente estimulado pelos escritos de Fliess e Weininger. Para Freud, o termo "bissexualidade", que tinha um papel importante em sua própria teoria da psicossexualidade, era, na realidade, ambivalente, mas por motivos pessoais. Em 1906, ele foi envolvido em um caso de plágio, segundo o qual Fliess o acusou de transmitir a Weininger sua (de Fliess) descoberta da bissexualidade por meio de um dos pacientes de Freud (Hermann Swoboda). Sem nos aprofundarmos mais no "caso Fliess",[74] é certo que para Freud o termo "bissexualidade" mexia com velhas feridas (amizade e rompimento com Wilhelm Fliess, o caso do plágio).

A apresentação de Adler provavelmente alterou a atitude de Freud a seu respeito. Três semanas antes, Freud escrevera de volta para Jung que estava em busca de contribuições para o "Livro do Ano": "Informarei os meus vienenses de seu apelo. Normalmente, prefiro contê-los. Adler é o único que pode ser aceito sem censura, mas não sem crítica". (Freud e Jung, 1974, p. 291). Por outro lado, duas semanas após a reunião, ele escreveu: "Posso pedir para você não começar com elaborações heréticas como as de Adler... elas deprimiriam o ambiente" (*ib.*, p. 301). Freud estava de fato se referindo à apresentação de Adler acerca do hermafroditismo psíquico.

Em sua apresentação, Adler ainda não fora capaz de oferecer uma explicação lúcida de suas mais recentes teorias. Entretanto, a novidade era o panorama psicológico experimentalmente orientado, e o aparecimento dos conceitos "masculino/feminino" e o "protesto masculino". Holtz (1981, pp. 27 e.d.) descreveu com detalhes a importância dessa apresentação, que elaborou a teoria adleriana da neurose. Tanto ele como Freud se referem ao fato de que a sexualidade, como fator fundamental da vida mental e como uma base da neurose, estava ainda mais marginalizada e que os pontos de vista de Adler — pelo menos a partir dessa data — não poderiam mais ser integrados à teoria de Freud.

---

74. *Veja por exemplo o curto resumo de Brome, 1967, pp. 6-13, e Worbs, 1983, pp. 154 e.d.*

O CONGRESSO DE NUREMBERG E SUAS CONSEQÜÊNCIAS

Um segundo Congresso Psicanalítico aconteceu em Nuremberg, em 30 e 31 de março de 1910. Um de seus resultados foi a fundação da Associação Psicanalítica Internacional. Foi aqui também que a tensão entre Viena e Zurig foi ventilada: Freud planejara colocar Zurig em destaque e instalar Jung na direção do movimento psicanalítico.

Depois de anos de isolamento e hostilidade, a carta de Jung de 1906, na qual dizia que a psicanálise em Zurig havia sido plantada em solo fértil, proporcionou a Freud grande satisfação. Jung conseguira levar para a psicanálise o seu chefe, Eugen Bleuler — professor universitário, diretor da Clínica Psiquiátrica de Zurig, no Burghölzli, e um dos mais importantes representantes da psiquiatria daquele tempo. Agora, Freud esperava que com a ajuda de Bleuler e de seus colegas de Zurig a psicanálise fosse aceita pela psiquiatria e, desta forma, revitalizada. Também era importante para ele que Jung e Bleuler não fossem judeus, devido à sua preocupação crescente quanto à psicanálise ser considerada como uma "ciência judaica". Em sua carta para Karl Abraham de 26 de dezembro de 1908, Freud se referiu ao povo de Zurig e escreveu: "Os nossos camaradas arianos são real e completamente indispensáveis para nós, do contrário a psicanálise sucumbiria ao anti-semitismo" (Freud e Abraham, 1965, p. 64).

Quando Bleuler expressou sua relutância em fazer o papel de angariador de público, as esperanças de Freud viraram-se para o médico chefe de Bleuler, Carl Gustav Jung, que declarou que o envolvimento com Freud não era uma decisão fácil de ser tomada no início:

> Quando me familiarizei com o seu trabalho, havia uma carreira acadêmica à minha frente e estava próximo a terminar um projeto que favoreceria a minha carreira universitária. Entretanto, naquele tempo, Freud era definitivamente considerado na academia uma *persona non grata* e, portanto, um relacionamento com ele seria prejudicial para qualquer reputação científica. As "pessoas importantes" se referiam a Freud, na melhor das hipóteses, de forma clandestina e, em congressos, ele somente era discutido nos "corredores" e nunca na Assembléia Geral. Portanto, não era fácil para mim admitir que minhas experiências associativas correspondiam às teorias de Freud (Jung, 1962, p. 152).

Na primavera de 1906, Jung enviou a Freud uma cópia de suas experiências acerca da associação de palavras. Em fevereiro, os dois homens se encontraram em Viena pela primeira vez. Conforme Jung (*ib.*, pp. 153 e.d.), eles falaram ininterruptamente durante 15 horas: "Freud foi a primeira pessoa realmente significativa que jamais conheci. Ninguém até então poderia ser comparado a ele. Não havia nenhuma superficialidade em suas opiniões. Considerei-o extremamente inteligente, sagaz e extraordinariamente notável".

Zurich era importante por outro motivo também: o prejuízo que a psicanálise poderia sofrer no ambiente despreocupado e divertido de uma cidade como Viena. Esse estereótipo também escondia reverberações de anti-semitismo. Freud respondeu à acusação de que a psicanálise era meramente uma projeção teórica das condições particularmente vienenses, isto é, "uma atmosfera de sensualidade e de imoralidade, tão estranhas em outras cidades", da seguinte maneira:

> Eu certamente não sou um patriota local, mas essa teoria acerca da psicanálise sempre me pareceu excepcionalmente sem sentido — de fato, tão sem sentido que algumas vezes fui inclinado a supor que a censura de ser um cidadão vienense é somente um substituto eufêmico para outra censura, que ninguém se importaria em apresentar tão abertamente. Se as premissas sobre as quais se baseia o argumento fossem os opostos do que realmente são, então valeria a pena dar-lhes ouvido. Se existisse uma cidade onde os habitantes impusessem restrições excepcionais a si mesmos quanto à satisfação sexual, e se ao mesmo tempo exibissem uma marcante tendência a graves desordens neuróticas, aquela cidade poderia com certeza criar na mente de um observador a idéia de que as duas circunstâncias tivessem alguma conexão entre si, podendo sugerir que uma era contingente da outra. Mas nenhuma das duas suposições é verdadeira com relação a Viena. Os vienenses são tão abstinentes e tão neuróticos quanto os habitantes de qualquer outra cidade capital. Pelo contrário, há menos falsa modéstia — menos pudor — com relação aos relacionamentos sexuais do que nas cidades do oeste e do norte, tão orgulhosas de suas castidades. Essas características peculiares de Viena teriam mais probabilidade de enganar o observador na causa da neurose do que proporcionar um esclarecimento a seu respeito. (Freud, [1914d], *S.E.*, XIV, pp. 38 e.d.).

A obstinação e os rumores desta acusação sem sentido que não era focada em Freud o vienense, mas em Freud o judeu, aumentaram para ele a atração de Zurich como sede internacional da psicanálise.

A rivalidade entre os grupos de Viena e de Zurich era então agravada quando Freud favoreceu os suíços que se consideravam psiquiatras bem-educados e tecnicamente superiores aos analistas vienenses. O psiquiatra suíço Ludwig Binswanger (1956, p. 15) participou de uma sessão na "Sociedade de Quarta-Feira" no início de 1910, e apresentou esta crítica: "O que me surpreendeu foi uma falta de treinamento psiquiátrico na maioria dos participantes; de fato, até com relação à terminologia básica". Após o Congresso de Nuremberg, Binswanger no início recusou-se a cooperar com a recém-fundada *Zentralblatt für Psychoanalyse*, "pela minha falta de inclinação em colaborar com o 'nada científico' Stekel". Mas, então, ele mudou de idéia e aceitou por consideração a Freud que era o editor-chefe (*ib.*, p. 34).

Os suíços criticaram o "*deuterei* vienense" representado principalmente por Stekel. Esse hábito, entendido como uma interpretação esquemática e exagerada de símbolos sexuais, era, no entanto, a moda para muitos analistas vienenses. Foi assim que Jung se queixou de Stekel em uma carta para Freud de 8 de novembro de 1909:

> A maioria dos leitores de Stekel pouco aprecia o que realizamos, sem mencionar outras coisas. Ao mesmo tempo St[ekel] está definitivamente tendendo para as interpretações das ações [*Deuterei*] como posso ver freqüentemente aqui com os meus, alunos. Em vez de se preocuparem em analisar, eles dizem: "Isto é..." Como se as resistências comuns não fossem suficientes, agora tenho que tirar Stekel de suas cabeças também. Mas eu não gostaria de tirá-lo por completo; como sempre, seu artigo para o "Livro do Ano" contém coisas surpreendentemente corretas. Ele tem grande valor devido às suas descobertas, mas é prejudicial para o público. (Freud e Jung, 1974, pp. 257 e.d.).

A resposta de Freud em 11 de novembro de 1909 parecia ainda mais categórica:

> Stekel está programando um dicionário de símbolos de sonhos. Ele trabalha rapidamente e, sem dúvida, estará logo no mercado. Uma revisão do livro nos dará a oportunidade de dizer publicamente o que pensamos dele. Sugiro repartirmos entre nós o trabalho dessa crítica situação — você "pisará nos calos" dos vienenses e eu nos calos dos suíços quando começarem a produzir versões próprias. Essas revisões devem ser a expressão de nossas verdadeiras e pessoais convicções. Esta é uma tentativa para uma ditadura literária, mas o nosso pessoal não é confiável e precisa de disciplina. Devo dizer que às vezes fico tão zangado com os meus vienenses que gostaria que vocês/ eles (*Ihnen*) tivessem um só traseiro para que eu pudesse bater em todos com um só bastão. (*Ib.*, pp. 259 e.d.)

O deslize ("vocês") foi imediatamente observado por Freud que se desculpou. Entretanto, hoje, parece muito indicativo das ilusões que Freud tinha a respeito do papel de Jung na psicanálise. De qualquer forma, Freud repetidamente queixava-se com os suíços de seus colaboradores vienenses.

Para Jung, ele os ridicularizava por suas mediocridades, e, após uma sessão na "Sociedade de Quarta-Feira", ele chamou Binswanger de lado e disse: "Então agora você conheceu este grupo, não é?" (Binswanger, 1956, p. 13). Esses ressentimentos de Freud eram sinceros — e não só expressões da necessidade política para a psicanálise apoiar os suíços — e também podem ser observados em diversas cartas. Por exemplo, Freud escreveu para Ferenczi em 3 de abril de 1910: "O relacionamento pessoal entre o pessoal de Zurich é muito mais respeitoso do que o de Viena, onde devemos nos perguntar muitas vezes o que aconteceu com a nobre influência da psicanálise em seus seguidores" (Jones, 1955, p. 79).

Brome (1967, pp. 45 e.d.), escrevendo acerca do propósito do Congresso de Nuremberg, disse: "Parecia que Freud fora à Conferência de Nuremberg para mudar o centro de atenção para uma sociedade internacional mais distinta dirigida por Jung, enquanto ele, com habilidade desvencilhava-se do que se tornara o estorvo dos primeiros seguidores boêmios que claramente revelaram sérias dificuldades pessoais." Wittels (1924, p. 135) foi ainda mais sarcástico: "Essa atenção internacional consolou-nos pelo silêncio de Viena."

Os seguidores vienenses tinham ciúmes dos suíços: eles os acusavam de se envolverem na psicanálise só superficialmente e orgulhavam-se por serem os verdadeiros pioneiros do movimento psicanalítico. Essa postura não estava totalmente injustificada e posteriormente seria confirmada pelo rompimento de Jung com Freud. Wittels (1924, pp. 282 e.d.) chegou à seguinte conclusão: "Se Freud tivesse prestado mais atenção, teria percebido que os ataques dos suíços contra Stekel, na realidade, eram dirigidos por intermédio dos alunos para o mestre".

Jones (1959, p. 167) via o anti-semitismo trabalhando na inclinação de Jung contra os vienenses. Jung queixou-se com Freud, em Zurich, que era uma pena ele não ter "seguidores de peso" em Viena e que estava rodeado de um grupo de "degenerados e de boêmios". Jones logo descobriu que a descrição de Jung "era uma grande fantasia, para não ser grosseiro", porque no grupo de Viena não havia nenhum pintor ou poeta imaginado por Jung; ao contrário, o grupo era constituído de membros profundamente cultos e bem-educados, e médicos praticantes em sua maioria. O fato de que suas capas eram mais amplas e seus chapéus mais largos do que aqueles usados pelas pessoas de Zurich, Londres ou Berlim, para Jones era uma expressão da moda vienense. Na verdade, quase todos os membros do grupo de Viena eram judeus; Jones se perguntava se a aversão de Jung não se originava de algo diferente do que anti-semitismo.

Freud tinha um ponto cego em tudo que se referia a Jung. Ele colocara em Jung todas as suas esperanças para o futuro da psicanálise. Isso pode ser notado seus múltiplos comentários. Em 14 de março de 1911, ele escreveu para Binswanger (1956, p. 42): "Quando o reino *(Reich)* que fundei ficar órfão, o único herdeiro deverá ser Jung. Como você pode ver, o meu plano segue incansavelmente esse objetivo e a minha conduta com Stekel e Adler se adequa a esse mesmo sistema". Olhando para trás, Freud ([1914], *S.E.*, XIV, pp. 42 e.d.) descreve e justifica os motivos de seu modo de agir no Congresso de Nuremberg dizendo:

> [Minha decisão foi] influenciada em parte pela favorável recepção na América, pela crescente hostilidade nos países de língua alemã e pelo inesperado... apoio de Zurich.... para organizar o movimento psicanalítico, para transferir sua sede para Zurig e proporcionar-lhe um chefe *(Oberhaupt)*... Julguei que a associação do novo movimento com Viena não era nenhuma recomendação, mas, um obstáculo. Um lugar no coração da Europa como Zurich, onde um professor acadêmico abrira as portas de sua instituição para a psicanálise, pareceu-me muito promissor... Eu queria, desta forma, manter-me na retaguarda, tanto eu quanto a cidade onde a psicanálise primeiro veio à luz. Além disso, eu não era mais jovem e percebi que havia um longo caminho ainda a percorrer e me senti oprimido pelo fato de pensar que o dever de ser um líder *(Führer)* se apresentou tão tarde em minha vida. No entanto, senti que era necessário ter um chefe *(Oberhaupt)* à testa... Este só poderia ser C. G. Jung, pois Bleuler era o meu contemporâneo em idade; a favor de Jung estavam os seus excepcionais talentos, as contribuições que já proporcionara à psicanálise, sua posição independente e a impressão de uma energia assegurada que sua personalidade transmitia. Além disso, ele me pareceu estar pronto para entrar em um relacionamento de amizade comigo e, em consideração, desistir de certos preconceitos raciais que ele se permitira anteriormente. Eu não tinha idéia naquele momento que, apesar de todas essas vantagens, a escolha seria tão infeliz. Eu confiara em uma pessoa incapaz de tolerar a autoridade de outra, mas que era ainda menos capaz dele mesmo exercê-la, e cujas energias eram persistentemente devotadas em proteger os seus interesses. Considerei ser necessário formar uma associação oficial porque tive medo dos abusos aos quais a psicanálise seria submetida à medida que se tornasse popular. Devia haver uma sede que se encarregasse de declarar: Toda esta bobagem nada tem a ver com análise; isto não é psicanálise.

Quanto ao conteúdo do Congresso de Nuremberg — evidenciado por uma série de documentos interessantes — tudo foi colocado à margem em vista das sérias controvérsias levantadas com relação ao tipo de organização internacional que a psicanálise devia tornar-se.

Conforme Wittels (1924, pp.137 e.d.):

> Na realidade, eu não sei acerca do que Freud, Jung e Ferenczi falaram na viagem de volta para casa, mas acho que há bons motivos para supor que discutiram a necessidade de uma completa organização do movimento psicanalítico. Daí em diante, Freud não tratou mais a psicanálise como um ramo da ciência pura. As políticas da psicanálise haviam começado. Os três viajantes fizeram votos de fidelidade mútua, concordando em juntar forças em defesa da doutrina contra qualquer perigo. Um desses perigos era aquele que ameaça todas as doutrinas científicas assim que se popularizam — o perigo da vulgarização e dos mal-entendidos. Um outro risco parecia iminente para Jung, que receava as absurdas interpretações dos vienenses. Quando falava dos discípulos de Viena, Jung estaria pensando primeiramente em Adler e Stekel, e depois em Sadger e os outros... Freud, apesar de conhecer a sincera devoção dos discípulos vienenses, nessa época estava notadamente atraído por Jung.

Freud havia nomeado Ferenczi para apresentar as propostas relevantes ao Congresso, e Ferenczi demonstrou muito pouco tato. Disse que os analistas vienenses eram inferiores aos suíços e, assim, colocou mais lenha na fogueira da existente rivalidade. Ferenczi queria que a administração fosse transferida para Zurich. Ele não só propôs nomear Jung presidente vitalício, como conceder-lhe também o direito de examinar todos os documentos e apresentações e decidir acerca de sua publicação, em outras palavras, Jung seria nomeado censor internacional.

A recomendação de Ferenczi provocou uma tempestade de protestos. Stekel articulou extensivamente suas objeções a essas propostas, e em seguida foi a vez de Adler. Conforme Freud ([1914d], *S.E.,* XIV, p. 44), Adler "em grande agitação expressou medo de que a intenção fosse 'a censura e as restrições à liberdade científica'". Brome (1967, p. 42) escreve que, de acordo com Stekel, Adler foi tão veemente que "em determinado momento... ele engasgou em suas próprias palavras". A discussão tornou-se tão acalorada que os "procedimentos foram impedidos de prosseguir e a sessão adiada para o dia seguinte". Wittels (1924, p.139) comentou a respeito dos eventos desta forma:

> É possível logo imaginar que os inocentes vienenses... estavam totalmente apavorados por essas propostas. Duvido se o poder absoluto já foi confiado a qualquer um, com exceção dos chefes de certas ordens católicas romanas. Uma jovem ramificação da ciência em rápido desenvolvimento estava prestes a ser colocada sob o comando de um jovem recruta... Nada podia explicar o fato de que as políticas da psicanálise come-

çaram com a tentativa de um golpe de surpresa, que no entanto foi frustrado pela pronta e enérgica oposição dos vienenses.

Stekel informa de uma reunião secreta por ele organizada, com todos os colegas vienenses, quando Freud os surpreendeu, aparecendo de repente e pedindo encarecidamente para que apoiassem as propostas de Ferenczi. Brome (1967, p. 42 e.d.), citando a autobiografia de Stekel,[75] fez o seguinte resumo:

> Conforme Stekel, ele agora organizou o que ele descreve como uma "reunião secreta" de seus colegas vienenses... e fez um provocante discurso político... Ele disse que durante anos, eles, os vienenses, haviam superado oposições, defenderam Freud e lutaram por sua reputação; e agora, esse incrível e pequeno homem Ferenczi tinha a audácia de sugerir que a liderança passasse para um recém-chegado como Jung, em Zurig, que nada sabia das dificuldades do pioneirismo. Era ultrajante. Ele perguntou se era possível ficar dependente da mercê de Zurich e a resposta foi unânime de todos ali presentes — "Não!" — De repente a porta se abre e ali estava Freud. Estava muito agitado e procurou persuadir-nos a aceitar a moção de Ferenczi; ele predisse tempos difíceis e uma forte oposição pela ciência oficial. Ele segurou seu casaco e chorou: "Eles invejam o casaco que visto: eu não sei se no futuro terei condição de ganhar o pão de cada dia".[76] As lágrimas corriam pelo seu rosto. "Um psiquiatra autorizado e um gentio (não-judeu) devem ser os líderes do movimento", disse ele. Stekel acrescentou: "Ele previa um crescente anti-semitismo".

Wittels (1924, p. 140) descreve a mesma cena da seguinte maneira:

> De repente, Freud, que não fora convidado, apareceu. Eu nunca o vira tão agitado. Ele disse: "Sua maioria é judaica e, portanto, não tem competência de angariar amigos para o novo ensinamento. Os judeus devem contentar-se com o modesto papel de preparar o terreno. É absolutamente essencial que eu forme vínculos com o mundo da ciência geral. Não sou jovem e estou cansado de ser perpetuamente atacado. Estamos todos em perigo". Segurando o seu casaco pelas lapelas, ele disse:

> "Eles não me deixarão nem o casaco em meus ombros. Os suíços nos salvarão — salvarão-me e a todos vocês também."

---

75. Veja Stekel, 1950, pp. 128 e.d.
76. Conforme Jones (1955, p. 77), Freud disse: "Os meus inimigos gostariam de me ver morrer de fome; eles arrancariam o meu próprio casaco de minhas costas."

De acordo com Stekel (1950, p. 129), uma longa e difícil discussão com Freud teve seqüência. Finalmente, Freud propôs um acordo que foi aceito pelo plenário, no dia seguinte. Doravante, o presidente seria eleito para servir um mandato de dois anos e a sede da associação se localizaria na cidade do presidente. Nenhum poder de censura lhe seria concedido. E mesmo que os vienenses, como Klemperer (1952, p. 38) relatou, preferissem Adler, Stekel ou Hitschmann como presidente, foi Jung o presidente eleito nessas condições.

O Congresso de Nuremberg marcou um momento decisivo na história da psicanálise. É o acontecimento mais importante no caminho para a institucionalização do movimento psicanalítico. E enquanto essa avaliação é facilmente feita à luz da perspectiva histórica, Freud já havia chegado nesta conclusão naquele mesmo momento. Em uma carta de 3 de abril de 1910, ele escreveu para Ferenczi: "Com o Parlamento de Nuremberg *(Reichstag)* encerra-se a infância de nosso movimento; essa é a minha impressão. Agora, anseio por um rico e bom tempo de juventude" (Jones, 1955, p. 79). As cartas de Freud durante os anos seguintes claramente demonstram a assiduidade com que cuidou das questões relativas à institucionalização da psicanálise.

As reuniões da "Sociedade de Quarta-Feira" que seguiram o Congresso eram plenamente influenciadas por esses eventos. Freud abriu a sessão de 6 de abril de 1910 com uma breve revisão do Congresso e disse que um novo período da Sociedade estava por começar. Agora, era preciso alinhar-se "com a associação geral como um todo, assim como competir com outros grupos locais" *(Minutas,* 1967, p. 463). Não era mais possível considerar os membros da sociedade como seus convidados; a associação tinha de ser constituída em Viena também. Para presidente, ele recomendou Adler. Por que escolheu Adler pode ser verificado na carta que ele escreveu para Ferenczi em 3 de abril de 1910: "Transferirei a liderança [*Führerschaft*] para Adler, não porque gosto disso ou porque me satisfaça, mas porque ele é a única personalidade do grupo, e porque possivelmente nesta função ele se sentirá na obrigação de defender as nossas bases comuns" (Jones, 1955, p. 78).

Ao concluir, Freud comunicou dois desejos pessoais relativos aos seus planos para a Sociedade de Viena. Os relacionamentos no grupo deviam ser mais bem cultivados e uma oposição entre Viena e os outros centros devia ser evitada. Aqui, também, ele expressa o desejo por uma pessoal amizade e harmonia. Então, Adler expôs seus pontos de vista a respeito dos eventos no Congresso. A Escola de Viena tentara eliminar a dureza da inovação de Ferenczi, "e em sua maior parte ela foi bem-sucedida. Portanto, podemos dizer hoje que a partir daquele momento pertencemos a uma associação que escolhe o seu presidente em uma eleição livre entre membros de direitos iguais, como qualquer outra associação" *(Minutas,* 1967, p. 464). Ele descreveu como um passo à frente isso, agora a necessidade de uma fusão seria confirmada de forma geral. Ele também queria fazer as seguintes recomendações:

> [Eles devem abandonar seu isolamento e tentar] trazer pessoas adequadas para as nossas reuniões, fazendo com que participem do nosso trabalho. Com o aumento de nossos números e o fortalecimento de nossa capacidade produtiva, a nossa influência crescerá em meio ao corpo médico e na sociedade. A realização dessa perspectiva possivelmente entrará em colisão com alguns de nossos preciosos hábitos. Acima de tudo, devemos preocupar-nos com um local de reuniões apropriado. (*Ib.*, pp. 464 e.d.)

Aqui, também, os esforços de Adler para abrir o grupo eram claros. Tausk e Wittels expressaram seus pesares em conseqüência dos novos desenvolvimentos. Wittels disse: "Até agora nós éramos, até certo ponto, o oposto de uma sociedade, e a parte triste é simplesmente o fato de que agora precisamos tornar-nos uma sociedade" (*ib.*, p. 468). E ele perguntou, um tanto polemicamente, como era preciso "testar [os novos membros] a fim de evitar que pessoas, como os suíços, que fazem parte [entre nós] somente em um sentido superficial, sejam admitidas". Opiniões contrárias à abertura do círculo foram apresentadas por outros membros também. Furtmüller apoiou a sugestão de Adler e não via nenhum perigo "emergindo do fato de que pessoas comuns pudessem entrar na sociedade como conseqüência da expansão e então divulgar a doutrina de forma distorcida. Isso aconteceu com todas as grandes idéias; era a única forma de conseguir o sucesso" (*ib.*, p. 469).

De muitas formas, as *Minutas* dessa sessão são informativas. Nelas encontram-se várias declarações a respeito de diferentes problemas, como a rivalidade com Zurich, a reserva de Freud com relação aos vienenses — reconhecida por diversos membros — como os membros vienenses se enxergavam, e assim por diante. Isso não vai ser tratado aqui com maiores detalhes, a não ser por este exemplo: uma declaração de Wittels. Aqui está ele, polemicamente comentando acerca dos suíços — e, em retrospecto, não totalmente incorreto: "As pessoas de Zurich são treinadas clinicamente para se tornarem freudianas. Provavelmente, elas defenderiam qualquer outra doutrina com a mesma honradez (*Biederkeit*) e com o mesmo tom choroso. Por outro lado, a Sociedade de Viena cresceu historicamente. Cada um de nós tem uma neurose que é necessária para a admissão nos ensinamentos de Freud. Se os suíços também a tem é questionável" (*ib.*, p. 468).

Ao final da sessão, Freud foi eleito presidente científico e Adler, por aclamação, eleito presidente do grupo local de Viena. A proposta de Freud — de eleger Adler — tinha por objetivo um visível aprimoramento do *status* dos vienenses, que era facilitar uma reconciliação com os suíços. Em uma carta que ele escreveu para Jung em 12 de abril de 1910, encontramos:

Durante a última reunião da "Sociedade de Quarta-Feira", eu transferi a presidência (*Führerwürde*) para Adler. Todos se comportaram muito afetivamente e então prometi continuar como presidente das sessões científicas. Eles ficaram bem chocados mas, neste momento, estou satisfeito com o resultado de minha diplomacia. A competição justa entre Viena e Zurich só pode beneficiar a causa. Os vienenses não sabem comportar-se, mas têm conhecimento e ainda podem fazer um bom trabalho para o movimento. (Freud e Jung, 1974, p. 306).

A sessão de 14 de abril de 1910 continha uma agenda de onze pontos. Stekel foi eleito vice-presidente e a questão do local das reuniões foi discutida. Adler, com sua verdadeira predileção por cafés, sugeriu o Café Pucher e o Café Siller. Entretanto, os membros em geral decidiram contra um café, preferindo escolher um local que pudesse ser alugado de outra sociedade científica. Depois, o auditório do Colégio dos Médicos *(Doktor-Kollegium)* foi definitivamente selecionado.

O Congresso de Nuremberg levou ainda a outra inovação. Em 6 de abril, Stekel propôs a fundação de um jornal que seria um suplemento do *Jahrbuch* (Livro do Ano), atualmente editado por Jung. Ele publicaria documentos científicos [independentes], breves comunicações, os relatórios de nossos encontros e revisões completas" (*Minutas*, 1967, p. 470). Como editor, ele sugeriu Adler e ele próprio. Quanto às motivações de Stekel que provocaram esta proposta, pode-se presumir que fosse pelo medo das medidas de censura empreendidas pelos suíços e pelo desejo de publicar independentemente em Viena. Freud pediu para que o jornal de forma alguma fizesse oposição àquele de Zurich que fosse aberto para todos do grupo. Quanto ao nome do jornal, ele sugeriu *Zentralblatt für Psychoanalyse*.

As descrições de outras condições envolvendo a sua fundação são contraditórias. Brome (1967, p. 44), que cooperou com a autobiografia de Stekel, explica o desenvolvimento da seguinte maneira:

> Freud... convidou... um grupo seleto da Sociedade de Viena para uma reunião em uma casa de café... Durante o café, ele lhes disse "Escrevi para duas editoras a respeito do jornal. As duas se interessaram pela oferta desde que se confirme que eu seja o redator". Em seguida, veio uma frase altamente inesperada: "Que garantia podem me dar de que esse jornal não será direcionado contra mim?". Stekel disse que, como eles ainda eram alunos de Freud, era ridículo pensar que escreveriam qualquer coisa contra ele, mas ele imediatamente qualificou isso com a frase: "Reservamo-nos o direito de expor nossas próprias idéias". Novamente, Freud ficou desconfiado e sugeriu que o material devia ser submetido a um triunvirato —

Freud, Adler e Stekel — antes de ser publicado e que qualquer um dos três devia ter o direito de vetar a publicação.

Wittels (1924) escreveu que Adler e Stekel fundaram o periódico para assegurar suas posições científicas e não tinham a intenção de conceder a Freud o direito de veto. (A edição alemã ([1924], p. 124) esclarece esse ponto melhor que a tradução inglesa). Freud ([1914d], *S.E.*, XIV, pp. 44 e.d.) assim explicou os acontecimentos:

> "[O *Zentralblatt*] obviamente tinha a intenção original de representar a oposição: a finalidade era recuperar a hegemonia de Viena, ameaçada pela eleição de Jung. Mas, quando os dois fundadores do jornal, trabalhando com as dificuldades de encontrar uma editora, asseguraram-me de suas intenções pacíficas e como garantia de sua sinceridade deram-me o poder de veto, aceitei a direção e trabalhei energicamente para o novo órgão."

O primeiro número apareceu em setembro de 1910. Freud foi o redator e os editores foram Adler e Stekel. Os três individualmente podiam vetar qualquer artigo a respeito do qual tivessem algum tipo de preocupação.

Desta forma, a fundação do *Zentralblatt* foi uma concessão de Freud e um sucesso — apesar de limitado — para Adler e Stekel. Neste contexto, deve ser mencionado que, três anos e meio antes, uma tentativa de Adler para conseguir pronunciar-se mais em questões de divulgação havia fracassado. Em 10 de outubro de 1906, Freud informara o grupo de seu plano para estabelecer uma série de monografias ("Schriftem zur angewandten Seelenkunde" [Contribuições a Serem Aplicadas na Psicologia]) para a qual, entretanto, ele [não] concedeu aos membros da Sociedade o direito de voto na edição da série, [tampouco] influência na aceitação ou rejeição das contribuições" (*Minutas,* 1962, pp. 6 e.d.). Adler solicitara que "dois ou três membros... tivessem a tarefa permanente de revisar as publicações correntes importantes para o nosso trabalho". No entanto, sua moção foi rejeitada.

Com a liderança de Adler, a forma das reuniões mudou. Foram implementados aspectos formais e de "clube". Cada reunião começava com uma longa programação: relatórios do secretário e do bibliotecário, solicitações e interpelações, execução das tarefas burocráticas — por exemplo, a aquisição de uma máquina de escrever ou de livros. Entretanto, perto do encerramento do ano de atividades, os aspectos comerciais formais estavam paulatinamente diminuindo. Furtmüller (1965, p. 343) escreveu que as tensões entre o grupo dos vienenses foram se reduzindo:

> No grupo, o novo ambiente... e a presença de novas pessoas que não estavam implicadas com as velhas controvérsias, criou

uma atmosfera muito mais agradável... Adler naturalmente usou o novo *Zentralblatt* para publicar seus documentos, e esses documentos naturalmente desenvolveram suas idéias, que cada vez mais cresceram para formar um sistema. No grupo, ele gostava de voltar para o seu velho hábito de ouvinte silencioso.

O ROMPIMENTO ENTRE ADLER E FREUD (1911)

NOVOS MEMBROS

O 9º ano da "Sociedade de Quarta-Feira" começou no outono de 1910; em 12 de outubro, seu nome foi alterado oficialmente para Sociedade Psicanalítica de Viena. A partir de 29 de setembro de 1910 — por "edital do governo" — a fundação da Sociedade "não foi pro*iba*". Adler, o seu proponente, foi eleito presidente em exercício; Stekel, o vice-presente. O objetivo da Sociedade, mencionado na seção 2 dos Estatutos, era "cultivar e promover a ciência psicanalítica como foi fundada pelo Prof. Dr. Sigmund Freud de Viena, tanto no campo da Psicologia pura como em sua aplicação na Medicina, nas Artes e nas Ciências".[77]

Entre os novos membros que se juntaram ao grupo no outono de 1910 havia três, Paul Klemperer e os irmãos Franz e Gustav Grüner,[78] que se demitiram um ano mais tarde com Furtmüller, Oppenheim e Hilferding para se juntarem à nova escola de Adler. Os três haviam participado das palestras de Freud na universidade. Klemperer afirma que, depois do primeiro ano, Freud convidou todo o grupo a se juntar à Sociedade Psicanalítica: "Nós nos conhecemos... no Colégio Médico... Era uma grande sala com uma enorme mesa oval... Lembro-me de que estava presente um total de cerca de 30 membros" (Klemperer, 1952, p. 5).

Paul Klemperer era primo e amigo próximo de Paul Federn; ele foi admitido em 12 de outubro de 1910. Nessa época, ele ainda era um estudante de Medicina. Na verdade, ele se retirou da Sociedade como protesto devido às ações de Freud contra Adler; no entanto, apesar de permanecer na escola de Adler até o final da Primeira Guerra Mundial, ele nunca se

---

77. *Citado por Leupold-Löwenthal, 1981, p. 226.*
78. *Notas biográficas a respeito de Klemperer e dos Grüners estão nas páginas 212-213*

tornou membro da Sociedade para a Psicologia Individual. Para diversos autores, ele serviu de testemunha para o conflito entre Adler e Freud (Klemperer, 1952).

Gustav Grüner também foi admitido no grupo em 12 de outubro de 1910. Ele se inteirou da psicanálise devido ao seu interesse geral pelas artes e pelas ciências. Seu irmão, Franz Grüner, era um estudante de Direito e juntou-se ao grupo também, pelo mesmo interesse em artes e literatura; ele foi admitido formalmente em 26 de outubro de 1910.

Diversas pessoas se tornaram membros da Sociedade Psicanalítica de Viena no outono de 1910, e entre eles estava o sociólogo Gaston Rosenstein, o especialista em leis Hanns Sachs, o pediatra Richard Wagner e Alfred Freiherr von Winterstein, que depois foi presidente da sociedade.

Hanns Sachs (1881-1947) co-editou com Rank *Imago* a partir de 1912. Ele foi membro fundador do "Comitê" que conduziria a psicanálise depois que Adler e Jung seguissem o seu próprio caminho. Em 1920, Sachs transferiu-se para Berlim para ser um analista treinador; em 1932, emigrou para Boston. Sachs (1945, pp. 50 e.d.) escreveu que fora admitido na Sociedade Psicanalítica de Viena junto com outras pessoas que haviam participado das palestras de Freud — essa era uma referência a Klemperer e aos irmãos Grüner — e descreveu suas primeiras impressões na participação do grupo da seguinte forma:

> O local da reunião era uma grande sala que pertencia ao *Medizinische Doktoren-Collegium* (Colégio Médico), que o grupo alugava por uma noite — Quarta-Feira — por semana. Como novos membros, no início éramos naturalmente desconfiados e não tomávamos parte na discussão, até o momento em que Freud disse: "Não nos dividiremos em uma Classe Superior, que se encarrega de falar, em uma Classe Inferior, que faz o papel de ouvintes passivos". Isso quebrou o gelo e soltou nossas línguas... Dr. Adler presidiu essa e algumas outras reuniões, mas logo o conflito começou como resultado de suas novas teorias e pontos de vista divergentes.

Entre outubro de 1910 e outubro de 1911, a composição do grupo mudou em comparação com os anos anteriores. Anteriormente, uma dezena de pessoas participou das reuniões, mas o grupo crescera consideravelmente: em média, 20 pessoas participavam agora. Entre aqueles que apareciam regularmente estavam Adler, Federn, Freud, Friedjung, Furtmüller, Franz e Gustav Grüner, Hilferding, Hitschmann, Klemperer, Oppenheim, Rank, Reitler, Rosenstein, Sachs, Sadger, Steiner, Stekel, Tausk, Wagner e Winterstein. Analisando essa evolução da perspectiva da dinâmica de grupo, podemos ver que o tamanho do grupo havia alcançado um ponto em que novas estruturas ou um "split" (cisão) deveria ser considerado. Ele seria unilateral e reducionista para explicar o rompimento entre Adler e Freud causado por essa circunstância, mas era possível argumentar que suas diferenças teóricas poderiam ser mais pacientemente discutidas em um grupo menor.

AS DISCUSSÕES DECISIVAS (JANEIRO-FEVEREIRO DE 1911)

O PANO DE FUNDO (OUTONO DE 1910)

Durante o outono de 1910, Adler continuou trazendo os seus novos conceitos ("sentimento de inferioridade", "protesto masculino") para as discussões. Em 19 de outubro de 1910, ele apresentou um ensaio ("Uma Pequena Contribuição ao Assunto do Mentir Histérico").

Stekel disse "que Adler abusa do conceito muito valioso do protesto masculino" referindo-se a ele em cada sonho e em cada masturbação (*Minutas*, 1974, p. 19). Hitschmann pensou que a abordagem de Adler era bem diferente "da nossa". Os traços de personalidade da criança evidenciados por Adler nem sempre apresentam o mesmo relacionamento causal da neurose como fazem os fatores sexuais: "Com certeza, os neuróticos muitas vezes são excêntricos; esses traços de personalidade nem sempre (como entretanto Adler pensava) são as causas das neuroses mas, ao contrário, suas conseqüências ou fenômenos, que os acompanham paralelamente (*ib.*, p. 21).

Federn declarou que ele "agora gostaria de abusar [aproveitar-se] da oportunidade de falar a respeito da posição do sistema de Adler [em relação] aos ensinamentos de Freud (*ib.*, p. 22). Algumas semanas mais tarde, Hitschmann diria exatamente a mesma coisa quando pediu a Adler para diferenciar seus ensinamentos daqueles de Freud. Pode-se presumir que uma comparação mais clara estava na ordem do dia para diversos membros da sociedade."

Nessa reunião, Freud reconheceu "que Adler, com sua habilidade costumeira, demonstrara o ambiente pedagógico e social do caso", mas ainda expressava a objeção de que "as exposições de Adler precisavam, como sempre, completar o aspecto psicanalítico" (*ib.*). Uma semana depois, Freud fez a apresentação de seu ensaio intitulado "Sobre os Dois Princípios de Eventos Psíquicos" e desenvolveu, nesta apresentação, sua idéia acerca das relações entre o princípio do prazer e o princípio da realidade.

Durante a discussão do ensaio, Adler "pediu cautela ao trazer em cena, para efeito de explicação de certos problemas, um conceito tão extenso como o do prazer" e em seguida referiu-se à teoria da inferioridade orgânica. Para ele, era difícil enxergar como os dois princípios "[poderiam] ser usados para expor o fio-guia de todos os processos psíquicos" (*ib.*, p. 33).

Freud lhe deu uma breve resposta e o agradeceu, entre outras coisas, "por sua complementação de caráter biológico e genético" (*ib*., p. 34).

Na sessão seguinte, em 2 de novembro de 1910, Stekel fez uma apresentação a respeito da "Escolha de uma Profissão e Neurose". Adler pediu a palavra e comentou acerca do papel do sadismo na escolha de uma profissão, do sentimento de inferioridade e seu entendimento como algo feminino, do instinto agressivo e da inferioridade orgânica, "estando no ápice" a "aspiração pelo triunfo" como tendência impulsora, e do domínio de elementos sádicos comparados aos elementos sexuais (*ib*., pp. 45 e.d.).

Em 9 de novembro, Hitschmann comentou:

> É compreensível que, quando lidamos com um tópico que se relaciona com personalidade, os conceitos adlerianos sejam forçosamente introduzidos, pois na escolha de uma profissão não somente a sexualidade mas os outros instintos também têm um papel importante. Entretanto, não há muita diferença entre o instinto de agressão ou o "protesto masculino", e o que normalmente designamos como "querer viver", "querer realizar algo", "querer ser alguém", etc. (*Ib*., p. 53).

Adler respondeu dizendo que, para um neurótico, "querer viver" era algo completamente diferente, "que era um mecanismo superaquecido". Quanto à questão principal, o que a escolha da profissão significava com relação à neurose, ele disse:

> A escolha da profissão é, como no amor, aquele ponto em que o predisposto indivíduo permite que seja reconhecido... É como o fato de "ser um cocheiro" que nada mais é do que o desejo de estar "em cima", assim como "ser atropelado" nada mais é do que estar "em baixo", ser uma mulher. A isso pode-se ainda dizer que nas fantasias infantis a respeito de relação sexual, a morte tem um papel importante; a criança tem o sentimento de que estar embaixo é muito perigoso. (*Ib*., p. 56).

Neste ponto, Adler já está indicando o seu entendimento do ato sexual como protesto masculino ("estar em cima"), que tanto enfureceria Freud.

As elucidações de Adler — como esses exemplos podem demonstrar — tornaram-se progressivamente divergentes, sendo mais e mais criticadas pelo grupo. Tomando em consideração essa situação, fica claro porque Hitschmann, em 16 de novembro de 1910, propôs "que as teorias de Adler fossem discutidas a fundo em suas interconexões, com particular atenção para suas divergências com a doutrina de Freud, para que se conseguisse, se possível, uma fusão dos dois pontos de vista ou pelo menos um esclarecimento das diferenças entre os dois (*ib*., p. 59)". Freud modificou essa moção dizendo que "somente um aspecto das opiniões de Adler fosse discutido — um aspecto que parece não ter sido esclarecido, ou seja: o relacionamento do 'protesto masculino' para a doutrina da repressão que nos escritos de Adler não tem nenhuma função". Surpreso, Adler pensou que o desejo de Hitschmann não podia ser tão facilmente satisfeito. Mas então ele declarou sua presteza "para nomear, em uma semana, um tema que ofereceria a oportunidade para elucidar o contraste" (*ib.*). Dizem que Adler recebera esse convite que levaria positivamente a sérias conseqüências — ou seja, o rompimento com Freud. Stekel (1950, pp. 141 e.d.) escreveu:

> Adler seguiu seu próprio caminho [naquele tempo] e trabalhava em uma teoria diferente daquela de Freud. Ele era intuitivo e cheio de novas idéias, mas no início tentou adaptar sua teoria àquela de Freud. Freud o convidou para apresentar diversas palestras acerca de sua pesquisa... [e] Adler estava muito satisfeito. Certa vez, andando comigo, disse-me: "O que está acontecendo com Freud? Ele está realmente querendo entrar em acordo comigo e aceitar minhas divergências? Qual o seu jogo?".

Em sua descrição anterior (1923, pp. 561 e.d.), Stekel mostra esta situação com maiores detalhes:

> Freud nunca fora tão gentil com Adler; ele o elogiava e procurava ganhá-lo completamente para o seu lado. Adler o chamava de "caçador de almas" *(Seelenfänger)* e não confiava nele. Adler foi finalmente desafiado para uma profunda exposição de suas teorias. Naquele tempo, ele havia descoberto o seu "protesto masculino" e, com isso, acreditava possuir a chave para a compreensão das neuroses. Entretanto, o "protesto masculino" ainda não havia sido explicado como "assexual". "Todos nós queremos aprender!", disse Freud. "Faça uma apresentação de sua teoria!". Adler então estava terrivelmente contente e autoconfiante... Um mês foi dedicado à teoria de Adler! Isso era novo para os anais das reuniões analíticas. Até aquele momento, o tópico exclusivamente discutido sempre fora Freud ou tudo que se referia a Freud. Desta vez, Adler não estava cético e acreditava que Freud mudara de idéia. O Mestre estava finalmente concordando em aceitar algo novo para corrigir e expandir sua teoria. Tivemos muitas discussões, mas nenhum de nós tinha alguma noção da tempestade que estava a caminho.

Wittels também (1924, p. 150) escreveu algo parecido: "[Adler] tinha esperanças, pois achava que esse intercâmbio formal de opiniões provocaria uma paz duradoura com Freud. Ele queria convencer seu professor, mas o resultado contradisse suas esperanças."

Nesse meio tempo, a atitude de Freud ante Adler mudou fundamentalmente. Ele escrevera para Jung em junho de 1909 que a cooperação de

Adler "tinha de ser mantida o maior tempo possível". Mas um ano mais tarde, em 19 de junho de 1910, ele se expressou de maneira essencialmente mais dura: "Adler é hipertenso e profundamente amargurado porque eu rejeito suas teorias consistentemente" (Freud e Jung, 1974, p. 331).

Em uma carta datada de 29 de outubro de 1910, Jung criticou Adler pela sua "total ausência de psicologia", cuja resposta de Freud, em 31 de outubro, dizia que Jung estava inquestionavelmente correto em sua caracterização e que "até havia encontrado a brilhante fórmula que estivera buscando há muito tempo" (*ib.*, pp. 364 e.d.). Em 23 de novembro de 1910, Freud escreveu para Ferenczi: "Estou tendo um momento atroz com Adler e Stekel. Eu esperava chegar a uma separação limpa, mas a situação se arrasta e, apesar de minha opinião de que nada pode ser feito com eles, tenho de continuar agüentando, era muito melhor quando eu estava sozinho" (Jones, 1955, p. 146). Dois dias depois, em uma carta dirigida a Jung, Freud expressou um pensamento parecido:

> O meu espírito está abatido pela irritação com Adler e Stekel, com quem o entendimento é muito difícil... Adler é um homem muito decente e muito inteligente, mas é paranóico; no *Zentralblatt* ele coloca tanta ênfase em suas quase ininteligíveis teorias que os leitores devem estar completamente confusos. Ele está constantemente pedindo prioridade, colocando novos nomes em tudo, reclamando que está desaparecendo embaixo de minha sombra e forçando-me no papel desagradável do velho déspota que impede os jovens de progredir. São rudes comigo pessoalmente e abriria mão dos dois com prazer. Mas não será possível. Eu não me importaria em jogar o *Zentralblatt* junto com eles e poderíamos expandir o *Fahrbuch* para atender o fluxo do material. Mas eles não querem se separar-se e não podem mudar. E, acima de tudo isso, esse absurdo orgulho local vienense e os ciúmes de você e de Zurich! A psicanálise nada fez para eles. O resto do grupo está razoavelmente bem, apesar de não ser brilhante (Freud e Jung, 1974, p. 373).

Agora as cartas de Freud cada vez mais acusavam Adler de "paranóico". A natureza problemática do rótulo psiquiátrico de Adler será examinada em detalhes nas páginas 130 e 131. Quanto às teorias incompreensíveis que Adler empurrava no *Zentralblatt,* Freud com certeza tinha em mente o ensaio "Die Psychische Behandlung de Trigeminusneuralgie" (O Tratamento Psíquico da Nevralgia do Trigêmeo), que apareceu na edição de outubro/novembro.[79] Nesse ensaio, Adler procurou provar a psicogênese

---

79. Zentralblatt für Psychoanalyse, *1 (1910), pp. 10-29.*

de uma nevralgia do trigêmeo com o exemplo de uma história de caso. A primeira seção bastante extensa do ensaio apresentava uma síntese das teorias de Adler, em uma formulação bem mais coerente. Adler começou com a teoria da inferioridade orgânica que, entretanto, havia sido bastante modificada, porque ele falou a respeito de uma "transformação dialética da inferioridade orgânica por meio de um sentimento subjetivo de inferioridade nos esforços da compensação psíquica e da compensação exagerada" (Adler, [1910f] 1074, p. 94). Ele desenvolveu seu entendimento do instinto agressivo, do hermafroditismo psíquico e do protesto masculino. As observações sexuais geralmente deviam retroceder para o princípio: "Eu quero ser um verdadeiro homem." Muito do que é manifestado como sexual servia as tendências de salvaguarda do neurótico.

O momento exato em que Adler disse que não queria desaparecer na sombra de Freud é desconhecido, mas deve ter sido em algum momento do outono de 1910. Essa declaração tornou-se uma citação comum na controvérsia Freud-Adler.

Freud ([1914d] *S.E.*, XIV, p. 51) sentiu que a ambição era responsável pelas expressões de Adler. Ele escreveu:

> Posso até falar publicamente do motivo pessoal de seu trabalho, pois ele mesmo o anunciou na presença de um pequeno círculo de membros do grupo de Viena: "Você pensa que ficar na sua sombra a vida inteira me proporciona tanta satisfação?". Com certeza, eu não vejo nada de repreensível em um jovem que admite sua ambição, que poderíamos de qualquer forma adivinhar que estivesse entre os incentivos para o seu trabalho.

A apreensão de Adler provavelmente se referia a seus planos de uma carreira universitária. No relatório em que submeteu sua recomendação negativa a respeito do pedido de *Habilitação* (professorado) de Adler, Wagner-Jauregg de fato declarou que Adler procedia da escola freudiana e permanecera fiel à sua metodologia, mas que se havia dissociado de seus teoremas: "Essa é a primeira vez que um discípulo dessa escola se candidata para uma posição de *Dozent* (docente); portanto, será necessário que o Comitê dos Professores tome uma posição se for interessante para a Faculdade de Medicina de Viena que esse representante ensine o que ele tem para ensinar" (citado em Beckh-Widmanstetter, 1965, p. 183). Apesar do relatório Wagner-Jauregg ter sido escrito somente em 1915, ou seja, quatro anos após o rompimento, Adler ainda estava sendo identificado com a escola freudiana. A respeito de "estar na sombra de Freud", Adler escreveu:

> O Sr. Freud teve um momento ruim com minhas observações verbais... minha gentil rejeição: "Ficar na sua sombra não é divertido" — isto é, ser culpado por todas as inconsistências do freudianismo simplesmente por cooperar com a psicologia

da neurose. Ele logo a interpretou como uma confissão de minha vaidade rebelde, para poder entregá-la aos inocentes leitores. Como até agora nenhum dos iniciados quis admitir essa má sorte de seu professor — não meu, como era freqüente afirmar erroneamente — eu mesmo sou obrigado a destruir uma lenda. (Adler [1912a] 1972, p. 56).

A explicação de Adler parece plausível. Entretanto, seu tom insolente também é inconfundível. Em 29 de novembro de 1910, Jung fez uma saliente analogia entre Adler e Bleuler: "A mesma mania em fazer a terminologia o mais diferente possível e apertar a flexível e frutífera abordagem no indecente esquematismo de uma psicológica e biológica camisa de força. Bleuler é outro que luta contra o desaparecimento em sua sombra" (Freud e Jung, 1974, p. 374). Em sua resposta de 3 de dezembro de 1910, Freud se queixou por estar ficando sensível com os seus mais antigos seguidores:

A situação com Adler está ficando insustentável. Você vê uma semelhança com Bleuler; para mim, ele desperta a memória de Fliess, porém com uma 8ª abaixo. A mesma paranóia. No segundo problema, o *Zentralblatt*... você encontrará uma revisão feita por ele. Leia com cuidado, do contrário é difícil enxergar onde ele quer chegar. Sua apresentação sofre de imprecisão paranóica. Mas aqui é possível ver claramente como ele tenta forçar a maravilhosa diversidade da psicologia na estreita cama de um único e agressivo ego corrente "masculino" — como se a criança rejeitasse a sua feminilidade e não tivesse nenhum outro pensamento a não ser "estar em cima" e fazer o papel de homem. Para marcar o seu ponto, ele é forçado a mal-interpretar totalmente certos elementos... O ponto crucial do assunto — e é isso o que me preocupa — é que ele minimiza o impulso sexual e os nossos oponentes logo terão a possibilidade de falar de um psicanalista experiente cujas conclusões são radicalmente diferentes das nossas. Naturalmente, em minha atitude com ele estou dividido entre a minha convicção de que tudo isso é um desequilíbrio e prejudicial e o meu medo de ser considerado um velho intolerante que restringe os jovens; isso me deixa muito desconfortável. (*Ib.*, p. 376).

Aqui, Freud expressava seu profundo medo de que a psicanálise pudesse ser atenuada e obscurecida. A passagem que sugere que oponentes pudessem aproveitar-se dos achados de Adler indica suas reais motivações em querer a separação.

No mesmo dia (13 de dezembro de 1910), Freud também escreveu para Binswanger: "É preciso tomar cuidado com os escritos de Adler. O perigo com ele é bem maior, considerando sua grande inteligência. Sua exposição torna tudo obscuro; entretanto, eu sei que isso resulta em pontos biológicos no lugar de psicologia e à remoção do instinto sexual. Só que a sua interpretação está totalmente incorreta" (Binswanger, 1956, p. 37).

Em 20 de dezembro de 1910, Jung informou que havia lido a revisão de Adler (do ensaio anterior "Conflitos Psíquicos em uma Criança"):

> Suspeita, realmente muito suspeita, a observação de que o meu ponto de vista seja totalmente dependente da teoria freudiana da libido, como se fosse uma falha ou uma limitação. Se fosse assim, o ponto alto de sua pesquisa (de Freud) seria eliminado da existência antes de jamais atingir o incalculável significado heurístico que lhe é destinado. Ele é, como vejo cada vez mais claramente, a verdadeira chave para a mitologia, bem diferente do problema da neurose. (Freud e Jung, 1974, p. 382).

Aqui, Jung ainda estava argumentando baseado na teoria da libido. Entretanto, sua última frase já mostrava a direção que ele mesmo seguiria alguns anos depois. Em 22 de dezembro, Freud respondeu:

> Estou contente por você enxergar Adler como eu. O único motivo pelo qual esse assunto me perturba tanto é que ele abriu as feridas do caso Fliess. O mesmo sentimento que perturbou a paz que eu gozava durante o meu trabalho acerca da paranóia. Desta vez eu não tenho certeza de até que ponto serei capaz de excluir os meus próprios complexos e se aceitarei de bom grado qualquer crítica. (*Ib*).

Por que Adler fazia Freud lembrar o caso Fliess — "a mesma paranóia", como disseram uma vez — se tornará aparente em outras passagens na troca de correspondência com Jung. Em 17 de fevereiro de 1908, ele escreveu a Jung que desenvolvera a teoria da paranóia por meio de Fliess: "Devo a ele esta idéia, ou seja: ao seu comportamento" (*ib*., p. 121). Freud também levantou a autodúvida e a autocrítica em sua carta de 22 de dezembro de 1910, e proporciona uma importante indicação, informando que ele se irritara durante a redação de seus correntes escritos acerca de paranóia, *Psychoanalytische Bermerkungen über einen autobiographisch beschriebenen Fall von Paranóia (Dementia Paranoides),* 1911, [Notas Psicanalíticas sobre uma História Autobriográfica de um Caso de Paranóia (Dementia Paranoides)]. Talvez, Freud possa ter sido vítima de um fenômeno que freqüentemente ocorre durante um trabalho intensivo a respeito de assuntos psicopatológicos. É possível perceber sinais de verdadeira distorção do que se é naquele momento ao pesquisar todos os tipos de pessoas encontradas na vida diária.

Stekel (1923, p. 563) criticou duramente a tentativa de Freud ao rotular Adler de paranóico:

Em uma sessão que aconteceu depois da saída de Adler, (Freud) explicou que Adler era paranóico. Este era o diagnóstico preferido de Freud; ele o havia aplicado a outro importante amigo de quem se havia separado também. Imediatamente, as naturezas escravas se levantaram em coro e, com entusiasmo, concordaram com esse absurdo diagnóstico, relatando até vários traços que deveriam confirmá-lo.

Stekel se referia a Fliess. Mais detalhes serão apresentados mais adiante em relação aos mecanismos que levaram Freud a fazer tais diagnósticos.

Essas cartas, escritas no outono de 1910, demonstram que Freud já estava claramente pensando em eliminar Adler. Por outro lado, Adler tinha a ilusão de que Freud procurava integrar suas abordagens. Em sua tentativa de desenvolver mais claramente suas divergências teóricas, Adler não considerara o fato de que elas poderiam levar à separação dos dois.

Em 4 de janeiro de 1911, e depois em 1º de fevereiro de 1911, Adler apresentou suas já anunciadas palestras que seriam discutidas em detalhe em duas outras reuniões (8 de fevereiro e 22 de fevereiro). Essas quatro reuniões foram dramáticas e terminaram por selar a separação entre Adler e Freud.

A PRIMEIRA REUNIÃO (4 DE JANEIRO DE 1911)[80]

A apresentação de Adler "Alguns Problemas em Psicanálise", aconteceu naquela noite perante uma audiência de 24 pessoas. Adler começou enumerando os oito pontos que ele pretendia cobrir durante as várias reuniões:

1. O papel da sexualidade na neurose.

2. Ansiedade e a tendência à segurança na neurose.

3. Caráter anal e erotismo anal.

4. Zonas erógenas e suas relações à inferioridade orgânica.

5. Constituição sexual e hereditariedade.

6. A teoria da libido, na qual, para ele, a libido "não podia ser considerada como fator impulsor de forma homogênea, mas, ao contrário, vista como artificialmente provida e combinada com o protesto masculino, e, portanto, sentida de forma exagerada, seja tendenciosamente supervalorizada ou então menosprezada".

7. A teoria do sonho.

---

80. Onde nenhuma outra fonte é fornecida, as citações desta seção encontram-se nas Minutas, *1974, pp. 102-111.*

8. Os papéis da repressão e o inconsciente na neurose. Nenhum dos dois era a causa da neurose.

Adler enfatizou sua avaliação acerca das fantasias do incesto como "traços de uma libido que é sentida de forma desmedida, em vez de um problema central da neurose". Na terapia, ele se concentrou no protesto masculino, na percepção do paciente no mecanismo do hermafroditismo psíquico e no elemento de transferência, em que a rebeldia se esconde atrás da "transferência do amor".

Apesar do extenso programa, foram dedicadas apenas duas reuniões para que Adler apresentasse suas opiniões. Na segunda reunião, ele falou do protesto masculino como o ponto central da neurose. Nessa reunião, o título do relatório era "Sobre o Papel da Sexualidade na Neurose". Ele só foi registrado em forma de simples anotações. Adler o publicou com o título de *Zur Kritik der Freudschen Sexualtheorie des Seelenlebens. I. Die Rolle der Sexualität in der Neurose* [Uma Crítica da Teoria Sexual Freudiana na Vida Mental. I. O Papel da Sexualidade na Neurose], em uma antologia em 1914.[81] Para entender melhor a palestra de Adler, a pobre exposição nas *Minutas* será enriquecida por algumas passagens desta publicação.

Adler começa com um reconhecimento de Freud. Diz que não pretende apresentar nenhuma formulação definitiva, mas tão-somente "pontos de desenvolvimento". Todos esses problemas haviam sido "programados pelo trabalho de Freud, que é o que tornou possível até discuti-los". O parecer de que cada instinto possuía um componente sexual era biologicamente insustentável, e tampouco, conforme Adler, a inferioridade orgânica estava diretamente ligada à erogenicidade de um órgão. Por outro lado, a erogenicidade era o resultado de "uma confluência de instintos pressionados por falsas teorias sexuais. A afirmação de que a criança é polimorfa-perversa é um "histéron protéron" (ou histerologia). As fantasias perversas se ligam aos órgãos inferiores somente em uma época mais avançada da vida".

A versão publicada continuou para dizer que "antes que o instinto sexual atinja uma medida considerável — em algum momento do final do primeiro ano — a vida psíquica da criança já é ricamente desenvolvida" (Adler, [1914a] 1973, p. 95).

Adler entendia por instinto sexual algo bem diferente do entendimento de Freud da libido. Para Freud, a amamentação da criança já é uma expressão de seu prazer oral. Adler fala a respeito do final do primeiro ano da criança e aparentemente aos sinais do prazer focalizado nos genitais. Desta forma, provavelmente ele também entendia a sexualidade polimorfa-perversa da criança de maneira diferente de Freud. Adler continuou: "Qualquer libido demonstrada pelo neurótico não é genuína". A versão publicada da palestra esclarecerá isso melhor:

---

81. Veja Heilen und Bilden *[Cura e Educação], Adler, [1914a] 1973, pp. 94-102.*

Sua maturidade precoce é forçada; sua compulsão masturbatória serve o desafio e protege contra o demônio-fêmea; sua paixão conduz somente para o triunfo; seu amor servil é um jogo dirigido a não submeter as suas fantasias perversas a seu parceiro sério e até suas perversões ativas lhe servem somente para mantê-lo longe do amor. (Adler, [1941a] 1973, p. 97).

Fantasias de incesto não eram o núcleo complexo das neuroses, mas serviam somente para "alimentar a própria crença do indivíduo na força superior e na tendência criminal da libido, fazendo com que lhe fosse possível evitar qualquer outro relacionamento sexual" (*Minutas*, 1974, p. 104).

Adler esclareceu suas idéias com exemplo de uma história de caso. Entretanto, nada mais específico está registrado nas *Minutas*. Resumindo, quanto à questão de como a sexualidade foi introduzida e qual o seu papel na neurose, ele disse:

A sexualidade é despertada e estimulada bem cedo por meio da inferioridade orgânica e é percebida por um protesto masculino intensificado e gigantesco, para que o paciente se proteja a tempo ou deprecie a libido e a desative como um fator. Em geral, não é possível colocar a excitação sexual dos neuróticos — ou daqueles homens civilizados *(Kulturmenschen)* — como suficientemente genuína para ser levada em consideração.

A versão publicada contém algumas linhas adicionais: "Muito pouco para continuar a transmitir a excitação sexual como fator fundamental de vida mental sadia ou patológica. Nunca há causas, mas antes material tratado e meios para o empenho pessoal" (Adler, [1941a] 1973, p. 101).

Nesta reunião, Adler se expressou claramente e sem confusão. Desta forma, o contraste com as opiniões de Freud se tornaram explícitos. Na discussão que seguiu, Federn tentou mediá-la. As idéias de Adler a respeito da neurose não se diferenciavam essencialmente daquelas de Freud, "porque era meramente uma questão de saber se era preciso prosseguir da inconsciência, do reprimido ou da consciência que rejeita a sexualidade". Ele equacionou os conceitos de "salvaguarda" de Adler com a "repressão" de Freud: "Se prosseguirmos a partir da consciência, deve ser possível apresentar o processo como algo contra o qual o paciente se salvaguarda: é claro que do contrário ele não a reprimiria... isso não elimina a possibilidade de que os sintomas possam também corresponder diretamente à sexualidade". Depois de várias observações críticas a respeito do espírito lógico da exposição de Adler, Federn, a respeito de um ponto, claramente se posicionou contra Adler:

A iniciativa agressiva... não desperta a sexualidade, como Adler sugere. Ao contrário, nesses momentos em que o impulso agressivo se torna patogênico, podemos ver que foi estimulado pela sexualidade precoce. O oposto de tudo isso não foi comprovado por Adler. É nisso que reside o verdadeiro perigo dos seus conceitos, pois neste ponto ele realizou um trabalho regressivo e se alinhou com os oponentes dos ensinamentos de Freud.

Depois de dar crédito a Adler por levar a agressividade em consideração — para a qual o grupo não dava muita importância — Federn aqui formulou uma crítica-chave de Adler: este usou suas teorias para negar a importância da sexualidade e não enxergara como elas se condicionavam entre si de maneira conflitada. Federn, que sempre tivera mais compreensão de um instinto agressivo independente do que Freud, apesar de tudo aqui, posiciona-se como o seu professor. Adler se aproximava cada vez mais daqueles que rejeitavam a psicanálise porque ela atribuía um grande significado ao conteúdo sexual. Portanto, isto é um veredito lucidamente articulado e severo, vindo da boca de um membro do grupo que havia aceitado repetidamente os pontos de vista de Adler.

Jekels levantou a questão acerca de as idéias do masculino e do feminino procederem da atitude libinosa das crianças perante os pais. Ele criticou a contenção de que os neuróticos de um lado valorizavam a sexualidade como algo gigantesco e, por outro, depreciavam-no, de acordo com a "opinião subjetiva de Adler. Reitler pensou que essa apresentação não provava que o protesto masculino, em vez do complexo de incesto, era o centro da neurose. O ensaio de Adler acerca da nevralgia do trigêmeo tampouco oferecia qualquer prova "que o desejo do paciente para ir para a cama de sua mãe era motivado pelo protesto masculino, em vez da libido". Também não era claro "se o protesto masculino existia consciente ou inconscientemente".

Adler respondeu a Reitler dizendo que o desejo incestuoso tinha por função provar ao paciente que ele não era uma mulher. Ele viu o protesto masculino existindo tanto no consciente como no inconsciente. Hitschmann considerou o ponto mais fraco de Adler como sendo suas histórias de casos: "Seus casos são em sua maioria monossintomáticos; nenhum caso expôs tanto a racionalização da vida instintiva de Adler do que aquele apresentado hoje". Enquanto Adler enfatizou a excessiva valorização da sexualidade pelo paciente, um ponto de vista mais plausível e puramente médico, conforme Hitschmann, "que este homem simplesmente se sinta incapaz de satisfazer uma mulher no relacionamento marital":

> Que ele precisasse perseguir algum objetivo ou outro com sua libido exagerada, que supostamente deveria produzir emissões por desígnio — tudo isso era artificial e racionalizado. Também, muito foi desnecessariamente enfocado nos sonhos. Qualquer

um que tenha visto o caráter impulsivo de uma perversão (sadismo ou masoquismo, por exemplo) em neurose, achará impossível assumir desde o começo que o paciente queira — por exemplo, com o seu masoquismo — demonstrar qualquer coisa, seja para si mesmo ou para os outros.

Hitschmann também criticou "a avaliação do masculino e do feminino, que Adler atribui à infância tão precoce... É impossível derivar uma avaliação uniforme nesse sentido, mesmo que seja só pelo motivo de que existam, é claro, tipos de pais totalmente diferentes". Adler respondeu dizendo "que a avaliação do masculino e do feminino na neurose é apenas uma cristalização da avaliação que sempre existiu em nossa cultura e que começara no início da civilização".

Tausk quis substituir a "tendência de salvaguarda" de Adler com a "fuga para a doença" de Freud: "Com relação ao 'impulso agressivo' de Adler, deveríamos perguntar: quem é o agressor? Um impulso agressivo que não é carregado por um indivíduo é impensável. Um instinto agressivo sem um portador — ou seja, sem um instinto que serve um propósito definido embasado biologicamente — é simplesmente um impulso sem propósito". Ele expressou dúvida com relação à introdução do par conceitual "masculino/feminino" de Adler, na teoria da neurose, entendendo a neurose como condicionada pelo instinto inibido.

Freud não tomou nenhumHa posição nessa reunião. Sua opinião nos chega de uma carta que ele escreveu para Jung em 22 de janeiro de 1911, na qual se referiu aos comentários de Adler na discussão de 18 de janeiro de 1911. Adler dissera que "se toma o passo de enxergar na relação (sexual) não somente uma reação sexual, mas a tendência de provar a própria masculinidade" (*Minutas,* 1974, p. 132). Freud escreveu para Jung:

> Adler continua sendo consistente consigo mesmo e logo levará as suas idéias para as lógicas conclusões. Recentemente, ele expressou a opinião de que até a motivação do coito não era exclusivamente sexual, mas também incluía o desejo do indivíduo de *parecer* masculino para si mesmo. É um pequeno e simples caso de paranóia. Até agora não lhe ocorreu que com esta teoria não pode haver nenhuma explicação para os sofrimentos reais dos neuróticos, seus sentimentos de infelicidade e de conflito. Ele defendeu uma parte desse sistema na Sociedade e foi atacado de diversos lados, mas não por mim. Agora que o entendo completamente, tornei-me mestre de minhas emoções. Eu o tratarei com gentileza e temporizarei, apesar de não ter esperança de sucesso. (Freud e Jung, 1974, p. 387).

A SEGUNDA REUNIÃO (1º DE FEVEREIRO DE 1911)[82]

A apresentação de Adler para essa reunião foi intitulada "O Protesto Masculino como Problema Central da Neurose". Ela também só foi publicada em 1914.

Na primeira reunião, Adler havia questionado o significado da sexualidade no desenvolvimento da neurose. Desta vez, ele falou a respeito das reais causas das neuroses: o sentimento de inferioridade e o protesto masculino. As tendências de protestar dos homens e das mulheres — dos quais ele sempre falou — sempre foram válidos no desenvolvimento da cultura e da sociedade, e eram relevantes no esforço pela sobrevivência. Além do mais, o aviltamento da mulher pelo homem era uma força impulsora na civilização atual. Adler criticou o conceito da repressão que não revelava outro tanto a respeito da causa e do curso da neurose, como era assumido: "Será a repressão o fator impulsor da neurose, ou, como [eu] diria, a psique irritada, em que, quando investigada de perto, a repressão também é encontrada? Toda repressão ocorre pela pressão da civilização; mas de onde se origina a nossa cultura? Resposta: Da repressão."

Com esse jogo de palavras, Adler queria expor o entendimento freudiano da repressão como uma construção absurda. Adler achou falho o fato de que o instinto do ego tornara-se "um(a) conceito (concepção) sem conteúdo". Ele entendia o seguinte:

> Como a soma total de todos os esforços, como uma postura dirigida contra o mundo externo, como querer ser importante, como a disputa pelo poder, pelo domínio, para estar (em cima)... Este desejo-de-ser-importante deve ter uma influência in*ibo*ra, repressora e modificadora sobre certos instintos... e, acima de tudo, um efeito intensificador. O que se vê nunca é algo fundamental, mas a adaptação da criança que dirige e modifica sua vida instintiva até que se ajuste ao mundo externo.

Para Adler, a neurose, em primeiro lugar, é uma salvaguarda. Em suas origens existem dois "pontos de transição":

> A germinação de um sentimento de inferioridade conectada à inferioridade de certos órgãos e indicações inconfundíveis de verdadeiro medo de um papel feminino. Esses fatores que se apóiam entre si levam à rebeldia e a uma atitude de desafio. É a partir deste ponto que a vida emocional se falsifica; é deste ponto que o desejo passional por vitórias entra em cena.

---

82. *Onde nenhuma outra fonte é fornecida, as citações desta seção encontram-se nas* Minutas, *1974, pp. 140-152.*

Essa descrição não descarta a impressão de que Adler imaginou um tipo particularmente específico de comportamento neurótico; por exemplo, um comportamento nem sempre aplicável às aparências de diversas formas de neuroses (depressão, neurose obsessiva, fobia, histeria).

Para Adler, o objetivo da análise era primeiro "trazer à luz os traços do caráter de protesto". O segundo passo sempre levaria às "fontes da neurose: o sentimento de inferioridade e o protesto masculino".

Adler subordinou uma série de fenômenos ao conceito da "tendência de salvaguarda" que é caracterizada pelo desejo por importância. Nos sonhos, isso é expressado pelo fato de estar "em cima", voando, subindo escadas ou degraus, estando no telhado de uma casa, etc. Portanto, Adler estava introduzindo elementos que, no grupo, normalmente seriam interpretados como sonhos de fundo sexual. O neurótico precisa humilhar-se e ter relação sexual com uma mulher porque teme que ela seja superior a ele. Adler estende também essa idéia ao complexo de Édipo de Freud:

> Também dentro da estrutura do complexo de incesto, o menino que percebe que "estar em cima" é masculino, desejará ter relação sexual com a sua mãe para poder elevar-se acima dela e ao mesmo tempo degradá-la. É a mesma tendência de degradação que o torna um sádico. Se e o quanto a libido está envolvida, não faz diferença... Já não se pode falar de complexo de desejos libidinosos e de fantasias; até o complexo de Édipo deverá ser entendido como componente fenômeno de uma potente dinâmica psíquica, como um estágio do protesto masculino — o ponto de partida do qual é possível adquirir percepções mais significativas da caracterologia *[sic]* do neurótico.

Freud abriu a discussão. Em sua demorada crítica, ele formulou suas objeções essenciais contra as teorias de Adler, que também seria apresentada em seu ensaio de 1914, intitulado "Sobre a História do Movimento Psicanalítico". A maior parte da posterior crítica por psicanalistas contra os ensinamentos adlerianos baseava-se nessa argumentação. Devido à sua importância fundamental, ela será citada aqui detalhadamente.

Freud enfatizou que nesta reunião ele queria referir-se somente a uma parte de suas objeções: sua atitude subjetiva dirigida aos escritos de Adler, suas impressões e certas preocupações básicas — mas nenhuma réplica. Para ele, os ensaios de Adler eram de difícil compreensão devido à sua apresentação abstrata. Ele ficou ressentido pelo fato de que Adler falara a respeito das mesmas coisas usando termos novos, sem estabelecer nenhuma relação com os anteriores. Freud mencionou a "fuga para a doença" e o "ganho secundário da doença" como conceitos que coincidiam com muito do que Adler havia proposto. Adler também havia renomeado "a nossa velha bissexualidade" como hermafroditismo psíquico, "como se fosse algo diferente".

Freud começou referindo-se a um artigo de Rosenstein (1910), que havia caracterizado as teorias de Adler dizendo que estendiam a psicanálise para baixo (inferioridade orgânica) e para cima (transição para a psicologia do ego), e então disse: "Essas continuações... são necessárias, mas ele (Freud) havia-se intencionalmente limitado à psicologia do inconsciente. Entretanto, em matéria de fato, os escritos de Adler não são uma continuação para cima, tampouco um fundamento subjacente; eles são algo inteiramente diferente: isso não é psicanálise".

Essa declaração explicitamente dura ainda não havia sido publicamente formulada por Freud: o que Adler apresentou era algo diferente; nada tinha a ver com a psicanálise. Em determinadas partes, Freud se expressou polemicamente. Por exemplo, ele falou em se desfazer de um "número de salvaguardas" com os quais Adler cercou as suas teorias, e respondeu a uma das primeiras críticas de Adler:[83] "Se ele (Adler) repreende [os meus] alunos por repetir as mesmas coisas continuamente, podemos dizer que foi ele mesmo quem produziu mais estereótipos. Constantemente, escutamos dele a 'vontade de estar em cima', 'salvaguardar', ['excitar'] e 'cobrir o próprio traseiro' — expressões que obviamente são modeladas em base a uma disputa infantil. O material de Adler consiste de indivíduos com conflitos desordenados, personalidades distorcidas e deformadas, mas nenhuma histeria real nem grandes neuroses; nesses indivíduos, o palestrante nunca encontrou o delírio de 'em cima' ou 'embaixo."

Freud também rejeitou severamente a alegação de Adler de que dentro da psicanálise deve-se proporcionar espaço para que cada individualidade se expresse:[84] "Agora, só pode ser vantajoso para a psicanálise o fato de não ser assim; a forma pela qual é possível defender-se contra esse fator subjetivo, que até certo ponto é inevitável, consiste em levar avante a investigação pessoal, acompanhando com uma auto-análise o progresso da própria compreensão".

Freud reconheceu nos trabalhos de Adler uma "tendência anti-sexual" e uma segunda tendência dirigida contra o valor do detalhe e contra a fenomenologia da neurose. Ele criticou a unicidade *(Einheit)* das neuroses de Adler como "a uniformidade *(Einerleiheit)* das neuroses": "Do ponto de vista metodológico, esta tendência é deplorável: ela condena o esforço completo para a esterilidade".

Ele vê uma deplorável perda de Adler na adoção de novos nomes para aqueles "termos que orientam o nosso programa e que estabeleceram nossa conexão com os grandes círculos culturais. A *supressão dos instintos* e a *superação da resistência* despertaram o interesse de todas as

---

83. No ensaio inédito de Adler "Ein Fall von Zwangserröten" [Um Caso de Rubor Compulsivo]; vejam a página 91 deste livro.
84. Vejam a declaração de Adler de que existe "mais de um caminho na psicanálise" (Minutas, 1962, p. 234).

pessoas alertas e educadas". Freud estava se referindo aqui ao conteúdo revolucionário das teorias psicanalíticas como crítica socio-cultural. Uma semana depois, Furtmüller respondeu a essa passagem em defesa de Adler: "Esta perda deplorada por Freud de qualquer conexão com o movimento geral socio-cultural, é novamente restaurado por Adler pela inclusão da questão dos direitos da mulher" (*Minutas*, 1974, p. 156).

Freud predisse que as teorias de Adler deixariam uma profunda impressão e prejudicaria enormemente a psicanálise, porque, sem dúvida, "um intelecto significativo com um dom especial em apresentações estava interagindo nesses assuntos":

> [Por outro lado,] toda a doutrina tem um caráter reacionário e retrógrado e, assim, oferece um grande número de prêmios satisfatórios. Em vez de Psicologia, em grande parte ela apresenta Biologia; em vez da Psicologia do inconsciente, apresenta psicologia do ego superficial. Portanto, ela se utilizará de resistências latentes que estão ainda vivas em cada psicanalista, o que permitirá que sua influência seja sentida. Conseqüentemente, essa doutrina no início prejudicará o desenvolvimento da psicanálise; por outro lado, no que diz respeito às descobertas psicanalíticas, ela permanecerá estéril.

A crítica de permanecer "estéril" foi indiretamente confirmada por Paul Klemperer, que saíra da Sociedade Psicanalítica de Viena com os seguidores de Adler, no outono de 1911 (apesar de não se juntar à Sociedade para a Psicologia Individual de Adler). Após a Primeira Guerra Mundial, ele participou de uma reunião de psicólogos individuais e ficou surpreso com o fato de que nada de novo estava sendo discutido: "Se eu não tivesse lido nada durante o decurso de oito anos a respeito de anatomia patológica, sentir-me-ia estranho e um pouco desconfortável... Adler se levantou e disse exatamente o que ouvi dele oito anos antes". (Klemperer, 1953, p. 14).

Continuando a sua crítica, Freud disse:

> [As idéias de Adler revelaram] uma considerável e excessiva valorização do fator intelectual. Os julgamentos errôneos das crianças, suas dúvidas e incertezas com referência ao sexo, — em poucas palavras, as teorias infantis do sexo — conforme a opinião de Adler, são as forças impulsoras que carregam toda a estrutura. Mas esses julgamentos errados [das crianças] se tornam determinantes somente com vicissitudes definidas da libido e, portanto, não como forças impulsoras, mas somente como determinantes da forma.

Uma das objeções mais importantes de Freud foi a seguinte:

> Toda a representação da neurose é vista [por Adler] do ponto de vista do ego, é raciocinada pelo ponto de vista do ego e de

como a neurose se apresenta ao ego. Essa é a psicologia do ego, aprofundada pelo conhecimento da psicologia do inconsciente. É aí que se encontra tanto a força como a fraqueza da apresentação de Adler. O que estivemos estudando até agora não pode ser visto desta forma. E é por isso que, no trabalho de Adler, as coisas primárias e secundárias são continuamente confundidas entre si. Mas ali também se encontra o real valor de seus escritos, desde que ofereçam realmente uma psicologia do ego intensamente observada.

Freud criticou Adler por não ter descoberto nada de novo — e só repensar tudo. Ele descreveu as motivações do ego para a neurose, mas nada falou acerca de "outras e mais interessantes" motivações inconscientes. Somente desta forma ele poderia afirmar que a libido do neurótico não era genuína, mas "arranjada" *(arrangiert)*: "Negando, desta forma, a realidade da libido, Adler se comporta exatamente como o ego neurótico". Entretanto, a essência da neurose era "o medo do ego da libido, e as exposições de Adler só reforçaram esse conceito. É o ego que tem medo da libido; a libido é tão grande quanto o são os seus efeitos perturbadores". Para Freud, uma idéia unificada das neuroses, baseada nos ensinamentos de Adler, não era possível porque, como uma teoria da personalidade, ela realiza nada mais que "os habituais equívocos por parte do ego. É a negação do inconsciente da qual o ego é culpado; aqui ela é estabelecida como uma teoria".

Adler estava visivelmente surpreso pela intensa crítica de Freud que, aparentemente, havia sido bem preparada. Adler a ignorou como "não merecida" e sua resposta foi curta e defensiva: "Se Freud se refere a uma tendência anti-sexual, então devo enfatizar que o seu neurótico não era menos sexual. As relações sexuais descritas por Freud estão presentes na neurose". Para Adler, era essencial "que *atrás* do que se enxerga como sexual, escondem-se relacionamentos muito mais importantes que simplesmente se disfarçam em sexualidade — como o protesto masculino. O 'puramente' sexual não é nada primário; é algo que foi engendrado, uma confluência de instintos". Ele considerou a repressão como um segmento do efeito do protesto masculino. Nessa reunião, somente Stekel — além de Freud — tomou a palavra e disse que sentia positividade na apresentação de Adler. A continuação da discussão foi então adiada.

A TERCEIRA REUNIÃO (8 DE FEVEREIRO DE 1911)[85]

Nesta reunião, vários membros participaram da discussão. Rosenstein achava que o ensaio biológico de Adler oferecia um valioso suplemento à

---

85. *Onde nenhuma outra fonte é fornecida, as citações, com exceção do ensaio de Reitler, encontram-se nas* Minutas, *1974, pp. 152-158.*

psicologia freudiana, apesar de o próprio Freud tornar-se menos favorável às exposições psicológicas de Adler, depois do princípio de hermafroditismo psíquico. Os pontos de vista de Adler eram "uma mistura em parte dos mecanismos e conceitos freudianos e, por outro lado, avaliações e conceitos intelectuais apresentados de forma extrema".

Na realidade, as teses de Freud estavam dissimuladas atrás de ambição, protesto masculino e salvaguarda. Mas Rosenstein também elogiou Adler: "Além de [apresentar uma] excelente caracterologia, Adler nos disse muito a respeito das causas da repressão. Ele proporcionou uma descrição apurada dos instintos do ego, estabeleceu o desejo "de ser alguém" [desejo por admiração], e mostrou que o medo da degradação — o medo do sentimento de inferioridade — eventualmente pode também ser a causa da repressão". Entretanto, a maioria de seus comentários era depreciativa. Um determinado ponto será individualizado:

> Se o significado de cada sonho é "eu sou uma mulher e gostaria de ser um homem", não é possível compreender por que esse desejo, que é conscientemente expresso por grande parte de mulheres, produziria tal efeito, é tão difícil de interpretar e tão complicado. Por outro lado, se tivermos recursos para as tendências libidinosas reprimidas, de repente achamos que tudo está claro. Ao considerarmos a opinião de Adler, devemos perguntar-nos: na realidade, o que é o inconsciente? e: qual a finalidade de conduzirmos uma análise?

Hitschmann mencionou que o ensaio acerca da nevralgia do trigêmeo era apto a deixar os leitores bem confusos: "Se o protesto masculino fosse inconsciente, ele deveria emergir em uma análise a partir do inconsciente. Entretanto, na análise do trigêmeo, o elemento sexual foi deixado de lado completamente. Considerações parecidas são verdadeiras em outros casos e interpretações de sonhos de Adler". Hitschmann disse isso devido ao relacionamento pessoal de Adler com a psicologia acadêmica, com a pedagogia, com o socialismo e com o movimento feminista; Adler chegou a interpretar tudo — até o que era obviamente sexual — como protesto masculino: "Ao negar o poder do sexual, ao indicar que a sexualidade não possui mais um papel proeminente no homem civilizado, Adler não percebe o fato de que é precisamente essa a condição que deve levar a uma neurose". Ele reconheceu a contribuição de Adler na caracterologia. Entretanto, Adler não havia explicado a neurose por meio dela, "mas simplesmente ofereceu uma descrição por demais valiosa de como é a neurose".

Furtmüller achou prematuro assumir uma atitude *pro* ou *contra* para a exposição de Adler, mas também objetou à contenção de Freud quanto ao fato de que a exposição de Adler representasse um perigo para a psicanálise.

Reitler se referiu ao seu próprio ensaio intitulado "Observações Críticas sobre a Doutrina do 'Protesto Masculino' do Dr. Adler". Esse ensaio foi publicado no início de 1911, no *Zentralblatt für Psychoanalyse*, e a sua publicação muito provavelmente era de caráter político. Reitler era um membro fundador da "Sociedade de Quarta-Feira" e nesse ensaio ele assumia uma posição contra a tese de Adler de um ponto de vista muito fundamental. Mesmo que Reitler simplesmente se referisse a esse ensaio durante a discussão — isto, sem apresentá-lo — ele é extensivamente reproduzido aqui, devido a sua importância para o tópico. Reitler escreveu:

> A nova doutrina de Adler, que assume o "protesto masculino" como o princípio dinâmico para desenvolver uma neurose, coloca grandes obstáculos para a sua compreensão: pois, onde a psicanálise freudiana se concentra nos estímulos instintivos reprimidos como aspecto principal, Adler prefere não colocar como interesse frontal o "reprimido" — ou o que ele chama de "feminino" — mas o que é "reprimível" — o "protesto masculino".

De um ponto de vista puramente formal, parecia não haver diferença entre Adler e Freud, com exceção de uma "troca totalmente superficial de terminologia". Reitler não viu nenhum benefício real no emprego dos novos termos:

> Porque faz muito pouca diferença se falarmos do "reprimível" ou do "reprimido". Mas, com essa mudança de perspectiva, Adler achou possível evitar quase por completo usar o termo "repressão". E assim pareceria haver introduzido um mecanismo psíquico recém-descoberto — mas isso não se justifica.

Reitler considera essa divergência da terminologia freudiana trivial, mas acrescenta:

> Como foi precisamente a psicanálise que nos ensinou que não existe "trivialidade" no campo psíquico, é claro que também interpretaremos essa divergência, aparentemente insignificante, das expressões costumeiras como uma ação sintomática e eventualmente incluiremos nela o mesmo significado dado ao sinal de levantar a bandeira: "Evacuar a ponte!". Aqueles que introduzem divergências puramente formais sem justificativa teórica — em assuntos tão irrelevantes quanto uma expressão verbal — estão assinalando que as suas publicações conterão não somente algo novo mas também algo em oposição.

Para Reitler, as doutrinas de Adler ofereceram algo "diametralmente oposto" às opiniões apresentadas até então:

> As investigações de Freud mostraram... que são os estímulos instintivos que derivam da sexualidade infantil, que devem ser defendidos contra a egoconsciência civilizada e reprimida por ela. O sucesso dessa contenda determina a saúde ou a doença psíquica do indivíduo. Todas essas possibilidades conflitadas e

complicadas são simplesmente reduzidas por Adler na luta entre os traços do gênero (sexo) e o próprio indivíduo: de um lado, a fêmea inferior e, do outro, o superestimado macho.

Reitler levantou a questão de Adler haver fornecido qualquer evidência para os seus pontos de vista, observando que, devido ao fato de realizarem freqüentemente trabalhos minuciosos, as publicações de Adler eram tão cativantes que poderiam ser consideradas quase artísticas. No entanto, a precisão de Adler "não penetrou as profundidades, mas expandiu-se na superfície". Além disso, as observações de Adler se baseavam em um nível superficial, o que é pouco apropriado para a psicanálise do inconsciente. Ele delineou uma boa descrição do desenvolvimento do caráter neurótico — sem fornecer nenhum conteúdo novo, mas oferecendo nova combinação de perspectivas. Entretanto, seria erro concluir "que o sentimento de inferioridade, com seu subseqüente 'protesto masculino' surgindo de uma insuficiência orgânica inerente, era o elemento dinâmico essencial na formação da neurose":

> Entretanto, o "protesto masculino" se manifesta como hipersensibilidade neurótica, como ambição patológica ou na forma de uma tendência à salvaguarda, como uma falta exagerada de autoconfiança; a psicanálise sempre consegue revelar camadas ainda mais profundas, remotas para a consciência do ego, todas levando a estímulos instintivos que se originam da sexualidade infantil e da repressão cultural, com os quais fracassou. O sentimento de inferioridade e a sua contraparte, o "protesto masculino", são ambos um produto de caracterização de doença psíquica, mas não a sua causa. Eles não podem ser a causa devido ao fato irrefutável de que, ao contrário, haveria de existir também neuroses sem causas — porque, em um número considerável de neuróticos, o "protesto masculino" simplesmente não é encontrado. E isso não pode ser um erro de observação.

Reitler concluiu com uma história de caso como apoio ao seu argumento, mas não será reproduzida aqui.

Quanto à opinião de Adler de que para um neurótico a relação sexual também seria unicamente uma questão de "estar em cima", Reitler respondeu com a seguinte observação, que considerou uma relação sexual entre dois neuróticos:

> De acordo com Adler, os dois não parecem... estar interessados tanto no ato sexual, mas em satisfazer o desejo de dissociar-se da linha feminina" para confirmar o "protesto masculino" e "estar em cima"; entretanto, isto é uma fantasia para a mulher: já para o homem, é uma questão física. Ao negligenciar

tão brutalmente o maior instinto que possuímos, o instinto sexual, em favor de uma constituição caraterológica, [Adler] chega quase a admitir que a própria relação sexual não é sexualizada, ou pelo menos que junto com a libido, ela precisa de uma força que deriva do instinto do ego.

O ponto principal sobre o qual toda a estrutura do "protesto masculino" se apóia, ou seja, que a "inferioridade" ou "fraqueza" da criança identificada como feminilidade e esforçando-se para se tornar "um homem", conforme Reitler, estava fundamentalmente errada: "Tanto o homem como a mulher adulta, para a indefesa criança, parecem possuir uma gigantesca e enorme força". Para Reitler, a fraqueza inferior não se expressa como feminino, mas infantil: "Na realidade, os neuróticos adultos não sentem e não agem... nem um pouco como "femininos" e sim como "infantis". Em suas vidas sexuais eles permanecem presos no estágio evolutivo da pré-puberdade. Eles se "satisfazem" com os preliminares sexuais fazendo uso de suas zonas erógenas infantis, como faziam quando crianças".

Reitler concluiu seus comentários dizendo:

> O "protesto masculino" representava uma formação secundária, um sintoma da desordem; de forma alguma ele pode ser considerado o mais importante elemento dinâmico, e muito menos o problema central da neurose. Além disso, a omissão das forças sexuais instintivas efetivas no inconsciente, em favor de complexos caracterológicos do ego, de forma alguma parecem ser justificados pelos resultados da psicanálise. Finalmente, a doutrina inteira do "protesto masculino" depende da premissa — que apesar de tudo é só fictícia — de que as crianças, ainda com dúvidas quanto ao seu gênero (masculino/feminino), deveriam já saber, apesar de sua tenra idade, que existe um denominado gênero mais fraco entre os adultos, enquanto de fato não somente o homem mas também a mulher adulta deve sempre impressionar a psique infantil, representando uma força superior.

Gustav procurou mediar a discussão entre Adler e Freud: "Quanto à posição de Adler perante a sexualidade, ele não a entende como a força impulsora do homem". Entretanto, em sua tentativa de agir como árbitro, Grüner deixou de observar que tinha incorretamente transmitido as intenções de Adler.

Adler assumiu a palavra final e chamou a atenção para o desenvolvimento de suas teorias, que haviam começado com o *Estudo sobre a Inferioridade dos Órgãos*. A inferioridade orgânica parecia estar sendo um tanto negligenciada, porque ele agora considerava o sentimento de inferioridade como a característica chave. Com relação à tendência geral de suas teorias, Adler disse que não tentara "desvalorizar o conceito da neurose de

Freud e de seus mecanismos, mas simplesmente obedecer à necessidade prática e teórica de colocá-la em uma base mais ampla".

A opinião de Freud a respeito da discussão nos vem de uma carta que ele escreveu para Jung em 9 de fevereiro de 1911: "Até agora os debates com Adler na Sociedade têm sido muito favoráveis, revelando os pontos fracos do inimigo" (Freud e Jung, 1974, p. 390). Jung respondeu em 14 de fevereiro de 1911: "Estou pensando em fazer uma revisão *in extenso* em todas as publicações de Adler e discuti-las em Zurig" (*ib.*, p. 391). E Freud: "Eu também acho aconselhável que vocês em Zurig tomassem uma posição acerca do trabalho de Adler. A discussão nas duas reuniões aqui o prejudicaram consideravelmente" (*ib.*, p. 394).

A QUARTA REUNIÃO (22 DE FEVEREIRO DE 1911)[86]

Vários membros também se pronunciaram nesta reunião. Tausk levantou o que ele considerava ser, sem dúvida, uma questão "filosófica, ou seja: Quem está protestando no protesto masculino?

> Obviamente, é alguém que está sendo reprimido, e este só pode ser um instinto... O instinto que é verdadeiramente reprimido e protestado só pode ser a libido, pois, no caso dos outros instintos, o que está envolvido é uma simples questão de chegar a termos com o mundo externo. Por outro lado, quanto à libido, o objetivo é inconsciente... porque o instinto sexual é forçado a se tornar inconsciente, pois o objetivo é invariavelmente o desejo por outra pessoa.

Ao concluir, Tausk considerou relativa a descrição de Adler acerca do protesto masculino do neurótico:

> O neurótico apresenta-se como uma pessoa que não tem controle sobre a sua libido, que não está à altura das tarefas a ele impostas pela sexualidade em geral... Se ele, então, vê que os homens são mais livres do que as mulheres e agressivos (como ele mesmo não consegue ser), então torna-se fácil para ele vestir a situação com as palavras: Eu quero ser um homem... Mas este já é um estágio tardio do desenvolvimento que deve ser relegado às camadas superficiais da neurose.

Respondendo à pergunta de Tausk quanto a quem estava protestando, Adler disse: "É a criança que protesta logo que se sinta insegura e exposta aos medos". Como essa passagem tão claramente sugere, os contrastes nos padrões de linguagem e de pensamento já eram consideráveis.

---

86. *Onde nenhuma outra fonte é fornecida, as citações encontram-se nas* Minutas, *1974, pp. 168-177.*

Furtmüller repetiu sua opinião de que Adler não negava a existência da sexualidade. Klemperer não viu nenhuma contradição entre as opiniões de Adler e de Freud. E tampouco quis dar a entender que os pontos de vista de Adler podiam simplesmente ser considerados como novos termos para os conceitos de Freud.

Freud voltou ao jogo de palavras de Adler quando disse que a repressão vinha da civilização e que, por sua vez, a civilização vinha da repressão. Ele não viu nisso nenhuma contradição — pelo contrário, era mais uma confirmação de sua opinião: "A repressão acontece no indivíduo e é exigida pelas demandas da civilização. Então, o que é civilização? É uma precipitação do trabalho da repressão exercida sobre todas as gerações precedentes. É exigido que o indivíduo carregue todas as repressões carregadas antes dele".

Freud enfatizou uma das objeções de Rosenstein pela qual a formação dos sonhos, do ponto de vista de Adler, permanecia totalmente inexplicável e, então, ele resumiu sua opinião novamente. Ele considerava "as doutrinas de Adler erradas e, no que diz respeito à psicanálise, perigosas. Mas esses erros científicos trazidos à tona pelo uso errado de métodos errados... são erros que proporcionam um grande crédito para o seu criador. Apesar da rejeição do conteúdo das opiniões de Adler, no entanto, não se pode deixar de apreciar sua consistência e sua lógica".

Stekel disse que os pontos de vista de Adler não eram nem abstrações e nem erros, mas, ao contrário, ofereciam grandes avanços para a teoria das neuroses. Eles aprofundaram e desenvolveram os fatos encontrados até então e não apresentavam nenhuma contradição, pois se baseavam nos fundamentos freudianos: "Realmente, o grande avanço realizado por Adler está na esfera psicológica e demonstra como o caráter do neurótico deve evoluir a partir de certas atitudes". Freud respondeu severamente que se Stekel acreditava que não havia nenhuma contradição "é preciso apontar que duas das pessoas envolvidas definitivamente encontram esta contradição: Adler e Freud."

Adler disse que seus escritos "foram percebidos por Freud e alguns colegas como uma provocação, mas [seus escritos] não teriam sido possíveis se Freud não fosse o seu professor. É a sua própria situação científica e pessoal que ele vê um tanto ameaçada e não hesitará em chegar às necessárias conclusões para que isso pare, no interesse do movimento psicanalítico, evitando maior evolução dessa situação". O que Adler quis dizer exatamente com isso é difícil discernir. O interessante é que indicou explicitamente que ele se considerava um aluno de Freud.

Perto do final da discussão, Federn novamente tomou uma posição bem escrupulosa com relação à confrontação teórica. Ele observou que os escritos de Adler eram "de valor inusitado" com exceção de alguns erros de pensamento, o que lhe permitiu inverter "todo o nosso material psicanalítico para o seu próprio uso":

O "instinto de agressão" é uma observação importante e valiosa; todos os indivíduos possuem o impulso inato de manter o que é seu e de defender-se... Podemos observar, na natureza, que o animal mais submisso torna-se selvagem assim que a sexualidade é envolvida. Isso é exatamente o oposto do que Adler acredita: que a libido insatisfeita é o que excita. O mesmo é verdade na afirmação de que a libido do neurótico é "arranjada", o que é bem verdadeiro, só que atrás disso encontra-se a libido primária genuína que foi reprimida e transformada em neurose. O grande erro de pensamento de Adler é que ele não enxerga os desejos libidinosos por trás de tudo isso, assim como o próprio protesto masculino meramente corresponde a um desejo; Adler simplesmente caracteriza todos os desejos como o "masculino" e todas as renúncias como o "feminino". Seria aconselhável, e serviria de vantagem para as opiniões valiosas de Adler, se ele fosse um pouco mais cético com relação às suas descobertas e procurasse pelos fatores libidinosos reprimidos por trás daquilo que ele vê.

Federn havia apenas delineado, em termos mais concisos, um elo comum entre Freud e Adler sem anuviar suas diferenças. Apesar disso, a sua sugestão não foi adotada nem por Freud nem por Adler.

Então, a discussão resultou no seguinte: Freud e a maioria de seus alunos apresentavam os pontos de vista de Adler como incompatíveis com a psicanálise; outros, como Federn, tentavam mediar sem abandonar a substância das opiniões de Freud; o próprio Adler enfatizava sua conexão com Freud; e os seus seguidores, principalmente Furtmüller, Klemperer e Grüner, mas também Stekel, estavam explicando que as opiniões de Freud e Adler eram definitivamente compatíveis. Neste ponto, Steiner tomou a palavra causando uma dramática mudança nos acontecimentos. Conforme é relatado na autobiografia de Stekel, o comentário de Steiner resultou em uma moção para expulsar Adler. As *Minutas* descrevem o seguinte:

Ele considera a iniciativa de Adler malconcebida e perigosa. É por essa razão que os seguidores de Adler realizaram um trabalho tão pobre ao defender a sua causa, mas tampouco Freud deve ser privado de repreensão por ter permitido que seu sentimento ficasse reprimido por tanto tempo. Desde o seu valioso estudo acerca da inferioridade orgânica, Adler se desviou cada vez mais da doutrina de Freud. O seu afastamento da sexualidade, que é a reminiscência dos primeiros cristãos, parece atualmente bastante anacrônico quando nós, em uma espécie de Renascença, procuramos conectar-nos com os prazeres sensuais dos antigos. A "unicidade das neuroses" de Adler nada fez além de novamente levar a nada, a clássica divisão que devemos a Freud. Além disso, ele tentou levar-nos tão perto da psicologia superficial, nós que nos juntamos com o propósito de examinar as vicissitudes da libido, que teríamos que renomear a nossa associação em cujo programa e estrutura as idéias de Adler não se enquadram.

Adler respondeu a essa crítica dizendo "que no lugar de Steiner ele não teria coragem de fazer tal discurso". Ele revisou vários detalhes que haviam sido abertamente criticados na reunião, mas permaneceu notadamente vago e defensivo em suas explicações.

Wittels (1924, pp. 150 e.d.) descreve o ambiente dessa discussão da seguinte forma:

> Os adeptos de Freud fizeram um ataque em massa sobre Adler, um ataque de ferocidade sem precedente até para o contestado campo da controvérsia psicanalítica. Eu não era mais membro do círculo. Stekel me disse que o massacre produziu em sua mente a impressão de que havia sido orquestrado. Freud tinha uma série de anotações à sua frente e, com um aspecto sombrio, parecia preparado para aniquilar seu adversário. O clímax do contra-ataque veio... quando um membro da Sociedade propôs que Adler devia ser convidado a se retirar do grupo, agora que ele se pronunciara em oposição irreconciliável com o seu chefe. Essa não era a forma mais apropriada pela qual Freud finalmente alienou o mais notável de seus discípulos.

Klemperer, um dos mais jovens membros do grupo, ficou chocado com a ferocidade do debate. Klemperer (1952, p. 11) escreveu que Freud estava sentado na cabeceira da mesa. A discussão começou com a pessoa à sua direita e todos teriam de dizer alguma coisa e expor suas opiniões — quer concordassem ou não, e por quê. De alguma forma, ele [Klemperer] conseguiu contornar a situação dizendo que pouco entendia do assunto em pauta. Na segunda reunião, Freud falou durante duas horas e apresentou uma crítica devastadora, salpicada de ataques pessoais contra Adler. Freud estava realmente zangado e condenou Adler. Nada que Adler dizia fazia sentido; tudo que era bom não era novo, e tudo que era novo, puro lixo... uma devastadora e irada discussão a respeito de Adler. Klemperer tinha a impressão de que este era um tribunal preparado por Freud contra Adler, que então não teve escolha senão retirar-se. Devido à intolerância de Freud, a reconciliação era impossível. Ele não permitiu a Adler qualquer tipo de acordo... ele o condenou... com palavras pungentes... não moderou as palavras... nenhuma diplomacia... sem piedade e nenhuma tentativa para dizer: "Bem, quem sabe haja um mal-entendido". Não havia mal-entendido: estava absolutamente claro. Adler era um herege.

Esta foi a impressão de um dos mais jovens membros da Sociedade. Ele não deixou dúvidas acerca da emotividade de Freud. Richard Wagner, que participara de todas as sessões, também confirmou, durante uma entrevista com Roazen (1975, p. 184), que ele tivera a impressão de um julgamento, um tribunal. Mas diferentemente de Klemperer, ele não havia percebido qualquer ataque pessoal de Freud contra Adler. Sachs (1945, p. 51) informou que "(Freud) não deu folga a seu oponente [Adler] e não teve receio de expressar palavras duras e observações ásperas, mas nunca chegou a atacar as personalidades".

Stekel relatou sua impressão da atmosfera tensa e dos discursos e críticas bem preparados (1950, p. 141) e, conforme Stepansky (1983, p. 136):

> [Era] uma manobra política de primeira ordem a reação hostil de Freud... Não foi a inadmissibilidade teórica das opiniões de Adler, mas sim sua crescente preocupação em forjar um movimento psicanalítico unificado que impeliu Freud a reinterpretar o *status* de suas próprias e prévias reservas a respeito das teorias de Adler, mas desta vez com o objetivo de terminar com a colaboração ativa de Adler. A partir deste ponto de vista, a crítica de Freud ao trabalho de Adler estava excepcionalmente correta, porque não agregava nada às reservas passadas a respeito de Adler, que ele (Freud) havia repetidamente chamado à atenção dos membros da Sociedade durante dois anos.

Nas *Minutas* da reunião há uma nota a respeito de Adler que, após a discussão, colocou o cargo à disposição da Sociedade, "devido à incompatibilidade de sua atitude científica com a sua posição na Sociedade". Stekel declarou a sua solidariedade demitindo-se de sua posição de vice. Apesar de Adler deixar definitivamente a Sociedade somente quatro meses depois, sua retirada foi um movimento decisivo e formal para a sua final separação de Freud.

Com relação à nova situação em Viena, Freud escreveu o seguinte para Oskar Pfister, em 26 de fevereiro de 1911:

> Em Viena, ocorreu uma pequena crise que ainda não reportei a Jung. Adler e Stekel se demitiram e na próxima Quarta-Feira deixarei que me elejam presidente... As teorias de Adler estavam desviando-se demais do caminho e já era tempo de opor resistência. Ele se esquece do que disse o apóstolo Paulo, as palavras exatas que você conhece melhor do que eu: "E eu sei que não há amor em você".[87] Ele criou para si um sistema

---

87. *No original alemão, a expressão é* Und hättet Ohr der Liebe nicht. *Aqui Freud está se referindo diretamente ao I Coríntios 13:2.*

mundial sem amor e eu estou no processo de levar a ele a vingança da Libido, a deusa ofendida. O meu princípio sempre foi de ser tolerante e não exercer a minha autoridade, mas, na prática, isso nem sempre funciona. É o que acontece com carros e pedestres. Quando comecei a dirigir, eu ficava irritado com o descuido dos pedestres tanto quanto me irritava com o descuido dos motoristas antes de eu mesmo dirigir[88] (Freud e Pfister, 1963, pp. 47-48).

Como podemos ver, para Freud não faltavam palavras apropriadas para explicar a situação.

A DEMISSÃO DE ADLER E DE SEUS SEGUIDORES (MARÇO-OUTUBRO DE 1911)

A seguinte reunião da Sociedade (1º de março de 1911) começou com uma Assembléia Geral Extraordinária na qual Freud foi eleito por aclamação à posição de presidente e Hitschmann — "bem ortodoxo" — como Freud escreveria para Jung dois dias depois — para a posição de seu vice. Sachs, Steiner e Rank foram eleitos membros adicionais do comitê.

Quando Furtmüller expressou que a Sociedade deveria declarar que a incompatibilidade afirmada por Adler não existia, que deveria agradecer a Adler pelos seus serviços e que deveria oferecer uma carta de pesar relativa à sua separação, a decisão foi bastante difícil. Freud aprovou "uma nota de agradecimento, mas, por outro lado, manteve-se irremovível em termos do primeiro item: "Ele considera a negação da incompatibilidade neste estágio avançado como uma crítica a Adler que podia ser evitada, e uma abertura que para nós não interessa". (*Minutas*, 1974, p. 179). No entanto, a maioria da Sociedade, revelando-se contra os desejos de Freud, votou contra o reconhecimento da incompatibilidade. Portanto, Freud sofria uma derrota na votação quanto à sua opinião de que as teorias de Adler nada mais tinham a ver com a psicanálise.

Somente é possível especular como esses eventos foram sentidos por Adler. Ele deve ter ficado extremamente surpreso pela deterioração da situação, pela massiva crítica de Freud e pela moção de Steiner por sua expulsão. A própria opinião de Freud nos chegou sem censura por meio de uma troca de correspondência com Jung. Em 3 de março de 1911, ele informava Jung a respeito dos últimos acontecimentos:

---

88. *No original alemão, os termos* Wagen *(vagões) e* Kutscher *(cocheiros) são usados no lugar de "carros" e "motoristas".*

> Desde anteontem sou o presidente do grupo de Viena. Tornou-se impossível continuar com Adler; ele mesmo percebeu isso e admitiu que a sua presidência era incompatível com as suas novas teorias. Stekel, que agora é da mesma opinião, acompanhou-o. Depois do fracasso desta tentativa, decidi assumir o comando e tenho a intenção de manter um rígido controle. Mesmo assim, pode ter havido um grande prejuízo. O meu vice é Hitschmann, que como você sabe é bem ortodoxo. Havia forte oposição contra Adler entre os membros mais antigos, enquanto que os mais jovens e os mais novos membros demonstraram-lhe grande simpatia. Agora, sinto que devo vingar a deusa ofendida, a Libido, e tenciono ser mais cuidadoso desde já, para que essa heresia não ocupe muito espaço no *Zentralblatt*. Vejo agora que a aparente determinação de Adler velava muita confusão. Nunca presumi que um psicanalista chegasse a ser envolvido tanto pelo ego. Na realidade, o ego é como o palhaço do circo que se intromete em tudo para que a audiência pense que é ele o responsável por tudo que acontece. (Freud e Jung, 1974, pp. 399 e.d.).

Como podemos ver, Freud informou Jung da renúncia de Adler por conta da incompatibilidade, mas deixou de relatar o fato de ter sido derrotado na votação a respeito dessa mesma questão. A escolha de suas palavras ("bem ortodoxo", "heresia") faz lembrar um cisma religioso. De fato, há similaridades nesses acontecimentos, como Graf (1942, p. 473) indica. Graf referiu-se a Freud como o chefe de uma igreja que oficialmente havia banido e excomungado Adler. Como um dos primeiros membros da "Sociedade de Quarta-Feira", Graf resumiu suas experiências da seguinte maneira: "No espaço de alguns anos, presenciei todo o desenvolvimento da história como se fora o de uma igreja: desde os primeiros sermões para um pequeno grupo de apóstolos, até o conflito entre Ário e Atanásio".

Em resposta escrita em 8 de março, Jung felicitou Freud por sua promoção, mas não se surpreendeu com a virada dos acontecimentos e pediu mais detalhes a respeito: "Adler está se tornando uma ameaça. É uma grande falta de responsabilidade o fato de Stekel aliar-se a Adler simplesmente porque ambos possuem os mesmos complexos. O que será do *Zentralblatt* se o vento soprar daquele lado. Você substituirá os editores?" (Freud e Jung, 1974, p. 401).

Em 14 de março, como resposta, Freud escreveu uma longa carta:

> A revolução interna em Viena teve poucos reflexos no *Zentralblatt*. Naturalmente, só estou esperando pela ocasião de expulsar os dois, mas eles sabem disso e estão sendo muito cautelosos e conciliatórios; portanto, não há nada que eu possa fazer no momento. É claro que estou vigiando os dois bem

de perto, mas eles estão se comportando. Eles não estão mais em meu coração. Nenhum desses vienenses tem condição para fazer algo interessante.O único que tem algum futuro é o pequeno Rank, que é inteligente e decente. As repercussões da rebelião de Adler farão parte da história. Já era tempo de me colocar à testa, pois ele escondia muita coisa que mais cedo ou mais tarde viria à luz. Em uma certa discussão, ele usou esse argumento: Se você perguntar de onde vem a repressão, a resposta será: da cultura. Mas se você perguntar de onde vem a cultura, a resposta será: da repressão. Portanto, você vê, é só um jogo de palavras. Mas eu respondi com a mesma moeda [sofisma] e perguntei, onde está o paradoxo ao esperar que o indivíduo repita o trabalho da repressão que seus ancestrais realizaram antes dele e que, como acontece, resulta em cultura? Em outra ocasião, eu o repreendi por afirmar em um ensaio, que já estava pronto para ser impresso, que uma atitude hostil dirigida ao pai formara-se desde o período *assexuado* da infância. Ele tentou negar, mas eu o contestei com o impresso; ele havia escrito pré-sexual; mas *pré*-sexual não significa *as*sexual? (*Ib.*, pp. 403 e.d.).

Em sua resposta de 19 de março, Jung confirmou que achara as notícias a respeito de Adler bem interessantes: "Em Zurich, também, vários membros verificaram que os pacientes usam os escritos de Adler como fonte de resistência... A questão de Adler acerca da repressão e da civilização é uma típica questão do examinador, calculada somente como subterfúgio com as pessoas, mas não para promover uma verdade" (*ib.*, p. 406).

Karl Abraham também fora informado por uma carta de Freud, datada de 3 de março de 1911, que ele (Freud) havia assumido a liderança do grupo local de Viena depois da renúncia de Adler e de Stekel: "O comportamento de Adler não era mais reconciliável com nossos interesses psicanalíticos; ele nega a importância da libido, retrocedendo tudo de volta para a agressão. Os efeitos danosos de suas publicações logo se farão sentir" (Freud e Abraham, 1965, p. 103). Em 9 de março, Abraham respondeu com um resumo detalhado sua opinião acerca de Adler:

> Na verdade, não posso lamentar a renúncia de Adler. Apesar do respeito por suas boas qualidades, certamente ele não era o homem certo para estar à testa de seu grupo. Não gosto nem um pouco de seus mais recentes ensaios. É verdade que não posso chegar a um julgamento definitivo, porque não consigo passar por cima de minha antipatia quanto ao estilo e à exposição de Adler. Portanto, sou passível de rejeitar certas idéias em vez de me esforçar para me adaptar ao seu estilo. Entretanto, não penso fazer-lhe injustiça se eu achar que o "instinto

agressivo" seja unilateral demais. A desistência do conceito da libido, a negligência de tudo que aprendemos a respeito das zonas erógenas, do auto-erotismo, etc., parece-me um passo retrógrado. O princípio do prazer estaria totalmente perdido. Além disso, ele reincide na psicologia superficial, como a "supersensibilidade", etc. A unilateralidade de sua interpretação é muito evidente todas as vezes que ele apresenta exemplos... O "protesto masculino" me parece um ponto de vista válido em certos casos. Entretanto, não acho nada de basicamente novo nele; eu diria que se trata de uma idéia contida em seu *Três Ensaios* (sobre a masculinidade da libido), exageradamente enfatizada e levada ao extremo. O "protesto masculino" deve ter suas raízes em seu inconsciente. Apesar de todas essas objeções, é sempre possível encontrar algo de valor, de maneira que tendemos a lamentar de que tudo seja tão esquemático, fragmentado e baseado em evidência insuficiente. (*Ib.*, pp. 104 e.d.).

Freud respondeu em 14 de março e ofereceu o seu já mencionado diagnóstico: "A sua opinião a respeito de Adler coincide totalmente com a minha e, particularmente, com o que eu pensava acerca dele durante as discussões. Desde então, fiquei mais severo. Muita confusão está escondida atrás de suas abstrações; ele dissimula uma oposição muito mais abrangente e demonstra traços paranóicos" (*ib.*, p. 105).

No início de março, Freud também escreveu para Binswanger a respeito dos eventos de Viena:

[Adler renunciou] provavelmente devido à correta impressão de que não era possível ser o porta-estandarte da causa com suas opiniões divergentes. De um lado, pode-se afirmar que o denominador comum é o exercício do método; mas, na realidade, o que nós todos temos como suporte contra o mundo, a avaliação da libido, é justamente o motivo pelo qual Adler se distanciou tanto. Aí estão elas novamente, aquelas más interpretações do ego que pensávamos haver superado. (Binswanger, 1956, p. 41).

Algumas semanas mais tarde, em 20 de abril de 1911, Freud escreveu para Pfister, que havia respondido às descrições de Freud dos eventos ocorridos em Viena em 26 de fevereiro:

Você está considerando os acontecimentos de Viena com mais amenidade do que realmente merecem. É realmente muito desconfortável e desagradável. Certamente, o complexo paterno entrou em jogo, mas do ponto de vista de que o pai não está fazendo o suficiente para eles. A crítica do pai impotente. De fato, minha capacidade de distribuir pacientes declinou consideravelmente durante este ano de agitação contínua. Com Stekel, provavelmente haverá uma reconciliação; ele é incorrigível, mas fundamentalmente decente, e ele prestou muitos bons serviços para a psicanálise. Mas o outro será jogado ao mar. (Freud e Pfister, 1963, p. 49).

Entre 8 de março e o encerramento do ano de trabalho, ou seja, 31 de maio de 1911, ocorreram doze sessões das quais Adler participou de dez, apesar de ter tomado a palavra uma só vez. Por outro lado, os seus adeptos se referiram várias vezes durante as discussões a conceitos que ele estabelecera.

O curso dos eventos provavelmente causou bastante desconforto para Adler. Entretanto, ele permaneceu resolutamente quieto, deixando que os outros se encarregassem da agitação. Acima de tudo, Furtmüller se tornara o campeão dos interesses de Adler. Na reunião de 17 de maio, ocorreu uma breve, mas intensa troca de palavras com Freud. Depois que Klemperer se referiu ao conceito (dos sonhos) de Adler, Freud respondeu dizendo que era melhor "olhar para as coisas a fim de procurar saber o que elas representam, em vez de considerar o que Adler disse e se ele tem razão". (*Minutes*, 1974, p. 263). Contra esta crítica a respeito da responsabilidade científica de Adler — pois esta foi uma das sessões em que Adler estivera ausente — Furtmüller objetou dizendo que ele "gostaria de rejeitar como injustificada a completa repreensão de Freud, que ele considerava de uma parcialidade imprópria de uma discussão científica; de sua parte, ele gostaria de ver salvaguardado o direito de discutir cientificamente todos os problemas e pontos de vista pertinentes" (*ib.*). Freud respondeu polemicamente que "acreditava ser capaz de manter a esperança para o futuro, contida nesta promessa". Furtmüller imediatamente protestou contra "esse entendimento de uma promessa que ele não tinha nenhuma intenção de cumprir" (*ib.*).

Na reunião da sociedade de 24 de maio de 1911, Adler pronunciou o seu único comentário antes de sua definitiva renúncia. Referiu-se à troca de palavras entre Freud e Furtmüller e enfatizou a decisão do plenário de que as suas opiniões científicas não eram contraditórias com as descobertas de Freud: "Ao se referir a essa resolução pela sessão plenária, ele (Adler) se declara plenamente satisfeito com este entendimento" (*ib.*, p. 268).

O apelo de Adler para a resolução da reunião geral de 1º de março esclarece os motivos de sua demissão que ele mesmo havia declarado como sendo por "incompatibilidade". Isso aparentemente era uma moção de protesto que estava ligada à esperança de que os membros da sociedade o chamassem de volta. De fato, isso aconteceu por meio da resolução do plenário de 1º de março, talvez não até o ponto em que ele fosse readmitido como presidente da sociedade. Adler ainda não pensava em se demitir, enquanto não há dúvida acerca da intenção de Freud de chegar a uma separação definitiva.

Bruder-Bezzel (1983, p. 102) interpreta o fato de que Adler estivesse ausente das sessões ou não participasse das discussões — algo que dificilmente ocorria antes de se demitir da presidência — no sentido de que ele desistira de "lutar neste grupo por reconhecimento e por adeptos. Mas, então, por que não estava presente? O que foi que o prendeu? A impressão é que depois de quase nove anos como membro da sociedade ele não tivesse condições de dar o pulo".

Nesse 24 de maio de 1911, Adler novamente tomou a palavra e falou durante um bom tempo a respeito da apresentação que se seguiria. Na realidade, estes foram seus últimos comentários registrados nas *Minutas:* ele esteve ausente na última reunião do ano, em 31 de maio de 1911.

A intenção de Freud em se livrar de Adler está claramente expressa em várias cartas. Ele escreveu para Jung em 27 de abril de 1911 que Adler, cujo "comportamento era simplesmente pueril... [ele] queria vomitar na próxima ocasião" (Freud e Jung, 1974, p. 418). Ele escreveu para Binswanger ao final de abril dizendo que as dificuldades em Viena seriam resolvidas, reconciliando-se com Stekel e soltando Adler; e, ao final de maio, ele disse que estava trabalhando para "se livrar de Adler, ficando só com Stekel" (Binswanger, 1956, pp. 43, 45).

Ao dizer que "agora estava trabalhando" nisso, Freud se referia aos eventos que nesse meio tempo se intensificaram com relação ao *Zentralblatt.* Conforme Jones, durante essas semanas Freud havia sugerido a Adler que ele se demitisse como co-editor do *Zentralblatt für Psychoanalyse* e que havia escrito à editora nesse sentido. Dizem que, em seguida, Adler teria consultado o seu advogado e, de acordo com Freud, "expondo ridículas pretensões de natureza inaceitável".[89] O que ocorreu exatamente durante esses dias não pôde ser reconstituído. De qualquer forma, "episódios desagradáveis e embaraçosos" aconteceram, como Freud escreveu em uma carta para Jung ao final de junho (Freud e Jung, 1974, p. 432). Furtmüller (1965, p. 344) descreveu os eventos desta forma: "A crise final aconteceu no verão [de 1911] quando o grupo estava em recesso. Freud escreveu uma carta à editora do *Zentralblatt* anunciando que ele não podia mais ser editor juntamente com Adler, e que, portanto, a editora teria de escolher entre um dos dois. A editora comunicou essa carta para Adler que evitou o embaraço para a editora, renunciando".

Foi ainda em junho que Adler escreveu uma declaração na qual explicava os motivos de sua saída da editora. A declaração foi publicada nos volumes 10/11 (agosto) do *Zentralblatt,* que continha o seguinte:

> Eu gostaria de aqui notificar os leitores desse periódico que a partir desta data eu me demito dessa editoria. O editor-chefe

---

89. *De cartas para Ferenczi datadas de 18 de maio de 1911 e 26 de junho de 1911 respectivamente; citado em Jones, 1955, p. 149.*

do periódico, professor Freud, é de opinião que entre ele e eu existem diferenças tão grandes que uma editoria conjunta pareceria impossível. Portanto, decidi demitir-me da editoria do periódico espontaneamente. (Citado em Ansbacher e Ansbacher, 1965, p. 344, nota 21).

Um ano mais tarde uma disputa irrompeu entre Freud e Stekel, que ficou com a vantagem, com relação ao *Zentralblatt*. Andréas-Salomé (1983, p. 16) escreve que Adler também se envolveu brevemente e que para ela era "um tanto desconfortável... que Adler esperava alguma coisa desse periódico, apesar de saber muito bem como o próprio Stekel a ganhara para si". Em 29 de outubro de 1912, Adler escreveu para ela: "Eu lhe seria muito grato se não reportasse a outros acerca de Stekel-Freud a respeito do caso *Zentralblatt* durante alguns dias, para que eu não seja envolvido no conflito que irrompeu entre os dois. Você pode acreditar-me quando digo que não quero tomar o partido de nenhum dos dois" (*ib*).

De volta a 1911, simultaneamente à declaração publicada no *Zentralblatt* e citada acima, Adler apresentou seus motivos pela sua renúncia da sociedade, que Freud citou em suas cartas a Jung em 15 de junho de 1911. Freud queria primeiro informar que, finalmente, *(endlich)* havia-se livrado de Adler. Entretanto, o que na realidade ele escreveu — uma falha muito indicativa — foi que se havia "livrado infinitamente *(endlos)* de" Adler:

> Depois de pressionar Bergmann para despedir [Adler] do *Zentralblatt,* ele se virou, mexeu e, finalmente, apareceu com uma declaração estranhamente redigida que só pode ser considerada como uma demissão. Pelo menos essa interpretação é apoiada pelo seu anúncio de que está deixando a Sociedade P[sicanalítica]. E então ele apresenta o que estivera dissimulando: "Apesar de sua resolução improcedente para tal efeito, a Sociedade não teve suficiente influência moral para que você desista de seu velho conflito pessoal (!!) contra mim. Como não tenho nenhum desejo de continuar com esse conflito pessoal com o meu antigo professor, eu aqui anuncio minha renúncia". Os danos não são grandes. Inteligências paranóicas não são raras e são mais perigosas do que úteis. Como paranóico, é claro que ele está certo em muitas coisas, mas errado a respeito de tudo. Alguns, mas pouco úteis, membros provavelmente seguirão o seu exemplo. (Freud e Jung, 1974, p. 428).

Desde que essa citação seja verdadeira, ela documenta que Adler considerava esse conflito como pessoal; para Freud, como indicam várias passagens de suas cartas, a "pureza" de sua doutrina estava em jogo. O fato de Freud marcar com dois pontos de exclamação a frase "de seu velho conflito pessoal contra mim", de um lado mostra que essa discrepância havia chamado a sua atenção. Entretanto e, acima de tudo, os pontos de exclamação sem dúvida funcionam como uma justificativa de seu "diagnóstico de paranóia". A colocação de Adler ao expressar "com o meu antigo professor" sugere que ele estava consideravelmente ofendido e ferido.

David Josef Bach, Franz Baron von Hye e Stefan von Máday seguiram o exemplo de Adler. Suas demissões não foram, como já foi mencionado, particularmente relevantes, visto que esses homens, pouco — ou nunca — participaram das reuniões da Sociedade e, na verdade, só pertenciam formalmente à Sociedade Psicanalítica de Viena.

Em 20 de junho de 1911, Furtmüller, Hilferding, Franz e Gustav Grüner, Klemperer, Oppenheim e, surpreendentemente, Friedjung, assinaram uma declaração que provavelmente fora redigida por Furtmüller. Por meio dessa declaração eles aprovavam a renúncia de Adler e expressavam o desejo de permanecer na Sociedade e a adesão seria decidida por votação. O teor da declaração segue abaixo:

> Depois de tomar conhecimento da anunciada mudança na direção do *Zentralblatt*, os abaixo-assinados consultaram o Dr. Freud a respeito de mais detalhes. Conforme pedido, ele informou acerca da troca de correspondência a respeito, e eles deduziram que Dr. Adler — um dos dois fundadores do periódico — havia sido exonerado da editoria: a editora e a situação financeira foram colocadas como sendo os maiores motivos do fato. Este não é um caso isolado, ao contrário, esse é o último de uma série de ações antagonistas dirigidas contra a pessoa do Dr. Adler e contra o seu trabalho científico, cujas implicações estamos apenas nos cientificando. Devido ao fato de que é a nossa opinião que a Sociedade e o *Zentralblatt* devem ser alavancas de poder diante dos oponentes da psicanálise — apesar de que devem constituir um foro de livre discussão para os psicanalistas —, acreditamos que essas ações demonstram cada vez mais, e de maneira conspícua, as tentativas de criar alavancas de poder dentro da estrutura da psicanálise e de defendê-las com a impiedade típica dos conflitos de poder. Nossos sentimentos se revoltam contra tais ações. Estamos convencidos de que prejudicam o desenvolvimento interno como também a reputação externa da psicanálise. Desta forma, lamentamos substancialmente que a renúncia do Dr. Adler da Sociedade Psicanalítica resulte de uma aberta provocação e expressamente declaramos que aprovamos plenamente a ação do Dr. Adler. Obviamente, pensamos que seja de importância máxima a manutenção do contínuo diálogo científico com ele, e muito provavelmente encontraremos uma estrutura apropriada para que isso se realize. Decidimos expressar esta declaração por dois motivos: em primeiro lugar, consideramos ser nossa

obrigação praticar a maior sinceridade com a Sociedade em um assunto tão importante como este. Em segundo lugar, consideramos de maior importância a nossa permanência como membros diligentes da Sociedade Psicanalítica, mas somente com a condição de sermos considerados membros apreciados. No caso de que a diretoria da Sociedade seja de opinião de que os nossos pontos de vista e nossas ações violem nossos deveres perante a Sociedade no menor aspecto, então solicitamos que o Comitê apresente o assunto à Assembléia Geral para que os membros decidam.[90]

A votação solicitada só ocorreu em outubro de 1911, em circunstâncias modificadas e desfavoráveis.

O 10º ano da sociedade começou depois do recesso de verão, em 11 de outubro de 1911, com uma Assembléia Geral Extraordinária: Freud e seus adeptos estavam intransigentes e um dos motivos era porque Adler, durante o verão, havia fundado a "Sociedade para a Livre Pesquisa Psicanalítica". Com a escolha deste nome, ele havia causado um conflito ainda maior com Freud, que informou os participantes do grupo de Adler, cujas "atividades possuem o caráter de concorrência hostil", da decisão pelo Comitê de que eles teriam de escolher entre pertencer a uma ou a outra sociedade, já que a presente situação era considerada irreconciliável (*Minutas*, 1974, p. 281). De imediato, Furtmüller expressou sua surpresa acerca da mudança de opinião do Comitê e leu várias passagens de troca de documentos e cartas a respeito do assunto — presumidamente também a declaração de 20 de junho. Concluindo, ele pediu à Assembléia Geral para colocar em votação a questão da incompatibilidade. Sachs então explicou a mudança de opinião da diretoria que não tinha a intenção "de forçar a saída de ninguém; é suficiente [estabelecer] uma simples opção, mas deve haver uma separação definitiva" (*ib.*, p. 282). Heller e Federn também estavam a favor da separação. Furtmüller tentou novamente refutar os argumentos levantados e — como Rank anotou — "transformar o problema todo em uma questão de decidir entre a livre e a 'preconceituosa' investigação psicanalítica". Realmente, essa era a linha de argumento de Furtmüller e dos adeptos de Adler. Furtmüller (1965, pp. 344 e.d.) escreve que todos sabiam "que os dados haviam sido jogados; entretanto, por princípio, eles enfrentavam um debate em favor da livre pesquisa dentro da estrutura do freudianismo".

Stekel e Rosenstein também pediram para que "os dois grupos tentassem trabalhar juntos por maior período de tempo", mas Freud, Tausk e Hitschmann advogaram a separação. Finalmente, Sadger pediu o encerramento do debate e que a questão fosse colocada em votação. Steiner foi o

---

90. Um fac-símile deste documento pode ser encontrado em Furtmüller, 1983, pp. 300 e.d.

mediador para aqueles em favor da separação; Furtmüller, o mediador daqueles que argumentavam que a proposta de mediação de Stekel era inaceitável. Ele explicou que fizera tudo o que era possível para não intensificar a situação e pediu uma votação nominal, conforme o fizera na declaração de 20 de junho. Finalmente, a seguinte resolução foi colocada em votação: "Os membros reunidos declaram que, devido às circunstâncias, têm a sensação de que a adesão à 'Sociedade para a Livre Pesquisa Psicanalítica' é incompatível com a adesão à Associação Psicanalítica" (*ib*., pp. 282 e.d.).

A moção resultou em 11 votos a favor e cinco votos contra, sendo que esses cinco votos muito provavelmente eram de Furtmüller, Hilferding, Klemperer, Oppenheim e Gustav Grüner. Franz Grüner não estava presente nessa reunião. Ao todo, 22 membros estavam presentes, o que significa que seis se abstiveram.[91]

Depois da votação, Furtmüller anunciou sua própria demissão da Sociedade Psicanalítica de Viena junto com a dos outros cinco adeptos de Adler. E, desta forma, selou-se a separação final entre a psicanálise e a escola adleriana, que adotou o nome de "Psicologia Individual" a partir de setembro de 1913.

Do ponto de vista de um dos adeptos de Adler, os acontecimentos do verão e do início do outono de 1911 foram vivenciados da seguinte maneira:

> E então Adler renunciou. Havia um grupo ligado a ele por amizade pessoal que se reunia todas as noites no Café Central, onde ele se sentava com sua esposa e alguns amigos... Adler, então, fez-nos uma proposta como seus amigos, de fundar uma nova sociedade. Durante o verão de 1911, Furtmüller, Oppenheim, os Grüners e eu, nos reunimos. Fundamos a "Associação Psicanalítica Livre"... Furtmüller era um socialista atuante, um orador público, um político. Portanto, de certa forma, era um movimento político, uma livre associação psicanalítica. Foi fundada no verão de 1911, com Adler como presidente. Eu era o seu tesoureiro. Encontrávamo-nos no apartamento de Adler, em Dominikanerbastei. Ali novamente nos reuníamos com apresentações e discussões: o complexo de inferioridade, as tendências de salvaguarda e todo o resto. No outono de 1911, ocorreu a primeira reunião da antiga sociedade psicanalítica... Ordem do dia: é possível fazer parte dos dois grupos?... Nós seis — acredito que éramos seis — sabíamos como isso iria terminar, mas tínhamos uma satisfação: possuíamos o melhor orador. Furtmüller era um maravilhoso orador político. Ele apresentou um de seus melhores discursos que eu já ouvi, um

---

91. *O resultado da votação se baseia na versão alemã das* Minutas, *porque a versão inglesa, impressa anteriormente, só menciona 21 membros presentes: a presença de Friedjung é omitida.*

discurso político no qual falou acerca de liberdade e de tudo. Então veio a votação e, naturalmente, fomos voto vencido. Levantamo-nos e saímos da sala. (Klemperer, 1952, p. 12).

Perguntaram a Klemperer (*ib.*, p. 14) a respeito de seus motivos pessoais, de sua lealdade com Adler, e ele respondeu: "Eu estava irritado com a atitude de Freud, de suas maneiras tirânicas. Penso que ele estava 100 por cento certo, mas, naquele tempo, eu estava muito irritado a respeito". Sachs (1945, p. 51) presumia motivos parecidos que levaram os membros mais jovens a agir em solidariedade com Adler: "A maioria desses homens não compartilhava das opiniões de Adler. Sua decisão foi influenciada pela crença de que todos esses procedimentos violavam a 'liberdade científica'. Pode muito bem ser que a crítica incisiva e rude ferira suscetibilidades e sentimentos mais frágeis, fazendo com que a queixa de intolerância de Adler se justificasse".

No dia seguinte a essa noite histórica da sociedade, Freud descreveu a Jung — que havia-lhe desejado sorte na "campanha contra a gangue de Adler" — o que acontecera: "Um pouco cansado depois da luta e da vitória, agora posso lhe dizer que ontem forcei toda a "gangue" de Adler (seis no total) a se demitir da Sociedade. Fui rude, mas não acho que fui injusto. Eles fundaram uma nova sociedade para a "livre" Psicanálise, em oposição à nossa de tipo "não livre", e estão planejando a edição de seu próprio jornal, etc.; no entanto, eles insistiram em permanecer conosco, naturalmente para se munirem de forma parasítica de idéias e de material que eventualmente manipulariam. Eu fiz com que esse tipo de simbiose se tornasse impossível" (Freud e Jung, 1974, p. 447).

AS CAUSAS DO ROMPIMENTO ENTRE ADLER E FREUD

DIFERENÇAS DE PERSONALIDADE

Diversos autores apontaram para as personalidades contrastantes demais de Freud e de Adler, que poderiam preveni-los em perseguir um longo relacionamento profissional produtivo.[92] Até em seu perfil social, Freud — o único irmão a ter o seu próprio quarto — diferia de Adler, que fora um garoto de rua nos arrabaldes de Viena e que mais tarde se referiu constantemente ao efeito que essa socialização teve em toda a sua vida. Os relatos mostram Freud como o primeiro filho preferido pela mãe, enquanto o relacionamento de Adler com a mãe é descrito como muito difícil. A rivalidade de Adler — como segundo filho — com Sigmund, o seu irmão mais velho, é enfatizada.

Nas diversas descrições, Adler aparece como alguém fortemente modelado pelo século XX: sensível às agitações políticas existentes antes da Primeira Guerra Mundial; ideologicamente atado à emergente democracia social; jovial, cosmopolita e otimista (entretanto, também impreciso e superficial); escolhendo como seu lugar de lazer preferido o café vienense; e, anos mais tarde, um entusiasta dos Estados Unidos e das oportunidades que ali se abriam para disseminar seus ensinamentos.

Em contraste, Freud é descrito como um burguês acadêmico enraizado no final da segunda metade do século XIX: de atitude liberal-conservadora;

---

92. Veja, por exemplo, Furtmüller, 1965, pp. 345 e.d.; Ansbacher 1959; Caruso e Englert, 1977, p. 106.

um *workaholic* (viciado pelo trabalho) e minucioso a ponto de ser compulsivo; de uma filosofia fundamentalmente pessimista; seu local de lazer preferido, o seu estúdio; desconfiado do Novo Mundo do qual ele acreditava estar ameaçado por um enfraquecimento de sua teoria.

Suas personalidades contrastantes eram constantemente enfatizadas principalmente na literatura da psicologia individual. O seguinte retrato por Jacobi (1974, p. 22), baseado no método da psicologia individual, é um exemplo típico:

> Freud, primeiro filho, era limpo e socialmente conservador — como também era todo o seu maneirismo; um estilo de vida elegante era importante para ele e comportava-se de "maneira conscientemente aristocrática". Organizou sua escola com regras rígidas. Adler, como é típico do segundo filho da família — crescendo no seio da rivalidade com seu irmão mais velho e competindo com ele — havia encontrado em Freud um novo oponente. Ele não era um adepto das aparências externas e não fazia questão de causar uma boa impressão. Ele conduziria discussões de maneira informal, mesmo que isso acontecesse em cafés, pois sentia-se em casa nessa atmosfera sociável. Ele falava com deleite de seus dias como garoto de rua.

Furtmüller (1965, p. 346) descreve as diferentes aparências pessoais de Freud e de Adler, da seguinte maneira:

> Freud era um homem do mundo e cuidadoso com sua aparência; apesar de sua insatisfatória carreira universitária, sabia como usar o prestígio de um título e a dignidade de um professor; era um mestre no saber expressar elegantemente a palavra, tanto escrita como falada, até no pequeno círculo de seu grupo original, combinando a familiaridade da conversa informal com a solenidade da cátedra. Por outro lado, Adler era sempre o "homem comum", de aparência quase negligente, descuidado com as cinzas do cigarro em sua manga ou paletó, totalmente alheio ao prestígio externo de todos os tipos, sua forma era comum e sem arte de falar, mas sabendo muito bem como atingir o seu propósito.

Entretanto, muitos retratos das diferenças de personalidade, freqüentemente encontrados na literatura (e que não serão citados aqui), parecem estereotipados, questionáveis e exageradamente simplificados; raramente aparecem para explicar muito. Além disso, chama a atenção o fato de que esses contrastes foram enfatizados precisamente onde as diferenças teóricas foram subestimadas.

Andréas-Salomé, que chegara a Viena em 1912 para se familiarizar com a psicanálise, era a única pessoa a participar — com a aprovação de

Freud — tanto de seu grupo como do de Adler, de quem ela relatou o seguinte: "O que eu gostei mais nele era a sua agilidade, que o incitava a se envolver em várias coisas: só que essa agilidade mantinha-se na superfície e sem confiabilidade, pulando continuamente em volta em vez de perseguir os assuntos até o fim" (1983, p. 16).

O retrato de Freud como um pensador rigoroso e consistente é, assim, o exato oposto dessa descrição de Adler. De fato, a inflexibilidade de Freud frente às teorias dissidentes foi muitas vezes atribuída à sua personalidade severa. Rattner (1972, p. 21) pensou que Freud tinha grandes dificuldades em tolerar opiniões diferentes: "Havia uma dura rispidez em sua personalidade que poderia em parte ser responsável pelo fato de ter experimentado extensivamente a 'resistência do mundo obtuso' ao fundar e promover a psicanálise". Johnston (1972, pp. 252 e.d.) também indicou essa qualidade de Freud, que contribuiu para os numerosos rompimentos: "Nenhuma característica da carreira de Freud foi tão amplamente lamentada como a sua supressão da dissensão... tal dogmatismo refletia a autoridade de Freud como uma figura paterna em uma sociedade parcial com os patriarcas". Ele estava cheio de ira, "como Laio [o pai de Édipo] cercado por filhos ingratos que procuravam conseguir fama adulterando sua descoberta".

Na confrontação entre Adler e Freud, Johnston entrevê um tipo de relacionamento amor-ódio que freqüentemente evolui entre estudantes criativos e professores reverenciados: "Quanto mais estimam um mentor, mais eles ressentem seu fracasso de transmitir percepções básicas que devem ser respondidas em outro lugar... Em lugar de originalidade, Freud exigia que os associados proporcionassem ressonância e agissem como uma caixa sonora para idéias". Então, de acordo com Johnston, era inevitável que Freud rompesse com muitos de seus adeptos.

Freud realmente tinha grandes dificuldades com teorias que divergiam de suas próprias idéias; desta forma, é compreensível o fato de ele não poder mais aceitar os conceitos de Adler do protesto masculino, que excluía a teoria da libido e da repressão. Mas o motivo para ele não aceitar o instinto agressivo de Adler em 1908, apesar de Adler ter demonstrado para ele que havia descoberto uma falha na teoria psicanalítica, pode ser mais bem explicado em termos das dificuldades que Freud tinha em aceitar novos conceitos apresentados por outras pessoas. Stekel (1923, p. 547) fundamentalmente criticou esse traço: "Freud tem uma qualidade que o prejudica terrivelmente e inibe o desenvolvimento da análise — e até o empurra para direções erradas. Ele nunca aceita o fato de estar errado! Ele resiste teimosamente a qualquer correção de seus estabelecidos pontos de vista". Sachs (1945, p. 12) descreve a mesma qualidade, apesar de apresentá-la de maneira simpática: "Eu sabia que sempre foi extremamente difícil para ele assimilar as opiniões de outros, depois que ele desenvolveu a sua própria em um processo longo e trabalhoso. Suponho que essa seja a prerrogativa dos grandes descobridores".

O próprio Freud estava consciente dessa qualidade e admitia repetidamente que ele não sabia o que fazer com os pensamentos que os outros lhe dirigiam em momentos inoportunos. Em uma circular que enviara aos membros do Comitê em 15 de fevereiro de 1924, ele escreveu: "Eu não acho fácil procurar o meu caminho em modos alheios de pensamento, e tenho por princípio esperar até encontrar uma conexão por intermédio dos meus meios sinuosos" (Jones, 1957, p. 63).

No campo elétrico que cerca o relacionamento mestre-discípulo, a ambição de Adler era nítida. Jones principalmente continuou insistindo nesse aspecto de Adler, como ele ilustra na seguinte passagem (1955, p. 147):

> Minha impressão a respeito de Adler era de uma pessoa carrancuda e briguenta cujo comportamento oscilava entre controvérsia e mau humor. Ele era evidentemente muito ambicioso e brigava constantemente com os outros acerca de pontos de prioridade em suas idéias. Entretanto, quando me encontrei com ele anos mais tarde, notei que o sucesso lhe havia proporcionado uma certa benevolência que nos anos anteriores pouco demonstrava.

É claro que Jones não era uma testemunha imparcial, mas provavelmente ele estava essencialmente correto, porque o próprio aluno de Adler, Manès Sperber (1974, p. xiv), também disse: "Adler certamente era um homem muito ambicioso, com um controlado, mas não menos intenso, desejo de poder". Podemos presumir que a motivação de Adler na elaboração de seu próprio sistema teórico residia na ambição. Quanto às suas ambições acadêmicas, sua dissociação das posições-chave psicanalíticas parece não ter sido acidental.

Entretanto, quanto mais impressionantes as diferenças de personalidade entre Freud e Adler, mais questionáveis se tornam as explicações acerca dos motivos da separação, ou seja: essas diferenças esclarecem *como*, mas não *porque* se separaram. Se foi devido a razões pessoais, Freud e Adler não se apreciavam muito; no entanto seria apressado reduzir a separação simplesmente às diferenças de suas naturezas, pois, ao fazê-lo, uma série de causas importantes que agora serão examinadas, perderiam seu significado fundamental.

OS DIFERENTES ANTECEDENTES SOCIAIS DOS PACIENTES

Os antecedentes sociais dos pacientes que supriam o "material" para as teorias de Freud e de Adler são importantes para a nossa compreensão de suas diferenças teóricas. Ellenberger (1970) escreve que Adler era um clínico geral praticante do Segundo Distrito de Viena, o que estimulava sua orientação para a medicina social. Como os seus pacientes pertenciam, em sua maioria, à classe média e à classe inferior, os problemas sociais sempre foram o foco de seus interesses. Ellenberger via "a carreira de Adler como um exemplo da ascensão social [sic] de um homem que ficou emocionalmente preso à população da classe inferior em cujo meio ele viveu sua infância". Jacobi (1974, p. 29) também atribui diferenças nas teorias de Adler e de Freud aos contrastantes antecedentes sociais de seus pacientes. O empenho pelo poder, ambição, sentimentos de inferioridade, protesto masculino e outros traços similares de personalidade apareciam mais freqüente e abertamente nos pequenos burgueses e na classe menos privilegiada. Da mesma forma, Bruder-Bezzel (1983, pp. 92, 147 e.d.) indica paralelos entre as observações de Adler do meio social das classes média e inferior e as suas teorias:

> Um grande número de pequenos servidores públicos de Viena procurava progredir em um mundo que era constituído de uma escala finamente diferenciada por posições e títulos. O pequeno homem queria ser alguém. Para muitos pequenos burgueses muitas vezes era uma questão da própria existência, e o medo de cair ao nível de proletariado, durante o período da devastadora depressão — que durou vários anos — um medo que se tornou real. Em grande parte, foi esse medo que alimentou os movimentos de massa anti-semíticos, anti-intelectuais, cristão-sociais, movimentos liderados pelo prefeito de Viena, Karl Lueger, no final da década de 1890. Os pacientes de Adler levavam esses medos e esperanças para o seu consultório médico.

> Para Adler, essas pequenas pessoas — em seu consultório e clínica terapêutica — eram um grande material de pesquisa: os pequenos servidores públicos correndo atrás de posição e títulos; os pequenos funcionários de escritório procurando olhar para cima para não cair (ainda mais); os pais em profissões subordinadas encenando o papel de patriarcas em suas casas — mandando na esposa, disciplinando as crianças; o "pequeno professor" com seu uniforme ou plena barba, procurando atingir o reconhecimento social.

Wassermann investigou os antecedentes sociais dos pacientes de Freud e de Adler e descobriu que grande parte dos pacientes de Freud pertencia às classes mais privilegiadas. Dentre 67 pacientes de Freud — entre aqueles cujos antecedentes puderam ser discernidos — parece que 74% pertenciam à classe alta, 23% à classe média e somente 3% à classe inferior. Entre 43 pacientes de Adler — aqueles cujos antecedentes puderam ser determinados — parece que 25% pertenciam à classe superior, 39% à classe média e 35% à classe inferior. A partir dessas estatísticas, Wassermann concluiu que a mentalidade das classes média e inferior se refletia nas teorias de Adler: "Onde Freud somente enxerga um Eros aflito, Adler encontra o impulso para o sucesso como sendo a força motivadora da psique humana" (1958, p. 625). Gutheil (1958, p. 628) respondeu que as suposições de Freud a respeito do papel da sexualidade não contradiziam a observação de "que os problemas existenciais provavelmente empurrassem os problemas sexuais para o plano de fundo".

Adler tratava de uma clientela formada principalmente de pequenos burgueses. Em 1907, as profissões de seus pacientes eram entre outras: um comerciante, um dono de café, um repórter, uma costureira, um estudante de segundo grau (*Realschüler*), um cozinheiro, uma viúva de comerciante, uma pessoa de meios privados (*Privatier*), um impressor, uma costureira, um cocheiro, um servidor público, um mordomo, um alfaiate ajustador (*Monteur*), um proprietário, um costureiro, um negociante de tabaco, uma leiteira, um agente, um contador e um funcionário de banco. As doenças mais freqüentes eram: gripe, gonorréia, sífilis, neurose ansiosa, bronquite, reumatismo, tuberculose, laringite, arteriosclerose, nefrose, eczema e angina.[93]

Então, durante esses anos, Adler ainda praticava sua profissão de clínico geral; ele tratava uma pequena clientela de pequenos burgueses que predominantemente se queixavam de problemas físicos. Também havia pacientes com distúrbios neuróticos, "nervosismo" e queixas psicossomáticas, mas ainda não era um especialista de "desordens nervosas". Do conjunto de sua clientela, Adler encontrou mais efeitos provocados pela miséria social do que Freud. Esse último era claramente responsável por neuroses; ele tratava de uma seleta clientela — em sua maioria da classe mais privilegiada — com "clássicas" síndromes neuróticas. Na quieta reclusão de seu estúdio, sua perspectiva acerca dos mecanismos da neurose não era interrompida por ondas de pessoas que sofriam das misérias sociais, mas tampouco era estimulada. Considerando a clientela de Adler, também se torna claro o motivo pelo qual ele era menos inclinado a usar a terminologia clínica. Ele tentou criar uma abordagem compreensiva — mas ao mesmo tempo um pouco diferenciada — para poder tratar os mais variados males sociais e psicológicos de forma padronizada. E é precisamente isso que Freud denominara de "uniformidade *(Einerleiheit)* das neuroses".

O próprio Freud descobrira uma certa evidência para a tese de que a contrastante clientela provocava diferenças teóricas. Em uma declaração polêmica endereçada a Adler em 1º de fevereiro de 1911, Freud queixou-se de "que o material de Adler consiste de indivíduos com conflitos desordenados, personalidades distorcidas e deformadas, mas nenhuma ver-

---

93. "The Papers of Alfred Adler" (*Os Documentos de Alfred Adler*), *Manuscript Division, Library of Congress, Washington, D.C.*

dadeira histeria genuína e grandes neuroses: nestes... [ele] ainda não se deparou com o delírio de 'em cima' e 'embaixo'" (*Minutas,* 1974, p. 148).

A INSTITUCIONALIZAÇÃO DO MOVIMENTO PSICANALÍTICO

O tempo entre o Primeiro Congresso Psicanalítico Internacional de Salzburg (1908) e o início da Primeira Guerra Mundial marca o período de ampliação e institucionalização do movimento psicanalítico.

Novas ramificações locais apareceram em Berlim, Munique, Nova Iorque e Budapeste, que se juntaram às já existentes de Viena e Zurich. Três outros Congressos Internacionais ocorreram: Nuremberg (1910), Weimar (1911) e Munique (1913). Nesse mesmo período, três jornais foram fundados: *Jahrbuch für Psychoanalytische und psychopathologische Forschung* (1909), *Zentralblatt für Psychoanalyse* (1910) e *Imago* (1912), editado por Sachs e Rank, e dedicado à aplicação da psicanálise nas ciências humanas. No outono de 1909, Freud, Jung e Ferenczi fizeram uma turnê de palestras nos Estados Unidos. A recepção na América com sua crescente hostilidade aos países de língua alemã e com o apoio de Zurich, depois de 1907, proporcionaram a Freud motivos para institucionalizar o movimento psicanalítico, que se estabeleceu em 1910 pela fundação da Associação Psicanalítica Internacional no Congresso de Nuremberg:

> [Os membros da Associação] — que trabalhavam com a autocompreensão e a autoconfiança próprias de acadêmicos trabalhando fora das dependências universitárias — estavam... na posição de provocar discussões e irritação para além das disciplinas acadêmicas relacionadas com o campo comum da especialidade, em busca do clima mental e cultural. Para essa finalidade, Freud investiu sua própria reputação — que não estava mais em risco — como acadêmico reconhecido, assim como também os adeptos da psicanálise, de maioria judaica, permitiram que sua alta e não conformista inteligência influenciasse profundamente a rede cultural. O ponto de cristalização era constituído pelo fascínio que resultou das descobertas fundamentais de Freud, do processo comum do trabalho e da pesquisa, e dos esperados resultados e perspectivas de longo alcance. Freud também permaneceu, durante esse período, como o espírito regente da produção científica. A estrutura da pesquisa que ele implantou e programou foi elaborada por seus adeptos dentro de um espectro situado entre a emulação dogmática e a expansão original. A forma pela qual os parti-

cipantes se enxergavam no grupo não se baseava mais na participação em um grupo de discussão privado, mas na adesão ao "movimento". (Fallend et al., 1985, pp. 120 e.d.).

Apesar de a psicanálise ter sido amplamente ignorada antes de 1910, a partir de então os ataques externos cresceriam à medida que se institucionalizasse. Stepansky (1983, p. 148) descreve o Congresso de Nuremberg como um divisor de águas na institucionalização da psicanálise, porque Freud, em conseqüência do Congresso, esperava de seus adeptos uma mais profunda identificação com a teoria psicanalítica. A institucionalização seguia de mãos dadas com os conceitos de tratamento divergentes dentro da psicanálise, de maneira mais rígida. A semente do rompimento com Adler e Jung já estava plantada em Nuremberg. Wittels (1924, p. 227) provavelmente queria dizer a mesma coisa quando falou a respeito do *"status de papa"* de Freud *(Verpapstung)* com seus discípulos, que começou depois de 1910.

Freud ([1914d], *S.E.,* XIV, p. 43) confirmou que considerava ser necessário fundar a Associação Psicanalítica Internacional, pois temia que, à medida que se popularizasse, a psicanálise poderia ser usada impropriamente. A função da Sociedade oficial seria de declarar: "Nada disso tem a ver com análise; isso não é psicanálise". Sachs (1945, pp. 116 e.d.) também considerou isso como a razão pela qual Freud "empenhou toda a sua energia e vigor de sua natureza" em refutar Adler e Jung:

> Ele nunca se cansou de procurar novos argumentos contra eles; estava sempre pronto para voltar à briga e fez os seus discípulos participarem da luta. Essa ânsia, muito diferente de sua atitude diante da oposição externa, não era devida à preocupação de que essas novas teorias fossem mais perigosas para a psicanálise do que a velha resistência; tampouco estava impressionado pelo fato de que esses antagonistas fizeram parte de seus melhores discípulos. O que, na realidade, mexeu com ele — além do elemento pessoal... — era a preocupação de que esses novos pontos de vista lançados *"a priori"* com o nome de psicanálise, turvassem e confundissem as coisas a ponto de ser quase impossível saber o que era psicanálise e o que não era.

Conforme Weber (1982, p. 4), a Associação Psicanalítica Internacional devia proteger a psicanálise dos ataques externos e reforçá-la internamente:

> A Associação Psicanalítica Internacional tornou-se de imediato um campo de batalha e, com isso, demonstrou-se que a ameaça mais séria para a psicanálise não era mais exclusivamente externa, mas interna. A história dos rompimentos e dos conflitos que dominaram os primeiros anos da Associação Psicanalítica Internacional, efetivamente paralisando-a e quase destruindo o movimento que deveria defender, é bem conhecida.

O rompimento com Adler aconteceu um ano depois de Nuremberg, em 1911; com Stekel em 1912 e com Jung em 1913.

Um ano depois, Freud publicamente assumiu o confronto teórico com Adler e Jung em seu ensaio "On the History of the Psychoanalytic Movement" (Sobre a História do Movimento Psicanalítico), no qual afirmou: "Eu simplesmente gostaria de mostrar que essas teorias contradizem os princípios fundamentais da análise (e em que pontos os contradizem) e é por esse motivo que não devem ser conhecidas pelo nome de análise" (Freud [1914d], *S.E.*, XIV, p. 50).

Weber (1982, pp. 6 e.d.) observa que Freud não se limitou a provar que "isso não é psicanálise" e não a abandonou para se dedicar como um pai preocupado em "defender o nome [da psicanálise]". Ao contrário, Freud enfrentou seus oponentes individualmente e se empenhou em provar a inutilidade de suas teorias:

> A demarcação polêmica inevitavelmente inclui a desvalorização... Entretanto, o que distingue as polêmicas de Freud é que tais afirmações não são simples nem tampouco bem definidas, e não contêm a última palavra. Os argumentos que ele introduz para poder desqualificar as "secessões" *(Abfallsbewegungen)* recaem naquilo que se propuseram a fazer funcionar, avaliar e proteger: na própria psicanálise. Com isso, a psicanálise foi primeiro aviltada e, em seguida, envolvida em uma confrontação que tentara evitar.

Freud estava muito preocupado com os conceitos da repressão, do inconsciente e da etiologia sexual das neuroses: ele era inflexível quanto a esses fundamentos da psicanálise. Jung (1962, p. 154 e.d.) lembrou:

> Não havia engano no fato de que, para Freud, a teoria da sexualidade era extraordinariamente importante. Todas as vezes que ele falava a respeito, seu tom de voz tornava-se urgente, quase ansioso: suas maneiras críticas e céticas não podiam mais ser compreendidas... Ainda me lembro vivamente do que Freud, em 1910 me disse: "Meu caro Jung, prometa-me que você nunca abandonará a teoria da sexualidade. É a coisa mais essencial. Devemos torná-la um dogma, um baluarte indestrutível". Algo surpreso, eu perguntei: "Um baluarte? — Contra quem?" E ele, imediatamente: "Contra a maré preta e enlameada" — aqui ele hesitou por um momento e então acrescentou — "do Ocultismo".

Wittels (1924, pp. 140 e.d.) escreve que no Congresso de Nuremberg um cavalheiro suíço se levantara dizendo:

> Era um erro colocar tanta ênfase na sexualidade, pois isso serviu meramente para provocar a oposição. O movimento

avançaria mais suavemente se os psicanalistas fossem um pouco menos diretos em sua verbalização. Freud respondeu asperamente. Foi sempre a sua forma de repisar com franqueza inexorável a respeito de sua convicção de que a sexualidade, nua e desavergonhada, deve tornar-se o fundamento da teoria das neuroses. A resposta de Freud particularmente me causou uma forte impressão.[94]

As motivações de Freud para se dissociar das teorias de Adler foram avaliadas de várias maneiras. Jones (1955, p. 150) concordou completamente com a linha de argumentação de Freud e surgiu com um exemplo bem ilustrativo: "Um nivelador de terra não pode exigir o *direito* de ser um membro da Real Sociedade Geográfica e tomar todo o seu tempo despejando suas opiniões".

Elrod (1987a, p. 327), acessando os comentários de Adler nas *Minutas,* considera a posição de Freud compreensível: "Naquele tempo, Freud estava enfrentando um problema realmente difícil. Deveria ele permitir que um colega tão influente como Adler continuasse a conviver com suas idéias e consentir com o desenvolvimento de um tipo de psicologia que negasse o fundamento da psicanálise e ao mesmo tempo também se denominasse psicanálise?". Por outro lado, Weber expressa uma crítica fundamental e extensa das ações de Freud, em particular sua polêmica maneira de acertar as contas com Adler em sua "História". Um só exemplo será apresentado: Freud ([1933a], *S.E.,* XXII, p. 140) queixara-se de que a escola adleriana ainda estava levando "um tipo de existência parasítica" à custa da psicanálise. Weber (1982, p. 7) comenta o seguinte: "Até um parasita não pode sobreviver sem uma certa cumplicidade de seu 'hospedeiro', era um aspecto do assunto que Freud preferia não considerar".

Ainda havia um outro aspecto importante da luta de Freud contra Adler que deve ser observado: o medo que Adler pudesse contaminar os suíços. Wittels (1924, p. 176) pensou:

> A brusca exoneração de Adler levantou o perigo de que o contingente suíço pudesse achar a teoria não-sexual de Adler mais interessante que a de Freud, o que, do ponto de vista dos Suíços Protestantes, não era muito "respeitável"... Talvez os suíços não devessem ter permissão de saber que havia alguém que possuíra explicação melhor que aquela baseada na libido; alguém cuja doutrina da constituição neurótica era tão simples e não envolvia nenhum apelo a fatores sexuais. "Por que um homem se torna pederasta?", "Para colocar as mulheres em seus devidos lugares!" — "Porque uma

---

94. Esta última frase não está presente na versão inglesa.

esposa está acamada com paralisia?", "Para colocar o marido em seu devido lugar!"... Os suíços devem ser salvaguardados contra a contaminação.

Evidência considerável para essa tese havia sido apresentada, principalmente na troca de correspondência entre Freud e Jung. Ali, o confronto com Adler estava sempre presente com relação às ansiedades de Freud e se Jung mantinha a distância necessária de Adler; o tema Adler se refletiria também nas discussões iniciais até as cartas que foram decisivas pelo próprio rompimento entre os dois.[95]

A excomunhão de Adler também levou Freud à perda de vários adeptos, e não somente em Viena. O neurologista Leonhard Seif, que havia fundado uma ramificação local em Munique em maio de 1911, voltou-se para a escola de Adler em 1913, renomeando seu estabelecimento "A Sociedade para a Psicologia Individual", em 1919, depois da demissão dos adeptos de Freud. Adler também teve sucesso com Granville Stanley Hall, professor de psicologia e de pedagogia em Worcester, Massachusetts. Hall fora membro fundador da Associação Psicanalítica Americana em 1911, apesar de mais tarde aderir à escola de Adler.[96]

Cremerius explica a emergência de dissidentes em psicanálise, pelo fato de que ela se comportava em certas fases de seu desenvolvimento como uma seita religiosa, com um sistema de doutrina dogmática — o que é verdade, de forma particular a partir de 1911. Nos confrontos, tratava-se, acima de tudo, "das comuns e bem conhecidas paixões humanas, como o hábito da dominação, o desejo de ser o primeiro, a inabilidade de se enquadrar ou de se subordinar, o fato de superar ou destronar os outros, etc., que nessas situações elimina a razão" (1984, p. 374).

Nessa conexão, Cremerius se refere à afirmação de Adler de que ele não queria permanecer à sombra de Freud para sempre; e, para Freud, que rotulou Adler de "paranóico" e referiu-se ao grupo como "a gangue adleriana". Ele ainda vê um outro motivo na história das divisões, um de natureza moral:

> Os dissidentes afirmavam estar a favor da liberdade das ciências, da manifestação contra o dogmatismo e a doutrinação; por outro lado, os conservadores estavam a favor da pureza da doutrina. As duas afirmações acabaram se mostrando como pseudo-argumentos. Os grupos dissidentes repetiriam a história — logo após tomarem conta, eles reprimiriam as pessoas com idéias diferentes. (*Ib.*, p. 375).

A história da escola da psicologia individual confirma o ponto de vista de Cremerius. Após a Primeira Guerra Mundial, ocorreu a separação com os

---

95. *Veja Freud e Jung, 1974, pp. 277 e.d., 492 e.d., 507, 512, 513, 519 e.d., 521, 531 e.d., 533, 534 e.d., 545.*
96. *Veja Freud e Jung, 1974, p. 192, nota 3; p. 214, nota 1.*

adeptos de Nietzsche; ao final da década de 1920, a expulsão de Rudolf Allers e de Oswald Schwarz, e o rompimento com Fritz Künkel em Berlim; e, durante a década de 1930, a expulsão dos psicólogos individuais Alice Rühle-Gerstel e Manès Sperber. Conforme Cremerius, as separações diziam mais respeito a "uma psicopatologia do que propriamente à história de idéias ou epistemologia". Como prova da "gênese afetiva do cisma", ele observa que:

1. As teorias divergentes provaram ser "reducionistas"; isto é, superestimaram certos aspectos: "Aqueles que consideram importante acentuar um determinado aspecto podem muito bem permanecer sob o mesmo teto que os outros, desde que não tornem esse aspecto na total essência ou elevem essa determinada parte para um todo. O que deve ser enfatizado é que a parte da teoria que estejam acentuando já exista como regra, no sistema teórico que eles estão criticando" (*ib.*, pp. 376 e.d.).

2. As idéias que levaram à separação não eram categoricamente controversas; foram somente observadas e entendidas como tais por aqueles que perseguiram a separação no decurso do referimento dessas idéias. Isso era verdade quanto a Adler com respeito à sua psicologia do ego.

3. "Os descobridores de novos pontos de vista da teoria... não eram dissidentes por pensar que não podiam mais permanecer sob o mesmo teto, mas porque não estavam prontos para integrar os seus pontos de vista no sistema teórico já existente. Ao contrário, eles contestavam o que existia e o substituíam com o seu próprio sistema" (*ib.*, p. 377). O que surpreende no revisionismo é que, de fato, não provocou nenhuma revisão dos conceitos existentes, "mas tão-somente uma negação ou variação do mesmo, ou uma mudança de ênfase. A possibilidade sempre existiria para que fosse usada como inovação para uma expansão produtiva do que já existia" (*ib.*, p. 378).

4. Separações também dependiam mais do ambiente local e das personalidades dirigentes do que de diferenças teóricas ou diferenças de técnicas terapêuticas.

5. Em alguns movimentos dissidentes existia "uma tendência em amenizar as *conjeturas* básicas", que também eram afetivamente condicionadas e emergiam do "medo da radicalidade da teoria psicanalítica":

> Deve ser silenciada ou até abolida. Aqui encontramos um direcionamento para a existente moralidade, visando um nivelamento, a popularização da compreensão geral e o "senso comum". O que é apreciado como simplificação é reducionismo, e o que aparece como progresso anteriormente havia sido com-

provado ser um passo atrás pela teoria crítica da Escola de Frankfurt. Esse tipo de raciocínio começa com Adler e Jung de uma forma típica. É voltar-se contra a teoria do instinto, contra a importância da sexualidade, o pleito a favor da autonomia do ego, contra a importância dos conflitos entre instinto e sociedade e contra a tese de Freud acerca da influência da neurose provocada pela sociedade. É irônico que esse movimento de dissidentes proclamasse suas teses como a liberalização da psicanálise ortodoxa, mas, sob a bandeira da liberdade, humanidade e socialismo, marchou diretamente para uma psicologia conformista. (*Ib.*, p. 379).

Muito do que Cremerius oferece como característica de dissidência psicanalítica pode ser aplicado diretamente ao caso de Adler. Jacoby (1978) descreve detalhadamente as opiniões a respeito do último ponto.

... POR QUE ERAM "SOCIALISTAS FERVOROSOS"?

Um motivo enganoso e bem incorreto foi apresentado pelo rompimento entre Adler e Freud aludindo às convicções socialistas de Adler e de seus adeptos. Para Stekel (1950, p. 141), naquele período Adler era um "socialista fanático", bem como todos os seus seguidores, e acrescenta entre parênteses: "A política, freqüentemente, determina as convicções científicas". Mais que todos, Jones colocou à frente esse argumento e, em sua biografia de Freud, ele escreve:

> É importante lembrar que a maioria dos seguidores de Adler, tal como ele mesmo, era ardente socialista. A esposa russa de Adler era amiga íntima dos líderes revolucionários russos; por exemplo, Trotsky e Joffe constantemente freqüentavam sua casa. O próprio Furtmüller tinha uma carreira política ativa. Essa consideração torna mais inteligível o fato de Adler se concentrar mais nos aspectos sociológicos da consciência do que no inconsciente reprimido. (1955, p. 151).

É claro que é importante Jones lembrar essas circunstâncias. Reichmayr e Wiesbauer (1978, p. 30) enxergam nisso um método:

> Os comentários de Jones acerca desses acontecimentos... (revelam) uma falta de compreensão e tendências anti-socialistas de sua parte. Essas últimas geralmente caracterizam seus escritos psicanalíticos históricos... Devido à prioridade e a pública disseminação da importante biografia de Freud por parte de

Jones, seria seguramente uma tarefa interessante — senão simples — para determinar quais efeitos a derrota política da psicanálise (apresentada por Jones) teve na política do movimento psicanalítico.

De acordo com a descrição de Klemperer acerca da fundação da Sociedade para a Livre Pesquisa da Psicanálise, que se baseava em Adler e no politicamente ativo Furtmüller, não é possível negar que o comentário de Jones contenha um grão de verdade. Mas a idéia pela qual explica porque Adler e seus adeptos se demitiram é enganosa. De fato, além de Adler, somente Bach, que tinha pouca importância, Furtmüller e Hilferding eram socialistas; Franz e Gustav Grüner e von Máday provavelmente não eram. Klemperer admitiu que ele mesmo não tinha nenhuma filiação política. Oppenheim aderiu à Democracia Social somente em 1918 e nada se sabe a respeito de von Hye neste contexto.

DIFERENÇAS DE COMO FREUD E ADLER VIVENCIARAM O CONFLITO

De acordo com todas as fontes disponíveis, foi Freud quem tomou a iniciativa da separação. A partir de suas cartas, torna-se óbvio que desde o final de 1910 ele estivera trabalhando para a separação de Adler, porque não podia mais ver em suas teorias qualquer coisa em comum com a "sua" psicanálise. Freud continuou, tempos depois, a referir-se a essa posição. Em uma carta para Andréas-Salomé datada de 7 de julho de 1914, ele escreveu que era preciso perseguir "a essência fundamental *(Einheitlichkeit)*" da psicanálise, "do contrário se transformaria em algo diferente" (Freud e Andréas-Salomé, 1972, p. 19). O mesmo argumento é encontrado em seu ensaio "Sobre a História do Movimento Psicanalítico" no qual Freud resume sua crítica a respeito de Adler com o seguinte: "O sistema é completo; para produzi-lo, custou uma enorme quantidade de trabalho na remodelação das interpretações, enquanto não forneceu nenhuma nova observação. Eu imagino ter sido claro que isso nada tem a ver com a psicanálise". (Freud, [1914d], *S.E.*, XIV, pp. 57 e.d.).

A amargura de Freud era alimentada pela rejeição da importância da sexualidade por parte de Adler, bem como da repressão e do inconsciente — em outras palavras, daqueles aspectos centrais da doutrina de Freud que muitas vezes levou a uma intensa animosidade pública. Depois que Adler fundou a Sociedade para a Livre Pesquisa da Psicanálise no verão de 1911, como um empreendimento competitivo, Freud percebeu um outro perigo e tornou-se ainda mais intransigente. Elrod (1987a, p. 318) considera Adler co-responsável pelas atitudes irreconciliáveis de Freud:

> Se Adler não tivesse feito uso do instinto agressivo de forma tão radical contra a libido; se ele não tivesse tão rudemente colocado o ego contra o inconsciente, e as idéias dos comportamentos ativo e passivo substituindo o masculino e o feminino, provavelmente Freud nem pensaria que fosse necessário... mandar Adler fazer as malas. A revisão de Adler e a expansão da psicanálise de Freud poderiam explicar, nas opiniões de Freud e de seus colegas, alguns aspectos da estrutura da psicopatologia; mas a perda do foco teórico e as diferenças nem tanto lógicas eram enormes e não poderiam ser aceitas. Em outras palavras, Adler estava pronto em fazer com que a psicanálise se conformasse às opiniões populares, e Freud considerou ser extremamente necessário parar essa sua intenção.

Wittels (1924, p. 156), a respeito da pergunta se Freud não teria sido capaz de manter as energias e as habilidades de Adler a serviço da psicanálise, escreveu:

> Se pensarmos que Adler havia resolvido desde o começo aplicar sua doutrina do sentido de inferioridade ao total domínio da constituição neurótica (independentemente do fato de que envolveria enfatizar a teoria ao extremo), podemos reconhecer a possibilidade de que, mesmo que Freud não tivesse tomado medidas enérgicas, alguns anos mais tarde Adler se teria encontrado exatamente onde ele está hoje. Teria desenvolvido sua "psicologia individual", aquela que coloca a perigosa e "obscena" teoria sexual sob interdição, e portanto podendo ser considerada como uma psicologia "para a juventude madura". De qualquer forma, o passo dado por Freud para encerrar o seu relacionamento com Adler teve o seu lado heróico, e não podemos recusar-lhe o respeito devido por soluções que são tanto corajosas quanto penosas.

Por meio das *Minutas* é possível deduzir que de qualquer forma Adler esperava chegar a um entendimento com Freud, até pouco antes de sua renúncia. Andréas-Salomé era da opinião de que Adler "falara de maneira por demais pessoal a respeito dos conflitos existentes" (1983, p. 14). E, por meio da já mencionada declaração, resulta que Adler interpretara os esforços de Freud para se separar dele, como uma "velha luta pessoal", e, desta forma, supriu Freud de suficiente munição para o seu diagnóstico de "paranóia".

Roazen (1975, p. 191) pensou "que Adler titubeou na tarefa de distinguir Freud como um homem, falível e passível de falha humana, da psicanálise como um corpo de conhecimento". É possível deduzir que Adler reconheceu esse problema, mas sem perceber a necessária diferença, por intermédio de uma carta que escrevera para Andréas-Salomé (1983, p.14) em 6 de agosto de 1912:

Eu compartilho de seu apreço pelo significado científico de Freud até o ponto em que eu divergi cada vez mais dele. Seu esquema heurístico é como um modelo realmente importante e útil, porque todos os fios de um sistema psíquico se refletem nele. Mas, além disso, a escola de Freud usou o clichê sexual *(Floskel)* como sendo a essência das coisas. Pode ser que Freud, o homem, tenha me induzido a declarações críticas. Eu não lamento isso.

"Freud, o homem" pode ser realmente pernicioso em confrontos teóricos. Graf (1942, p. 472) pensou que, apesar de ser benevolente e atencioso em sua vida privada, Freud era rígido e implacável quando apresentava suas idéias. Quando sua ciência era questionada, era capaz de brigar com os seus mais íntimos e mais confiáveis amigos. Sachs (1945, p. 115) escreveu algo parecido. Freud nunca duvidou que a psicanálise foi uma das mais importantes descobertas que a humanidade havia realizado em seu caminho para o autoconhecimento: "Ele considerava ser seu o cargo e o mais sagrado dever, de mantê-la limpa e livre de qualquer liga inferior. Na execução deste dever, ele era incansável e rígido, duro e afiado como aço, e sabia odiar beirando os limites da vingança".

Também Roazen (1975, p. 181) indicou que Freud valorizava suas descobertas muito mais do que a amizade pessoal. Em tudo que dizia respeito à psicanálise, ele era brusco e rígido. Entre Freud e Adler nunca houve uma amizade pessoal, mas é bem compreensível que Adler tenha considerado como profundo insulto pessoal e humilhação as atitudes inflexíveis de Freud, mais comprometidas com a "pureza" de sua doutrina do que com a educação. Sperber (1991, p. 50) confirma isso: "Eu adivinhei... o fato de que o dano infligido a Adler por Freud e seus adeptos, durante os meses que precederam a separação, o afetavam como se o fato tivesse acontecido recentemente, isso depois de uma década do próprio evento".

Provavelmente, Freud não estava totalmente a par da extensão de seu próprio enredamento afetivo na tentativa de se livrar de Adler. Ele considerava a psicanálise o trabalho de sua vida e qualquer ataque representava um profundo insulto narcisista. Freud não reagiu a Adler com ataques pessoais. Suas críticas nunca saíram do plano teórico, apesar de todas as polêmicas. Mas o tom da confrontação era, sem dúvida, agressivo, duro, irado e inflexível: a própria crítica era devastadora. Klemperer escreveu o quanto ele — e podemos presumir que esteja falando também pelos membros mais jovens — se irritara com o tom de voz de Freud. Este provavelmente não tinha total consciência de sua agressão, mas Adler sentiu o seu impacto e o interpretou como sendo um "confronto pessoal" contra ele. O fato de Freud chamar Adler de "paranóico" é claro que representou um terrível passo em falso, porque ele mesmo havia constantemente advertido para não introduzir termos clínicos e analíticos em discussões pessoais e científicas. Freud também era cautelosamente criticado por Karl Abraham nesse ponto. Quando Freud enviou a Abraham o manuscrito de seu ensaio "Sobre a História do Movimento Psicanalítico", ele respondeu:

> Depois de pensar muito, também cheguei à conclusão de que tudo que é pessoal deve permanecer como está. Só há uma expressão que gostaria de mudar. Você diz o quanto Adler se queixou de sua perseguição e tenho receio de que essa palavra possa causar dano. Adler protestará por ser chamado de paranóico. Uma expressão com menos implicação patológica como hostilidade, seria preferível. (Freud e Abraham, 1965, p. 169).

Alguns dias mais tarde, Freud respondeu: "'Perseguição' é o termo usado pelo próprio Adler; eu o substituirei conforme a sua sugestão" (*ib.*, p. 170). Mas, na versão final, ele manteve a palavra "perseguição".

Freud não estava totalmente errado quanto à tendência de seu diagnóstico. Deve ser lembrado que Adler, perto do fim de sua vida, anunciava a psicologia individual como uma espécie de doutrina da salvação e, para alguns observadores, era visto como um missionário. Mas é e permanece uma indiscrição indesculpável durante esse confronto o fato de Freud ter pronunciado um diagnóstico psicopatológico completo que se baseava apenas em elementos de mecanismos de defesa psicológicos. Ninguém podia enxergar a projeção que Freud fazia da imagem de Adler como "paranóico", isto é, uma projeção de ódio e de desejo de aniquilar um velho colaborador que teve a ousadia de adulterar e mal interpretar o trabalho de sua vida.

O insulto narcisista, resultado de sua vingança, assim como a impotência sobre o fato de que Adler conseguira convencer tantas pessoas afastando-as da psicanálise, pode explicar uma carta amarga de Freud para Arnold Zweig; terminalmente doente, Freud escreveu para Zweig em 22 de junho de 1937, por ocasião da morte de Adler, que falecera em 28 de maio de 1937 durante uma *tournée* de palestras: "Não consigo entender o seu pesar por Adler. Para um garoto judeu de um subúrbio vienense, morrer em Aberdeen [Escócia] coroa uma carreira sem precedente e é uma prova de quão longe chegou. O mundo realmente o recompensou por seu trabalho em contradizer a psicanálise".[97]

---

97. Citado em Jones, 1957, p. 223. Na troca de correspondência entre Freud e Arnold Zweig, publicada em alemão em 1968, essa passagem estava faltando sem nenhuma indicação de que havia sido excluída.

CAMPOS TEÓRICOS

Apesar da reação de Freud a um insulto narcisista, isso não contradiz a avaliação de que motivos mais profundos para essa briga contra Adler se baseavam em campos teóricos. Freud considerava as teorias de Adler como sendo a psicologia do ego, que passou pelas descobertas da psicanálise e o acusou no campo da terapia prática de ter "pouca habilidade... para julgar material do inconsciente" (Freud [1914d], *S.E.*, XIV, p. 50). Wittels (1924, p. 145) também mencionou esse aspecto:

> Adler era um dos mais capazes alunos de Freud. Ele só tinha uma fraqueza: não conseguia analisar. Achava dificuldade em descobrir os fenômenos da vida mental inconsciente. Em muitos casos, era fácil emendar suas interpretações dos sonhos; no estudo de seus pacientes, raramente encontrava seu caminho em regiões que Freud e a maioria de seus alunos adentravam sem dificuldade. Eu não penso que faltasse talento para Adler. Sua inabilidade era a expressão de uma falta de desejo.

Para Andréas-Salomé (1983, p. 51), Freud e Adler diferiam "com respeito ao método terapêutico como uma faca difere de um remédio".

A diferença essencial entre os conceitos teóricos de Adler e Freud encontra-se claramente na avaliação do papel da sexualidade e da repressão na etiologia das neuroses. Adler criticou a "supervalorização" da sexualidade, mas, ao mesmo tempo, ele lhe negava maior importância em suas teorias. Em 6 de agosto de 1912, em carta a Andréas-Salomé (*ib.*, p. 14), ele criticou que "a escola de Freud havia feito do clichê *(Floskel)* sexual a essência das coisas". A expressão "clichê sexual" transmite de forma impressionante a opinião de Adler de que a sexualidade é sempre um dado falso, secundário, atrás do qual é possível encontrar o protesto masculino. Esse ponto de vista, apresentado em vários documentos na Sociedade Psicanalítica, é encontrado no importante trabalho de Adler *Über den nervösen Charakter* [A Constituição Neurótica], que apareceu em 1912:

> O conteúdo sexual nos fenômenos neuróticos se origina predominantemente do contraste conceitual "masculino-feminino" e emerge mediante as mudanças de forma a partir do protesto masculino... [É] curioso que Freud, um bom especialista do simbolismo da vida, não foi capaz de analisar o simbolismo da percepção sexual para reconhecer a sexualidade como um jargão, como modo de dizer. (Adler, [1912a] 1972, p. 33).

Torna-se claro nas apresentações de Adler no início de 1911 e em uma passagem de seu importante trabalho impresso um ano mais tarde que ele não só queria reduzir a "supervalorização" da sexualidade, mas, ao mesmo tempo, excluir a sexualidade completamente como elemento etiológico da neurose.

Andréas-Salomé fez um balanço ao final de sua estada em Viena: "Para Adler era importante não só enfatizar o fator ego, mas eliminar o fator sexual; portanto, isso significa negar a bilateralidade do relacionamento" (1983, p. 143). Wittels (1924, p. 151) escreveu:

> Adler não se contenta com a contraposição dos impulsos do ego e dos impulsos sexuais; ele vai além e nega o caráter elementar da sexualidade. Sua maneira de colocar o assunto implica que os sinais do trabalho do impulso sexual, manifesto nos relacionamentos humanos, são simplesmente simbólicos. Estamos falando de amor, mas queremos dizer poder. De acordo com Adler, o próprio ato sexual deve ser considerado como uma expressão da vontade de poder.

Os escritos de Stefan Zweig podem prover uma explicação da relação entre a completa negação da sexualidade como fator independente de Adler e da pseudo-moralidade sexual do final do século XIX:

> Não levamos muito tempo para descobrir que todas aquelas autoridades em quem confiávamos anteriormente... manifestaram uma surpreendente falta de sinceridade nesse assunto de sexo... que naquela época ansiosamente evitava o problema sexual devido a uma incerteza interna... Nesta ilusão de controle por meio da ignorância, todas as autoridades se uniram em um boicote de silêncio hermético. Escolas e igrejas, salões e cortes, jornais e livros, modos e maneiras, como princípio evitavam qualquer menção do problema, e até a ciência, cuja tarefa seria de abordar todos os problemas imparcialmente, com total falta de vergonha inscreveu-se no *"naturalia sunt turpia"* (as coisas naturais são vergonhosas). A ciência também se rendeu, com a desculpa de que estava abaixo de sua dignidade tratar de tais temas impróprios. (1943, pp. 67 e.d.).

A principal importância de Freud e o seu impacto histórico devem ser vistos contra um pano de fundo da crise sexual e da hipocrisia da Europa burguesa na virada do século. O que poderia ter persuadido Adler a quebrar com essa realização histórica importante da psicanálise, com a sua mais radical tradição da crítica social?

Bruder-Bezzel explica a atitude de Adler à luz de uma mudança na história das idéias e da sociedade que acontecia em Viena, e da qual Adler participara. Ela se referiu ao "desvio do modelo causal científico, do indivíduo determinado pelo instinto e da psique impressionista, para um modelo teologicamente integral em que os indivíduos eram compreendidos como sujeitos ativos que determinavam para si os objetivos de suas ações" (1983,

p. 8). Conforme Bruder-Bezzel, a preocupação com a sexualidade na literatura e na arte havia praticamente desaparecido com o fim do impressionismo e do "*art nouveau*", entre 1908/1910: "O hedonismo não era mais o problema principal, mas estava para ser superado. Desta forma, e também ao mesmo tempo, o conceito do indivíduo subjugado pelo instinto era abandonado". Adler seguiu essa mudança de idéias: "Para ele, também, os indivíduos não são as vítimas de seu instinto (sexual). Isso, e não o seu 'conservadorismo', pode ser a razão porque a sexualidade para ele não representava mais um papel decisivo" (*ib.*, p. 45).

O estabelecimento de paralelos com as tendências na história das idéias e das artes podem explicar por que Adler chegara às suas teorias. Mas essa abordagem não ajuda tanto na avaliação do "conteúdo verdadeiro" das declarações de Freud e de Adler. É possível rejeitar a descoberta de Freud de que o "ego" não é "dono em sua própria casa" simplesmente aludindo a algumas mudanças na arte e na literatura? Ou isso não corresponde precisamente àquela crença moderna em progresso, de acordo com a qual "novo é melhor", e que Jacoby (1978) criticou como "amnésia social"? Para Bruder-Bezzel:

> [Adler tinha] em mente sua psicologia do mecanismo da sociedade competitiva e então discutiu a sexualidade dessa perspectiva — a perspectiva do poder. O empenho pelo poder penetra a sexualidade; na realidade, ele é expresso na conversa acerca de sexualidade e em satisfação sexual, que freqüentemente só significa para o homem a subjugação sexual da mulher. Adler coloca ênfase nessa conexão entre sexualidade (masculina) e poder; esse aspecto quase não fora tocado por Freud" (1983, p. 45).

Isso identifica um ponto claro a favor de Adler. A questão permanece aberta, porque ele não se confinou à descrição da sexualidade como sendo condicionada pelo poder, mas avaliou cada expressão da sexualidade como um "clichê", como manifestação da busca pelo poder, negando à sexualidade sua independente natureza instintiva.

Provavelmente, Adler pela prática se recusasse em apresentar a libido reprimida como explicação para qualquer fenômeno imaginado. O grupo em torno de Freud às vezes adotava formas sectárias a esse respeito, mesmo presumindo que fosse um contrapeso para a repressão geral do tema da "sexualidade" em público. Essa explicação seria compreensível para Adler no sentido de limitar a importância da sexualidade em sua teoria das neuroses — mas não para ele mais ou menos eliminá-la.

Uma outra explicação seria de que Adler não queria mais se sujeitar à crescente hostilidade social conferida a uma consistente profissão da teoria psicanalítica. Jones (1955, p. 122) escreveu que, em 1910, em um Congresso de neurologistas e psiquiatras alemães, o professor Wilhelm Weygandt agitadamente falou contra a psicanálise: "Esse não é um tópico para discussão em uma reunião científica; é um assunto para a polícia". Durante o mesmo ano, um bem conhecido neurologista, professor Oppenheim, propôs em um Congresso neurológico em Berlim que "se estabelecesse um boicote para qualquer instituição onde as idéias de Freud fossem toleradas". Aplausos seguiram esse pronunciamento e a proposta foi apaixonadamente aprovada pela assembléia.

Acontecimentos como esses não eram raros, principalmente durante os anos da expansão e da institucionalização da psicanálise, antes da Primeira Guerra Mundial; os psicanalistas também eram discriminados profissionalmente. Nessa época, Adler estava por submeter sua *Habilitação* (que se aprovada lhe outorgaria o posto de professor assistente) à Faculdade de Medicina da Universidade de Viena. Essa explicação foi indiretamente confirmada pelo próprio Adler quando explicou sua observação de que não queria permanecer à sombra de Freud, ou seja, que preferia "não compartilhar a responsabilidade de todas as inconsistências do freudianismo ao colaborar com a psicologia das neuroses" (Adler, [1912a] 1972, p. 56).

Uma outra explicação, ainda, já aludia à possibilidade de que Adler observava mais de perto do que Freud a miséria psicológica e social do proletariado e da pequena burguesia. Neste contexto, Adler podia dispensar o tema de sexualidade como um "luxo". Entretanto, uma série de seguidores de Freud, por exemplo Siegfried Bernfeld, Otto Fenichel e Wilhel Reich, mais tarde demonstraram que era definitivamente possível apoiar a teoria da libido sem perder de vista os problemas sociais.

Entretanto, até hoje todas as tentativas para apresentar explicações foram insatisfatórias, devido ao fato de que Adler abandonou as opiniões essenciais de Freud não somente por motivos táticos ou pragmáticos. De fato, ele as rejeitou por pensar que fossem falsas e estava absolutamente convencido de que a sexualidade manifestada pelos neuróticos era falsa, um clichê, um símbolo do protesto masculino. A questão do rompimento de Adler com a realização histórica da psicanálise, com a revelação da conexão entre a repressão sexual e o desenvolvimento neurótico, resulta de uma avaliação pessoal que deve depender da avaliação do quanto há de verdade nas teorias de Freud. Se estivermos inclinados a considerar os achados de Freud como exageros, catalogá-las nos termos demasiadamente enfatizados de "determinismo instintivo", "pansexualismo" e "supervalorização da sexualidade", então o rompimento de Adler com as opiniões de Freud parece tender para uma direção correta, com a qualificação de que ele se distanciou dos pontos de vista de Freud muito radicalmente, e assim renunciando de forma errada a vários fragmentos valiosos da teoria de Freud.

Freud reagiu com o seu *Group Psychology and the Analysis of the Ego* (Psicologia de Grupo e a Análise do Ego) contra a repreensão do "pansexualismo", da seguinte maneira:

Qualquer um que considere sexo como algo mortificante e humilhante para a natureza humana tem a liberdade de utilizar expressões mais gentis como "Eros" e "erótico". Eu mesmo poderia tê-lo feito desde o início e, desta forma, evitado tanta oposição. Mas eu não queria, pois não gosto de fazer concessões à covardia. Nunca se sabe onde aquele caminho pode nos levar; primeiro abre-se o caminho com palavras e então, paulatinamente, também com substância. Não vejo nenhum mérito em ter vergonha do sexo. (1921c, S.E., XVIII, p. 91).

A esse propósito, Stekel (1923, p. 565) pensou que Freud havia levado em consideração a saída de Adler com muito pouca relevância: "Adler se tornou um terrível oponente. Ao excluir a sexualidade de seus ensinamentos e relacionando tudo com a ambição ferida, permitiu angariar um maior número de pessoas que não estavam confortáveis com as teorias de Freud por motivos pessoais. Como se sabe, a maioria das pessoas tem um escotoma psíquico no que diz respeito à sua sexualidade: Freud era um eterno perigo para esse tipo de cegueira psíquica; Adler representava a libertação".

Se aceitarmos esse ponto de vista, então veremos Adler como uma criança de seu tempo que, como a maioria de seus contemporâneos — para usar o argumento de Zweig (1943, acima) —, ansiosamente esquivou-se do problema da sexualidade devido a um sentimento de insegurança interna. É totalmente legítimo colocar essas perguntas, desde que nos mantenhamos conscientes de nossa própria subjetividade; isso pode ser substanciado pela seguinte passagem de Devereux (1967, pp. 25 e.d.) na qual ele assume uma posição acerca do problema das afirmações objetivas a respeito da sexualidade humana:

> Quanto maior é a ansiedade provocada por um fenômeno, menor a possibilidade da pessoa poder observá-lo com precisão, considerá-lo objetivamente e desenvolver métodos adequados para a sua descrição, compreensão, controle e previsão. Não foi um acidente o fato de que os três homens que alteraram mais radicalmente a nossa opinião acerca da posição da humanidade no universo — Copérnico, Darwin e Freud — apareceram nessa seqüência. Seria mais fácil ser objetivo com relação aos corpos celestes do que com relação aos humanos como organismos, que por sua vez é mais fácil do que a objetividade perante a personalidade e o comportamento humanos... É um fato histórico — mas não uma necessidade evitável — que o nosso enredamento afetivo com o fenômeno sob investigação freqüentemente nos previne de tomar uma posição objetiva.

O que Devereux aqui formulou de forma geral era tão válido para Freud como para Adler no decurso de suas tentativas para desenvolver teorias a respeito da sexualidade humana. Isso também é válido para qualquer um que debata suas teorias. Aqueles que falam de sexualidade também falam de si mesmos. Eles procuram falar objetivamente a respeito de um fenômeno que é parte da história subjetiva. Esse é o problema central no confronto entre Freud e Adler e em todas as avaliações desta controvérsia. Talvez aqui também se encontre a chave para a carga emocional com a qual não somente Freud e Adler, mas também as subseqüentes gerações de seguidores, conduziram essa controvérsia.

ADLER FOI REALMENTE UM DOS ALUNOS DE FREUD?

Os representantes das escolas freudiana e adleriana, em particular, até hoje se preocupam com uma outra pergunta que diz respeito ao relacionamento entre Freud e Adler: Adler foi realmente um dos alunos de Freud, ou um pensador independente, de alto grau não influenciado por Freud? O esclarecimento dessa questão é de limitada importância para a história da ciência, e tem uma função principalmente política na historiografia de cada escola. Para os psicanalistas, era importante apresentar Adler como um estudante rebelde, teimoso e ingrato, que realmente tudo devia a Freud e serviu-se do campo frutífero de suas idéias. Esse ponto de vista pode ser rastreado de volta a Freud. Sterba (1982, p. 1991) escreveu que, certa vez, com a conversa gravitando em volta de Adler, Freud observou: "Adler se apossou de um osso da psicanálise e agora está em um canto sentado sobre ele, rosnando". Visto por esse prisma, as contribuições originais de Adler, por exemplo acerca da psicologia do ego, acerca da psicologia social e acerca do instinto agressivo, são negadas.

Por outro lado, para os psicólogos individuais era importante apresentar Adler como um pensador independente, de um alto grau não influenciado por Freud. Desta forma, foi levantada a negação radical do próprio Adler de ter sido um aluno de Freud, após o rompimento. Como mostrarei nas próximas páginas, Adler foi muito mais influenciado por Freud do que ele queria admitir; durante anos, ele compartilhou das opiniões de Freud acerca do significado dos sonhos, da importância da sexualidade e da primazia da vida instintiva. A negação categórica dos adlerianos de sua condição de aluno evitou a questão se Adler, ao abandonar todos os conceitos e termos psicanalíticos depois da separação, possivelmente tivera a intenção de apagar definitivamente esse relacionamento com Freud.

A negação da condição de aluno pode ser rastreada de volta a Adler. Maslow descreve um jantar com Adler em Nova Iorque em 1936. Nesse jantar, ele fez diversas perguntas a respeito do relacionamento "mestre-aluno" com Freud:

[Adler] ficou muito irado, enrubesceu e falou alto o suficiente para atrair a atenção de outras pessoas. Disse que era uma mentira e uma trapaça a cargo de Freud, que ele passou a chamar de trapaceiro, enganador e intrigante, que eu me lembre. Ele esclareceu desde o começo que não concordava com Freud e que ele tinha suas próprias opiniões. Disse que Freud sugerira que tentassem juntar-se e que eventualmente pudessem vir a concordar. Quando o desentendimento se manteve e Adler saiu do grupo, Freud, conforme Adler, espalhou a versão do rompimento que a partir desse momento foi aceito por todos, ou seja, que Adler fora um discípulo de Freud e rompera com ele. Era isso que amargurava Adler, pelo menos nesse jantar, fazendo com que ele o chamasse de "trapaceiro" (Maslow, 1962, p. 127).

Maslow descreveu esse desabafo de Adler como inusitado. O que esse incidente significa e como é interpretado, conforme Maslow, depende de informação adicional que ele não possuía.

Ansbacher (1962), que comentou o artigo de Maslow, confirma que Adler sempre contestara ter sido aluno, discípulo ou seguidor de Freud. Como prova da independência de Adler, Ansbacher se refere, entre outras coisas, a todas as versões relacionadas com o primeiro encontro entre Adler e Freud, quando Adler apareceu como um corajoso defensor de Freud — que, entretanto, ninguém conseguiu confirmar. Outros psicólogos individuais seguiram a mesma linha. Furtmüller (1965, p. 337) admite "a grande dívida que Adler tinha com Freud", mas enfatiza, "por outro lado, sua independência desde o começo na formulação de problemas e buscando e encontrando soluções. Não há nenhum documento de Adler que o declare 'freudiano' no estreito sentido de uma escola". Aqui, o próprio Furtmüller erra, como é demonstrado páginas adiante.

Metzger (1977, p. 541) pensa que não há evidência para sugerir que Adler jamais dissera ter adotado a teoria da sexualidade de Freud em qualquer momento. Ele não era nem um discípulo nem um renegado, porque "neste ponto ele nunca seguira seu companheiro mais velho". Ellenberger (1970) também é da mesma opinião. Para ele, Adler não era um "psicanalista degenerado", e o seu sistema, nenhuma distorção da psicanálise. Adler tinha as suas próprias idéias antes de se encontrar com Freud e as preservou para desenvolver um sistema que diferia fundamentalmente da psicanálise.

Kaufmann (1980, p. 209) mostra que, para os primeiros membros da "Sociedade de Quarta-Feira", não havia dúvida de que Adler era um discípulo de Freud. Stekel (1950, p. 116) também, criticamente, observa: "Adler mais tarde negou ter sido um aluno de Freud e mostrou um cartão postal como prova. O cartão era aquele que o convidava para a primeira reunião de nosso grupo. Mas não é significativo o fato dele ter guardado o cartão postal por tantos anos?".

As *Minutas* não deixam espaço para dúvidas de que Adler pessoalmente se considerara por longo tempo aluno de Freud e um psicanalista. Alguns exemplos devem esclarecer isso. Durante a sessão de 10 de outubro de 1906, Adler apresentou exemplos de interpretações de símbolos sexuais, que depois de 1911 não os formularia desta forma:

> Com referência à interpretação da retirada do cinto como símbolo sexual, ele menciona um ataque de histeria de uma paciente durante o qual ela tirara o seu cinto. A interpretação trouxe à luz o significado sexual desse ato... Uma paciente acordando de um sonho noturno, descobriu que havia mordido o seu dedo até sangrar. A análise levou à interpretação do dedo como um pênis... e o parapraxe sugere uma defesa contra a perversão oral. Corroborando com o simbolismo sexual da serpente, Adler cita um exemplo da psicologia das neuroses. Uma de suas pacientes declarou que havia um elo entre ela e o seu pai representado por uma imagem parte serpente e parte pássaro. Solicitada por Adler a fazer um desenho dessa imagem, tornou-se evidente que representava um pênis. (*Minutas*, 1962, p. 11).

Durante a discussão de 23 de janeiro de 1907, Adler criticou o documento apresentado: "Ele omite qualquer referência à teoria da sexualidade de Freud" (*ib.*, p. 89), e durante a discussão de 25 de novembro de 1908 a respeito do ensaio de Rank, intitulado "The Myth of the Birth of the Hero" (O Mito do Nascimento do Herói), Adler fez a crítica de que "comparativamente, a sexualidade ocupa pouco espaço" (*Minutas*, 1967, p. 66). Um outro exemplo são as afirmações de 4 de janeiro de 1911, quando ele falou do papel da sexualidade na neurose e disse: " A base de todos esses problemas... [fora] preparado pelo trabalho de Freud, que tornou possível até discuti-los" (*Minutas*, 1974, p. 104). Ao final da quarta reunião de discussão a respeito de suas teorias (22 de fevereiro de 1911), Adler disse: "Os seus escritos foram percebidos por Freud e alguns colegas como provocativos; mas eles não teriam sido possíveis se Freud não tivesse sido o seu professor" (*ib.*, p. 174).

Adler falava de Freud como "meu antigo professor" até em sua declaração de renúncia, citada por Freud em sua carta a Jung de 15 de junho de 1911. As publicações de Adler durante aqueles anos falam por si. No ensaio intitulado "The Sexual Problem in Pedagogics" (O Problema Sexual na Pedagogia) (Adler, [1905a] 1977), ele se refere extensivamente à teoria de Freud a respeito da importância da sexualidade infantil, embora chegando a conclusões pedagógicas originais. Decker (1977, pp. 300 e.d.) descreve o ensaio como uma falsa interpretação das teorias freudianas da sexualidade infantil, como "psicanálise a serviço do conservadorismo". Adler reinterpretou as exposições de Freud acerca da sexualidade infantil para moralizar e prevenir contra os perigos da sexualidade. Portanto, ele chegara perto das opiniões vitorianas a respeito de sua falta de moralismo.

No ensaio de Adler intitulado "Three Psychoanalyses of Ideas of Numbers and Obsessive Numbers" (Três Ensaios de Idéias de Números e de Números Obsessivos) (1905b), Adler se referiu ao livro de Freud *On the Psychopathology of Everyday Life* (Sobre a Psicopatologia da Vida Cotidiana"). Ele apresenta três casos nos quais demonstra que números aleatórios espontâneos da mente eram claramente determinados por pensamentos inconscientes. Suas análises mostram que, naquele tempo, ele estava muito mais perto dos métodos psicanalíticos de Freud do que mais tarde queria admitir.

O ensaio de Adler intitulado "The Agressive Instinct in Life and Neurosis" ([1908b] 1973) começa com a seguinte frase:

> A aplicação do método freudiano para descobrir a vida mental inconsciente de pessoas sãs e neuróticas leva ao reconhecimento de impulsos perversos, que nas neuroses e nas neuropsicoses são reprimidos da consciência, mas que de forma alguma perderam sua influência sobre o equilíbrio psíquico — ao contrário, são facilmente reconhecidos como fontes patogênicas das ações, pensamentos e humores.

Essa frase não consta de todas as edições posteriores. Em seu ensaio "Two Dreams of a Prostitute" (Dois Sonhos de Uma Prostituta) (1908f), encontra-se a seguinte passagem:

> Freud, cuja opinião a respeito dos sonhos posso confirmar em todos os pontos, afirma como prova de uma interpretação corretamente executada a revelação do desejo realizado pelo sonho. Ao mesmo tempo, o medo que acompanha o relato do sonho lembra que o desejo-realização a ser investigado aparentemente deve ter-se revelado apesar de uma forte resistência psíquica — que no estado desperto não seria facilmente superado. No sonho, a superação do obstáculo deve ter sido realizada por intermédio dos mecanismos do sonho e o afeto contínuo do medo deve ser interpretado neste contexto como o lado que é voltado para o mundo externo de um desejo — reprimido enquanto se é desperto — cuja maior intensidade está no inconsciente. Ainda precisamos de alguma indicação que ajude a reconhecer, pelo menos aproximadamente, de que tipo de desejo se trata. O medo só nos pode conceder essa indicação parcialmente: ele nos informa, de forma geral,

que o desejo reprimido pertence ao reino da sexualidade. (Adler, 1908f, p. 104).

Como é diferente a afirmação de Adler em 1908 ("Freud, cuja opinião a respeito dos sonhos posso confirmar em todos os pontos") daquela formulada vinte e cinco anos mais tarde: "Havia duas coisas importantes que me ajudaram em minha pesquisa dos sonhos: A primeira me foi oferecida por Freud por meio de seus pontos de vista inaceitáveis. Eu aprendi de seus erros". (Adler, [1933b] 1973, p. 154). Em 1908, Adler ainda reconhecia os desejos sexuais reprimidos como conteúdo latente dos sonhos; enquanto que pouco antes de sua morte, conforme Roazen (1975, p. 210), dizem que ele se referiu à análise de Freud como "lixo" e "material fecal". Ele não incluiu os ensaios citados ([1905a] 1977, 1905b, 1908f) junto com seus outros ensaios de sua coleção daqueles anos, intitulada *Heilen und Bilden* [Cura e Educação] ([1914a] 1973).

Naqueles três ensaios, Adler claramente se refere aos achados de Freud com relação à sexualidade infantil, à técnica psicanalítica e ao entendimento psicanalítico do significado dos sonhos. Quando Adler, uma década depois, escreveu: "Negamos o impacto da 'vida instintiva'" (1917e, p. 43), ele demonstra que no meio tempo havia sujeitado suas opiniões a uma alteração radical. No entanto, os conceitos independentes de Adler podem ser vistos em suas interpretações e exegeses, principalmente nas conseqüências pedagógicas que ele extraiu das desenvolvidas teorias psicanalíticas.

As contribuições de Adler, nas *Minutas* e em vários ensaios iniciais, enfatizam o fato de que vira a si próprio durante vários anos como aluno de Freud e que compartilhara em grande parte de suas opiniões. Portanto, ele estava muito mais perto das teorias e da prática psicanalíticas do que mais tarde estava preparado para afirmar. Entretanto, é natural que Adler já era um pensador independente antes de se encontrar com Freud; ele estava envolvido particularmente com questões da medicina social. Por outro lado, seu desvio para a educação, para a psicoterapia e para as neuroses ocorreram sob a direta influência das discussões nas reuniões da "Sociedade de Quarta-Feira". No início, ele foi fortemente influenciado por Freud, posteriormente desenvolveu o seu próprio sistema, que conflitava com as opiniões de Freud, e gradativamente ele traçou uma linha divisória entre aquelas opiniões e as suas.

"CONFLITOS DESORDENADOS" E "GRANDES NEUROSES"

UMA NOVA VISÃO DA CONTROVÉRSIA FREUD-ADLER[98]

A história da psicanálise e da psicologia individual, as duas escolas mais antigas da psicoterapia moderna, em grande parte já foram bem pesquisadas e bem documentadas. Mas ilhas inexploradas e enganosas ou mapas inadequados ainda existem, impedindo uma boa compreensão. De fato, existem setores tabus, principalmente em conexão com a idealização dos pais fundadores, idealizações necessárias para construir uma identidade psicoterapêutica. Mas também podem evoluir para se tornarem obstáculos para o desenvolvimento subseqüente criativo de uma identidade. Além disso, existem limites territoriais bem guardados e seguros. A concorrência também se intensificou, agora que a psicoterapia se tornou uma profissão é que o treinamento para psicoterapeutas deve manter um controle sobre o mercado, que inclui os mais diversos candidatos. A preocupação comum de todas as escolas psicoterapêuticas deve ajudar, da forma mais efetiva possível, as pessoas que sofrem de desordens psicológicas. E, para que o suporte tenha sentido e seja efetivo, é preciso conhecer e aprender de todas as escolas, para apropriar o que é de valor e reconhecer tanto os méritos como também as dificuldades do próprio método. Afinal, o interesse por um particular método sempre corresponde aos nossos pontos fortes e pontos fracos, e certamente é preciso conhecer-se a si mesmo.

---

[98]. Este capítulo contém algumas contribuições valiosas de Ernst Falzeder, publicadas primeiro em Falzeder e Handlbauer (1992). "Freud, Adler e Outros Psicanalistas", em "Psychotherapies" 1992, nº 3, pp. 219-232.

Se de uma distância observarmos as cisões muitas vezes dramáticas e os desenvolvimentos na história da psicoterapia, sem permitir que sejamos atraídos por insignificantes mas profundos conflitos humanos, poderemos então ver como as pessoas lutam com problemas e questões cruciais da psicoterapia, como elas tentam substituir soluções melhores para o que era inadequado mas também como elas prematuramente colocam de lado e se esquecem dos mesmos sensíveis conceitos em constante evolução.

De um lado, as cisões na história da psicoterapia trouxeram consigo quase sempre enormes avanços, porque ao trazer ao cerne novos aspectos teóricos e práticos que anteriormente não haviam sido previstos, tornaram compreensíveis e terapeuticamente tratáveis o que até então não podiam ser explicados ou tratados. Por outro lado, as cisões também cortaram as conexões de comunicação entre as escolas, que então se recusaram a aprender umas com as outras. Vez e outra, isso causou grandes retrocessos ou, no mínimo estagnação, na história da psicoterapia.

O SUBESTIMADO SIGNIFICADO DE FREUD POR PARTE DE ADLER

Sigmund Freud e Alfred Adler, quatorze anos mais novo, discutiram e colaboraram durante nove anos: desde a fundação da Sociedade Psicológica de Quarta-Feira, em novembro de 1902, até a separação dos dois, em outubro de 1911. Os assuntos colocados em discussão entre 1902 e 1906 são desconhecidos, pois as reuniões ainda não eram registradas. E tampouco Freud tinha amigos íntimos ou correspondentes acadêmicos, durante os primeiros anos da "Sociedade de Quarta-Feira". A amizade com o médico de Berlim, Wilhelm Fliess, havia sido apenas interrompida e foi só em 1907, aproximadamente, que Carl Gustav Jung se tornaria o correspondente mais importante de Freud durante os cinco próximos anos. Durante esse interlúdio, a "Sociedade de Quarta-Feira" certamente representou para Freud um significado maior do que admitira mais tarde. Esse grupo colocou um fim ao isolamento de um ano de Freud e criou um contexto em que ele podia introduzir e discutir suas teorias.

Recentemente, vieram à luz algumas importantes cartas que Freud escreveu para Adler, ou que ele escreveu por conta de Adler durante os anos de 1899-1911. A maioria das cartas é curta, mas traz uma nova luz acerca da importância do início do relacionamento entre Freud e Adler.[99] Uma das cartas que Freud escreveu para Adler em 27 de fevereiro de 1899 é especialmente

---

99. *Fui informado do conteúdo das cartas de Sigmund Freud para Alfred Adler daquela época, e até agora inéditas, por meu amigo e colega Ernst Falzeder. As cartas estão arquivadas na "Library of Congress, Washington, D.C.".*

interessante. Ela prova que cada qual sabia do outro, pelo menos a partir dessa ocasião. A carta indica que Adler deve ter consultado Freud a respeito de uma paciente. Freud respondeu com uma breve carta acerca da diferença de diagnóstico entre histeria e epilepsia. Também, entre as cartas de Freud para Adler, encontra-se o convite de Freud, tantas vezes mencionado na literatura, pedindo para que Adler se juntasse ao grupo:

2 de novembro de 1902

> Caro colega,
> Um pequeno círculo de colegas e adeptos querem me proporcionar o prazer de nos reunirmos uma vez por semana à noite (oito e trinta, após o jantar) em minha casa, para discutir tópicos de nosso interesse no campo da psicologia e da neuropatologia. Espero receber Reitler, Max Kahane, [e] Stekel. Seria uma honra se você se juntasse a nós. Nossa intenção é nos reunirmos na próxima quinta-feira e espero a sua prezada resposta, se gostaria de participar e se esse dia lhe é conveniente.
> Sinceras saudações de seu colega,
> Dr. Freud

Por meio de outras cartas escritas por Freud, é evidente que ele considerava Adler pessoa decente, uma pessoa — como diríamos hoje — que estava em uma posição de desenvolver uma transferência positiva estável com os seus pacientes e resistir às armadilhas transferenciais. Diversos anos mais tarde, depois da fracassada análise de Dora, por parte de Freud, *(Fragment of an Analysis of a Case of Hysteria,* 1905) (Fragmento de uma Análise de um Caso de Histeria), isso era ainda mais importante. Adler era um colaborador muito mais valioso durante esse tempo do que Freud, irado e lamentando o distanciamento de Adler da psicanálise, mais tarde admitiria. Por exemplo, em maio de 1908 ele escreveu para Adler que o considerava como "a mente mais afiada da pequena sociedade".

31 de maio de 1908

> Meu caro colega,
> Eu confirmo todas as suas promessas quanto à continuidade de seus sentimentos e de sua cooperação, mas se você — depois de tantos anos de trabalho em comum e uma alta estima pessoal, como a mente mais afiada da pequena sociedade e como alguém que exerceu tanta influência para a sua composição — devesse me comunicar em termos claros que estaria renunciando, então penso ter o direito de perguntar quais foram

os seus motivos. Quem sabe, eu poderia demovê-lo ou de alguma forma modificar algo... Eu certamente me esforçaria por fazê-lo.

Seu colega,

Dr. Freud[100]

Posteriormente, em abril de 1910 — um ano antes do rompimento com Adler — Freud escreveu uma carta para Sándor Ferenczi, observando que Adler era "a única personalidade" no grupo. Em julho e setembro de 1905, Freud escreveu cartas de recomendação para Adler como referência para um pedido seu de emprego de consultor sênior *(Chefarzt)* — não sabemos exatamente para que função:

Carta de recomendação

(selo de 2 kronen)

Conheço o meu colega Dr. Alfred Adler pelo relacionamento de muitos anos e de trabalho médico em comum, e com prazer presto o meu testemunho com o meu nome e a avaliação de que ele possa se qualificar entre os médicos independentes junior de maior capacidade. Seu extenso treinamento o protegeu de todos os riscos da especialização; a orientação de pensamento para o objetivo prático do médico — como o de ajudar — desenvolveu nele uma aptidão inusitada para demonstrar empatia com os pacientes e conseguir a respectiva confiança. O meu próprio trabalho fez com que eu pudesse observá-lo acima de tudo como um médico de desordens nervosas, e tenho o prazer de reportar que ele se aprofundou com particular interesse e compreensão precisamente naquelas múltiplas condições próprias da nervosidade, e cujo tratamento... requer um médico totalmente comprometido com a profissão e uma pessoa cuja importância prática, principalmente da perspectiva social, é secundária só para pacientes que sofrem de outras doenças. Eu só posso verbalizar a minha expectativa de que um outro trabalho para o meu colega Dr. Adler, de acordo com sua capacidade

---

100. Não estou em posição de julgar a causa imediata do desejo de Adler em renunciar. No Congresso de Salzburg, em 27 de abril de 1908, ele apresentara um ensaio intitulado "Sadism in Life and Neurosis" (Sadismo na Vida e a Neurose), que somente foi discutido na "Sociedade de Quarta-Feira" em 3 de junho de 1908. Será possível que foi dada tão pouca importância à apresentação de Adler no Congresso? Em 15 de abril de 1908, foi decidido por maioria adotar o nome oficial de "Sociedade Psicanalítica". O desejo de Adler em renunciar e o pedido de Freud para que permanecesse foram expressos ao final do ano de trabalho do grupo. De qualquer forma, Adler continuou no grupo.

e energia, desempenhará as suas funções satisfatoriamente como as desempenhou até agora.

Prof. Dr. Sigmund Freud
Alt-Aussee, 26 de julho de 1905

Carta de recomendação

A pedido de meu colega Dr. Alfred Adler, com relação à natureza de seu relacionamento com a minha pessoa, acrescento a seguinte nota à carta de recomendação emitida no verão do presente ano. Conheci o Dr. Adler em sua capacidade de médico consultor para os seus pacientes e, surpreendido pela sua incomum compreensão das desordens nervosas, eu o admiti em meu círculo de alunos próximos que se reúne cada semana em minha casa, para discutir as inovações de nossa ciência. Durante os três ou quatro anos dessas reuniões, ele teve a oportunidade de se familiarizar com todos os detalhes de meus trabalhos e opiniões acerca da natureza e de tratamento da nervosidade, assim como as progressivas controvérsias a seu respeito. Além disso, cooperei com ele repetidamente durante esses anos a respeito do tratamento de pacientes nervosos e transferi para ele alguns casos para fins de tratamento. Minha avaliação geral de sua capacidade médica e de especialista, conforme mencionado em minha mencionada carta de recomendação, baseia-se nessas experiências.

Viena, setembro de 1905

Prof° Dr. Sigmund Freud

Esse documento fornece informação valiosa a respeito do início do relacionamento entre Freud e Adler. Parece que Freud tornara-se o médico consultor de Adler, que eles cooperavam no tratamento de pacientes e que Freud transferia casos para Adler. Freud também fala de um "círculo de alunos próximos" para o qual ele atraiu Adler, "surpreso pela sua incomum compreensão das desordens nervosas".

É possível que, em conexão com essa carta de recomendação, Adler, visitara Freud no verão de 1905, durante as suas férias em Bad Aussee, no Salzkammergut. Freud fez com que um ensaio de Adler aparecesse em um periódico psiquiátrico (vejam Adler 1905b), e os dois se corresponderam inúmeras vezes a respeito de pacientes (existem cartas de 20 de agosto de 1905, 26 de novembro de 1905, 30 de janeiro de 1909). Certamente, pelo menos no que diz respeito a Freud, o relacionamento não era marcado por grande simpatia ou amor que caracterizava sua atitude perante Jung ou Ferenczi; mas existe suficiente evidência de que Freud possuía alto respeito por Adler. Entretanto, essa estreita cooperação também esclarece quão penoso deve ter sido para Freud o afastamento teórico dos aspectos centrais da psicanálise de Adler, e quão penoso deve ter sido para Adler ver os esforços de Freud para excluí-lo da sociedade.

OS PRIMEIROS PSICANALISTAS

Como foi descrito no Capítulo 1, Freud tinha 46 anos quando, em 1902 fundou a "Sociedade de Quarta-Feira". Ele acabara de ser nomeado Professor Extraordinário na Universidade de Viena. No entanto, ele foi amplamente excluído da vida universitária. Apresentava algumas palestras, em sua maioria na loja judaica do "B'nai Brith"; ele mantinha uma posição externa, da qual se aproveitou para publicar de maneira produtiva: *Piadas e a sua Relação com o Inconsciente*, *A Psicopatia da Vida Cotidiana* e *Três Ensaios Sobre a Teoria da Sexualidade* foram escritos nesses e nos anos seguintes. *A Interpretação dos Sonhos* aparecera pela primeira vez três anos antes.

Com essas publicações, Freud ampliara sua psicanálise de uma teoria de neuroses para uma psicologia de vida mental e dissolvera as rígidas diferenciações entre normal e patológico. Com esse desenvolvimento, novos grupos profissionais começaram a se interessar pela psicanálise: educadores, jornalistas e estudiosos de ciências humanas se misturavam com o que até então havia sido uma comunidade fechada de médicos.

Max Graf (1942, pp. 470 e.d.), olhando para trás, descreveu o ritual da "Sociedade de Quarta-Feira", que começava com um dos membros apresentando um sumário (vejam capítulo 1). Freud sempre tinha a última e decisiva palavra. Para Graf, a atmosfera sugeria a fundação de uma religião com Freud como o novo profeta, e os inspirados e convictos alunos como seus discípulos, unidos no respeito a Freud. As metáforas da história eclesiástica não são acidentais e a evolução posterior e as formulações — pois se tornará uma questão de "apóstatas" e de "hereges" — enfatizam o aspecto quase religioso da gênese da psicanálise. Como foi discutido no capítulo 1, o fato de ser analisado não era uma condição para ser admitido no grupo. Freud ainda não havia considerado a idéia de uma análise de treinamento; ela foi institucionalizada somente em 1925.

Com exceção da breve terapia de Wilhelm Stekel e da análise de Sándor Ferenczi — que não duraram mais do que algumas semanas e que Freud por muito tempo relutara em fazer — quase nenhum dos primeiros analistas foi analisado por Freud. Muitos nem sequer foram analisados, como, por exemplo, Karl Abraham, Hanns Sachs, Paul Federn, Otto Rank e Alfred Adler. Outros tentaram conseguir sua experiência peripateticamente: Freud, Ferenczi e Jung analisaram seus sonhos na ponte do navio que os levava para a América. Max Eitingon deixou que Freud o "analisasse" durante passeios, e van Emden aproveitou-se de visitas a Viena e idas com Freud à estação de águas em Karlsbad para conversas analíticas. A descrição de Jones da análise de Max Eitingon durante os passeios com Freud, durante uma visita a Viena em janeiro de 1907, foi citada na página 36. O fato de que as primeiras análises dos psicanalistas eram feitas durante passeios — em movimento — e não deitados em um divã é um aspecto interessante do início da história da psicanálise. Naquela época, alguém se tornava um analista demonstrando interesse pela causa e contribuindo com idéias originais. As *Minutas* pintam uma variedade pouco ortodoxa de idéias e discussões estimulantes. Antes de 1910, ninguém pensaria em expulsar um membro do grupo devido às suas opiniões divergentes.

AS CONTRIBUIÇÕES TEÓRICAS DE ADLER NAS DISCUSSÕES

Como Adler desenvolveu suas idéias teóricas será simplesmente delineado aqui: em seu ensaio intitulado "The Physician as Educator" (O Médico Como Educador), impresso em 1904, ele havia ligado seus interesses iniciais na medicina social e nos cuidados médicos preventivos com os conceitos psicanalíticos. Para poder combater as neuroses preventivamente ele exigia a educação do educador. Esse importante ensaio contém a quintessência de muitos dos desenvolvimentos posteriores de Adler: prevenir neuroses por meio de uma reforma educativa.

Em vários de seus artigos subseqüentes, Adler aparece como um psicanalista ortodoxo. Como foi discutido no capítulo 2, a partir de 1906 Adler desenvolveu sua teoria da inferioridade orgânica, pela qual todas as neuroses deviam ser rastreadas de volta às inferioridades orgânicas originais e realizações compensatórias do sistema nervoso central para superar os defeitos funcionais. Essa era uma original e interessante — e possivelmente generalizadora e especulativa — abordagem que antecipava diverso pontos de vista da moderna medicina psicossomática. Adler introduziu esta teoria da inferioridade orgânica nos anos seguinte de maneira repetida — quase monomaníaca — nas discussões. Como foi sugerido nas páginas 39-40, esta tentativa de buscar aquela teoria única que pudesse explicar todos os mecanismos psicológicos era bem típica das discussões daquele tempo; isso deve ser visto no contexto da febre de se tornar um descobridor ou inventor que prevalecia na virada do século.

A partir de 1908, aproximadamente, Adler enfatizava cada vez mais a importância do instinto agressivo como a força motriz da compensação (vejam as páginas 65-74). Esse instinto era mais importante para a emergência da neurose do que o esforço reprimido por amor. Durante o mesmo ano, ocorria uma mudança decisiva, uma mudança de paradigma na teoria de Adler. Ele deixava a esfera médico-orgânica e se voltava para a perspectiva psicológica experimental. Ele começa a falar acerca do sentimento de inferioridade e do protesto contra esse sentimento — o protesto masculino — um esforço agressivo para a superioridade que representa o núcleo da neurose. Desta forma, o protesto masculino foi o precursor do posterior conceito do "esforço pela superioridade". A sexualidade tinha um papel subordinado e eventualmente foi completamente marginalizada.

Assim, Adler começou a vislumbrar uma psicologia do ego; ele falava a respeito de salvaguarda, onde Anna Freud mais tarde falaria de mecanismos de defesa. Mas ele também descreveu com muita precisão — com relação ao sentimento de inferioridade e ao esforço pela superioridade — o aspecto experimental dos primeiros conflitos narcisistas. Durante esses anos, Freud estava pouco interessado nesses distúrbios pré-edipianos. Seu sistema era estritamente dualista, consistindo da libido e da repressão, e identificava agressão com repressão. A constatação de que a agressão pudesse também ser inconsciente e reprimida somente foi considerada pela teoria freudiana 15 anos mais tarde, depois da introdução do modelo estrutural (Id, Ego, Superego).

Adler percebeu que algo a respeito desse inicial modelo psicanalítico era restrito demais. Ele observara que nem todas as experiências e fantasias sexuais de seus pacientes tinham uma origem sexual. A respeito desse fenômeno, hoje se falaria do mecanismo de defesa da "sexualização" ou se usaria o conceito do sexual representado por um conflito agressivo-narcisista. Entretanto, Adler permaneceu tão monocausal quanto Freud, vendo unicamente uma questão de agressão — de estar "em cima", de querer exercer o poder. Outras causas do amor sexual — o princípio do prazer, a necessidade biológica, o arcaico desejo humano por amor — ficou relegado a um segundo plano.

Tendo resumido a controvérsia em termos de seu conteúdo teórico, eu agora gostaria de esclarecer vários outros aspectos que — como esclarecimento da prioridade do amor e do ódio (que naquele tempo foi discutido do ponto de vista da prioridade exclusiva e não da perspectiva de um relacionamento recíproco) — foram também igualmente importantes no rompimento entre Adler e Freud.

DUAS PERSONALIDADES BASICAMENTE DIFERENTES

Aqueles historiadores próximos à escola da psicologia individual insistem que o rompimento entre Freud e Adler deve ser atribuído principalmente às suas personalidades contrastantes.

Conforme foi sugerido no capítulo 6, Freud claramente diferia em seu ambiente social daquele de Adler, que passara sua infância como um garoto de rua na periferia de Viena e indicaria repetidamente essa importância em épocas posteriores. Sabemos que Freud, como primeiro filho, era o preferido da mãe: ao contrário de Adler, cujo relacionamento com sua mãe era tenso. Além disso, a rivalidade de Adler com Sigmund, seu irmão mais velho é bem conhecida. O relacionamento de Adler com a sua mãe poderia explicar por que ele descobriria conseqüências negativas no mimo e suas advertências contra o protecionismo excessivo. Também explicaria por que a descoberta da importância fundamental da profunda simbiose erótica entre a mãe e a criança, durante o período de amamentação na primeira infância, fora deixada para outros.

Adler adulto é apresentado como uma pessoa fortemente marcada pelo século XX, politicamente perceptivo e um entusiasta da modernidade (vejam o capítulo 6). Ele aprendeu a dirigir e gostava de ir ao cinema.

Comparativamente, Freud era um burguês acadêmico do final do século XIX, trabalhador compulsivo, pessimista e desconfiado com relação a mudanças. Ele preferia ficar em seu estúdio, cercado de sua coleção de antiguidades e rejeitando as realizações modernas como o telefone e o cinema. Um dos traços de caráter mais típico de Freud (discutido na página 164), era a sua incapacidade — ou melhor, a sua falta de vontade — de reconhecer teorias que divergiam de suas próprias idéias. Ele tinha consciência disso e repetidamente admitia não saber como acomodar as idéias de outras pessoas.

Lou Andréas-Salomé observou que Freud tinha dificuldade com homens que demonstravam sua independência, enquanto Adler era muito ambicioso e enérgico. Ele esperava por uma carreira universitária e talvez quisesse realmente distanciar-se dos aspectos comprometedores demais da psicanálise. Era possível que Freud não estivesse preparado para acomodar Adler e que, inconscientemente, Adler aceitasse o rompimento para poder avançar em sua carreira — apesar de que isso seria uma hipótese reducionista da separação.

"CONFLITOS DESORDENADOS" E "GRANDES NEUROSES"

A investigação de Wassermann acerca das histórias médicas e da classe social dos pacientes de Freud e de Adler (discutido na página 167) descobriu que 74% dos pacientes de Freud pertenciam à classe alta e 23% à classe média. Por outro lado, para Adler mostrou que 25% eram da classe alta, 39% da classe média e 35% da classe pobre. Este quadro corresponde com a minha própria pesquisa (vejam a página 168). Durante esses anos, Adler ainda trabalhava como clínico geral; ele tratava de uma clientela de classe média com predominantes sintomas físicos. Seus pacientes também apresentavam desordens neuróticas, mas ele ainda não tinha competência para esses males. Isso só ocorreu depois do rompimento com

Freud. Conforme sugeri no capítulo 6, o perfil de seus pacientes levaram Adler a ficar mais próximo dos efeitos da miséria social do que Freud. Se ocasionalmente Freud tratasse de alguém como a filha de um hoteleiro de uma pequena hospedaria de montanha nas campinas alpinas (Katharina), ele também tinha entre os seus pacientes duas das mulheres mais ricas da Europa (Emmy von N. e Cäcilia M.). Freud era o responsável por neuroses e tratava de uma selecionada clientela da classe alta, em condições nas quais suas teorias da neurose podiam ser desenvolvidas sem consideração dos problemas sociais. Deve ser lembrado que muitas realizações médicas devem voltar-se para pacientes ricos que podiam arcar com as despesas e em condições de investir em tratamentos apropriados. A opinião de Freud também não era prejudicada pela maior pressão exercida sobre Adler no que diz respeito a tratamento. Adler tentou uma abordagem compreensiva e ao mesmo tempo pouco diferenciada para poder tratar dos mais variados sintomas sociais e psicológicos. Freud havia criticado essa abordagem em uma discussão a respeito da "unidade [*Einheit*] das neuroses" como a "uniformidade [*Einerleiheit*] das neuroses" (veja página 149).

Como já foi citado na página 149, em fevereiro de 1911 Freud criticou as histórias de casos de Adler: "O material [de Adler] consiste de indivíduos com conflitos desordenados, personalidades distorcidas e deformadas, mas nenhuma histeria real nem grandes neuroses" (*Minutas*, 1974, p. 148), sugerindo que os diferentes níveis sociais de seus pacientes poderiam ter influenciado suas diferenças teóricas. O que Freud não podia enxergar era que Adler confrontou-se com pacientes com graves desordens em estágio inicial de desenvolvimento e síndromes psicossomáticas para as quais sua situação profissional não era privilegiada e onde instintivamente Adler agiu corretamente: nenhuma análise extensa que favorecia a regressão no divã. Em vez de trazer à tona material inconsciente e interpretar sonhos e lapsos, ele se concentrou sobre medidas para fortalecer o ego, em efetiva psicoterapia de suporte. Com os seus conceitos de "sentimento de inferioridade" e do "esforço por admiração", Adler descreveu muitos anos antes de Melanie Klein, Heinz Kohut ou Otto Kernberg, os conflitos narcisistas, ou seja, as desordens pré-edipianas, e, desta forma, estudou um campo que Freud havia negligenciado. É notável a forma de como Adler intuiu mudanças de técnica e de cenário, necessários para o tratamento de pacientes com desordens em estágios iniciais e que anteciparam algo do que é encontrado nas teorias psicanalíticas modernas a respeito de conflitos narcisistas e desordens limítrofes (*borderline*). Com certeza, o aprendizado de Adler para uma abordagem monomaníaca e uma simplificação teórica — que era levada a extremos quase insuportáveis — resultou no seu modelo, que acabou sendo muito restrito e artificialmente consistente, de forma que muitos problemas foram explicados precipitadamente, e nenhuma pergunta aberta foi identificada a fim de apresentar um incentivo para maior desenvolvimento teórico.

DE GRUPO PARA INSTITUIÇÃO

Ao redor de 1908, mudanças de longo alcance começaram a ocorrer dentro do pequeno grupo que cercava Freud. No começo havia discussões e questões organizacionais que resultaram na pergunta de como lidar com o crescimento do grupo e a falta de um ambiente "privado".

Dois anos após, na primavera de 1910, aconteceu o Congresso de Nuremberg; foi ali que se fundou a Associação Psicanalítica, Internacional. A tensão entre Viena e Zurich cresceu quando Carl Gustav Jung, o representante não-judeu de uma renomada clínica psiquiátrica, deveria ser eleito presidente vitalício, com poder de veto na publicação de documentos (vejam as páginas 110-121). Os colaboradores vienenses ficaram com ciúmes dos suíços, acusando-os de se envolverem só superficialmente na psicanálise. Eles tinham o orgulho de serem os pioneiros do movimento psicanalítico.

Há muita evidência de que Freud colocou suas esperanças para o futuro da psicanálise em Jung — vejam, por exemplo, a carta que ele escreveu para Ludwig Binswanger em março de 1911, citada na página 114: "Quando o reino *(Reich)* que fundei ficar órfão, o único herdeiro deverá ser Jung. Como você pode ver, o meu plano segue incansavelmente esse objetivo e a minha conduta com Stekel e Adler se adequa a esse mesmo sistema". Em novembro de 1909, Freud escrevera para Jung: "Devo admitir que algumas vezes fico tão irado com os meus vienenses que eu gostaria que você/eles tivessem um só traseiro para que eu pudesse bater neles com um só bastão" (Freud e Jung, 1974, p. 260). Freud escreveu "você *(Ihnen)*" — não "eles [*ihnen*]", como se quisesse bater no traseiro de Jung também: como foi mencionado na página 113, seu deslize aparece da perspectiva atual muito indicativo de suas ilusões a respeito do papel de Jung na história da psicanálise.

Os acontecimentos no Congresso de Nuremberg e as suas conseqüências são bem conhecidos. Para nós, é importante que Adler liderasse a oposição do grupo vienense e que, depois do Congresso, Freud propusesse que ele assumisse a presidência da filial de Viena. Ferenczi escreveu para Freud: "Fiquei surpreso pela profunda tristeza que a transferência da Sede para Zurich causou em Adler e me senti liberto de uma pressão quando ouvi o seu plano de encarregá-lo do grupo de Viena" (Freud e Ferenczi, 1993, p. 158).

A base dos acontecimentos foi a rivalidade entre Viena e Zurich que havia crescido com o comportamento de Freud. Fritz Wittels observou que em uma sessão de Quarta-Feira dedicada ao relato a respeito do Congresso: "Os suíços são treinados clinicamente para se tornarem freudianos; provavelmente eles defenderiam qualquer outra doutrina com o mesmo fervor *(Biederkeit)* e o mesmo tom choroso. Por outro lado, a Sociedade de Viena cresceu historicamente; cada um de nós tem uma neurose, o que é necessário para ter acesso aos ensinamentos de Freud; se os suíços a têm é questionável" (*Minutas,* 1967, p. 468). Entretanto, é um tanto discutível se o problema aqui se refere realmente "ao tom choroso" dos suíços *(Larmoyanz)* ou aos "resmungos" *(Raunzerei)* dos vienenses. Para mim, aparentemente é muito mais a questão de uma psicanálise praticada livremente, e às vezes até desordenadamente, em oposição a uma psicanálise vestida pela psiquiatria com roupa própria para ser usada aos domingos. Uma questão relacionada com uma antítese que devia condicionar a subseqüente história da psicanálise — por exemplo, como é substanciado pela sua sorte em seu exílio americano — que ainda é altamente tópica.

De qualquer forma, o Congresso de Nuremberg marcou a transição de um pequeno grupo psicanalítico para a institucionalização do movimento psicanalítico: novas filiais em Berlim, Munique, Nova Iorque e Budapeste lhe seguiram; ocorreram outros Congressos em Weimar (1911) e Munique (1913); e três novos periódicos psicanalíticos foram fundados. De mãos dadas com essa expansão internacional — e com uma maior hostilidade real e fantasiosa da parte externa — Freud esperava uma identificação consolidada com a sua doutrina e se tornou mais rigoroso acerca de divergências. Não é por acaso que o rompimento com Adler foi logo seguido pelo de Stekel e depois o de Jung.

Gostaria de enfatizar que essa primeira grande cisão na história da psicanálise apresenta muitas características distintas encontradas em posteriores cisões.

No interessante estudo de Cremerius (1984) discutido nas páginas 174-175, quase tudo que ele descreve como característica de posteriores cisões já pode ser encontrado na controvérsia de Freud-Adler e em suas conseqüências. Portanto, havia fortes razões para a separação relacionadas com as dinâmicas de grupo e institucionais acompanhadas pelas causas pessoais assim como teóricas ou técnicas, que voltavam-se aos pacientes de diferentes níveis sociais. Como aspecto adicional, queria chamar a atenção para os contrastes de como Freud e Adler experimentaram e avaliaram a controvérsia da qual muito pouco, em minha opinião, foi explorado.

SENTIMENTOS FERIDOS DE AMBOS

Hoje não há dúvidas de que a iniciativa para o rompimento partiu de Freud e de todo um trabalho engendrado desde o final de 1910 para a expulsão de Adler. Freud estava amargurado e profundamente ferido pelo abandono de Adler do cerne do trabalho de toda uma vida de Freud: a repressão, o inconsciente e a crítica da pseudomoralidade sexual. Em discussões teóricas, Freud podia ser castrador. Graf (1942) pensou que Freud podia ser respeitoso em sua vida particular, mas, quando a questão se voltava para a sua ciência, ele era capaz de romper com o seu mais íntimo e confiável amigo. Hanns Sachs (1945, p. 115) menciona algo parecido: Freud nunca duvidou que a psicanálise fosse uma das mais importantes descobertas que os seres humanos jamais fizeram em seu caminho para o autoconhecimento: "Ele a considerava como a sua mais inviolável responsabilidade e seu sagrado dever mantê-la clara e livre de qualquer liga inferior".

Palavras como "sagrado dever" fazem com que as pessoas abram os ouvidos. Os termos da história eclesiástica (apóstata, cisma, pureza da doutrina, etc.), que apareceram várias vezes, mostram claramente que esse confronto — assim como outros — não dizia respeito somente à pura ciência. Nas décadas de 1920 e 1930, Freud ficou mais tolerante com os "dissidentes". Entretanto, antes da Primeira Guerra Mundial, encontramos nele qualidades quase fanáticas das quais um componente era a falta de autoconfiança. E, em 1911, a psicanálise era de fato, e em vários aspectos, incompleta e vulnerável a ataques.

Helene Deutsch (1973, p. 102), falando a respeito de outro contexto, escreve: "Todos os movimentos ideológicos lutam em duas frentes: há o inimigo externo e o inimigo interno". Olhando para as brigas que aconteceram ao redor de 1910 dentro e fora da psicanálise, é difícil eximi-la da censura de ter sido um movimento ideológico. Adler esperava chegar a um acordo com Freud e isso também é surpreendente, porque a radicalidade pela qual se distanciou dos conceitos psicanalíticos centrais aponta para uma atitude inflexível de sua parte. No entanto, as ações de Freud, muito mais comprometidas com a "pureza" de sua doutrina do que com a amizade, feriu Adler pessoal e profundamente, bem como o humilhou; e esses sentimentos seriam duradouros.

É possível observar esse fenômeno em outros processos dolorosos de separação: de um lado há a repreensão: "Como você pôde fazer isso comigo?!"; e do outro freqüentemente há uma falta de percepção do próprio papel do indivíduo na separação, que também pode acomodar desejos inconscientes pela separação. Tenho a impressão de que Freud nunca admitira para si mesmo toda a extensão de seu enredamento afetivo na tentativa de expulsar Adler. Ele via na psicanálise seu trabalho de toda uma vida e cada investida contra ela era para ele um profundo insulto narcisista. Freud não reagiu publicamente com ataques pessoais contra Adler e o seu criticismo, apesar de todas as polêmicas, nunca saiu do nível teórico encontrado nas *Minutas* das sessões de janeiro e fevereiro de 1911. Entretanto, o tom de seu criticismo era sem dúvida agressivo, pungente e inflexível; a própria crítica era devastadora. Talvez Freud não estivesse totalmente consciente de sua agressividade, mas Adler recebeu todo o seu peso e a interpretou como um ataque pessoal à sua pessoa. Além disso, Freud não hesitou em chamar Adler de "paranóico". Pode ser que, por um aspecto de seu diagnóstico, Freud não estivesse completamente errado. Deve ser lembrado que

Adler, em um período adiantado de sua vida, proclamava a psicologia individual como uma espécie de doutrina da salvação, e a sua atitude foi considerada por muitos observadores como a atitude de um missionário. Mas, para Freud, foi um passo em falso indesculpável nesse confronto passar dos elementos de mecanismos de defesa psicológicos para compactos diagnósticos psicopatológicos, mesmo restringidos a uma correspondência particular. Freud também foi criticado por isso pelos seus colegas, como por exemplo, Karl Abraham.

PALAVRAS FINAIS: ASPECTOS CRIATIVOS E ESTÉREIS

A controvérsia entre Freud e Adler levantou uma série de importantes questões básicas a respeito da teoria e da prática da psicoterapia moderna, que naquela época não era plenamente discutida, mas um tanto bloqueada por uma inflexibilidade recíproca. O que quero dizer com isso é que em primeiro plano encontra-se a relação entre sexualidade e agressão, entre Eros e Tanatos, ou seja, entre o amor e o ódio.

É impressionante o fato de que, depois da Primeira Guerra Mundial, Freud enquadrasse a agressão em sua teoria como um instinto da morte, enquanto Adler introduzia em seu sistema teórico o seu novo conceito central de *Gemeinschaftsgefühl* (sentimento comunitário, sentimento social, instinto social), uma mistura de Eros sublimado com conteúdos de superego. Portanto, nenhum dos dois fundadores conseguia manter-se sem as idéias bases do outro, apesar de todos os esforços para evitar a utilização de termos que seriam reminiscências da teoria do outro. Os conceitos de Adler do sentimento de inferioridade e do esforço por superioridade envolviam aspectos da psicologia do ego que ainda não eram de interesse de Freud em 1911.

Anna Freud descreve as dificuldades da psicanálise em lidar com a psicologia do ego, no início de seu livro *The Ego and the Mechanism of Defense* (O Ego e o Mecanismo de Defesa):

> Houve períodos no desenvolvimento da ciência psicanalítica quando o estudo teórico do ego individual não era distintamente popular... Todas as vezes que o interesse era transferido das camadas psíquicas mais profundas para as mais superficiais — ou seja, quando a pesquisa era desviada do id para o ego — presumia-se que aqui estava o começo da apostasia da psicanálise como um todo.

Se considerarmos o livro de Robert Stoller *Perversion: The Erotic Form of Hatred (1975)* (Perversão: A Forma Erótica do Ódio), ou o mecanismo de defesa da sexualização, que entrementes foi confirmado pela teoria psicanalítica, encontraremos aqui também pensamentos adlerianos. Atualmente existe uma concordância na inseparabilidade da relação mútua entre amor, sexualidade, desejo, rejeição, frustração, agressão e ódio. Mas se o plano de Adler contivesse percepções novas valiosas, não deveria ser descartado o fato de que ele também só indicou uma única direção, assim como obstruiu o entendimento da relação mútua entre sexualidade e agressão por meio de um foco unilateral. Em minha opinião, a atitude pessoal de Adler perante a sexualidade em alguns aspectos não estava clara. Parece-me que Adler apresentou harmoniosamente demais a conflitualidade da sexualidade na intersecção entre o corpo e a mente, o prazer e o proibido, o indivíduo e a sociedade, o passado e o presente, o desejável e o realizável. Enfatizando demais o sentimento popular, algumas vezes ele chegou perto de conceitos aceitáveis. A renúncia de tais conceitos criativos como repressão, o inconsciente, o prazer e o princípio da realidade, conflitos intrapsíquicos, e a sua rejeição da regressão na terapia, entre outras coisas, apresenta uma grande e desnecessária limitação: uma conseqüência é que a psicologia individual não foi capaz de ser desenvolvida como uma teoria tão prolífica quanto a psicanálise.

Na história da psicanálise, durante um bom tempo houve uma tendência característica com relação a Adler, ou seja: como dizem no dialeto vienense, *"net amal ignorieren"*, ([ele] nem é digno de ser ignorado). Entretanto, com a psicologia do ego, a teoria relações-objeto, a pedagogia psicanalítica e com o conceito do instinto da morte, a psicanálise preencheu precisamente aqueles espaços teóricos para os quais Adler em 1911 havia levantado objeções. Além disso, apesar de não conseguir formular conceitos claros, Adler conseguia apontar para os pontos fracos da psicanálise — como foram formulados ao redor de 1911. O relacionamento entre Freud e Adler foi muito mais importante para o desenvolvimento da psicanálise do que Freud presumia e do que muitos psicanalistas queriam admitir. O bem conhecido deslize de Freud em uma carta para Jung vem à lembrança: "Eu definitivamente me livrei de Adler".

No relato histórico da psicologia individual houve uma tendência para negar o período de Adler como um psicanalista, encorajada pelo próprio Adler. Eu só mencionarei um exemplo. Em 1908 ele escreveu: "Freud, cujas opiniões a respeito dos sonhos eu posso confirmar em todos os pontos", enquanto que em 1933 ele fala dos "erros inaceitáveis" de Freud.

Um pouco do que Adler novamente formulou era um retrocesso na medida em que desistiu de idéias e conceitos muito criativos sem ser capaz de oferecer um sistema diferenciado de forma semelhante. Alguns de seus critérios importantes, como a teleologia *versus* a causalidade e a unidade do indivíduo *versus* agentes *(Instanzen)* psíquicos, podem ter um papel legítimo para poder acentuar as diferenças com a psicanálise; mas também podem facilmente ter o efeito de inibir as idéias: por exemplo, no caso de se referirem ao entendimento das dinâmicas de conflitos intrapsíquicos e da influência freqüentemente destrutiva do passado, como introjeções. Na estrutura da psicanálise, muito do que se tornou possível em termos de percepção e de reflexão diferenciada acerca da psique não era mais praticável devido às simplificações de Adler, cujo objetivo era uma aplicação prática.

Nosso conhecimento da história dos conflitos e das idéias da psicanálise e da psicoterapia está longe de ser completo. Ela se estende paulatinamente e à medida que documentos originais se tornem gradativamente acessíveis ao público. Entretanto, esse conhecimento não deve ser considerado o passatempo somente de algumas pessoas, se a psicanálise moderna deve seguir adiante para resolver os seus problemas. Afinal, foi a psicanálise que confirmou a validade da expressão "quem não aprendeu com a História está condenado a repeti-la". E se hoje nas diferentes escolas psicoterapêuticas questões acerca dos mais variados títulos são discutidas — questões que foram centrais desde o início da moderna psicoterapia, então um melhor conhecimento da cooperação e da separação entre Sigmund Freud e Alfred Adler podem eventualmente ajudar-nos a encontrar respostas coerentes.

APÊNDICE

OBSERVAÇÕES SOBRE A LITERATURA E AS FONTES

O confronto entre Sigmund Freud e Alfred Adler foi descrito por vários autores. As descrições iniciais lidam mormente com os eventos do começo de 1911 que levaram à saída de Adler da Sociedade Psicanalítica de Viena. Esses relatos foram escritos sem a ajuda das *Minutas da Sociedade Psicanalítica de Viena*, que foram publicadas somente nas décadas de 1960 de 1970.[101]

A biografia de Freud por Fritz Wittels (1924) é em si mesma controversa e várias declarações e avaliações são questionáveis. Mesmo assim, Wittels revela suas impressões subjetivas e intensas da participação de Adler na "Sociedade de Quarta-Feira" e de suas discussões com Freud. Wittels se retirou da Sociedade em 1910 e, portanto, não estava presente nos debates decisivos de janeiro e fevereiro de 1911. No entanto, ele passou vários anos no grupo com Adler e pôde observar o desenvolvimento antes do rompimento com Freud.

A biografia de Adler por Bottome (1939) é de pouca utilidade para o retrato da controvérsia de Freud-Adler. O livro — iniciado por instigação do próprio Adler, mas terminado depois de sua morte — contém muitos erros e imprecisões. Por enaltecer Adler, seu favoritismo às vezes é até inconveniente.

Furtmüller (1965), ao ser admitido na "Sociedade de Quarta-Feira" em outubro de 1909, foi uma testemunha da controvérsia. Se o seu relato contém alguns erros — por exemplo, com relação ao primeiro encontro entre Freud e Adler —, ele ainda oferece uma séria descrição do confronto, pela perspectiva de um adepto adleriano. Stekel também (1923, 1950) foi uma testemunha do rompimento entre Adler e Freud e, além disso, um

---

101. *Veja a Bibliografia para obter mais detalhes.*

membro da Sociedade da Quarta-Feira desde a sua fundação em 1902. Stekel foi um amigo e um aliado de Adler, apesar de sua permanência na Sociedade Psicanalítica de Viena após a saída de Adler. Os freudianos consideram Stekel uma testemunha duvidosa. De fato, encontramos em seus livros inúmeras declarações imprecisas e incorretas — por exemplo, erros cronológicos como as discussões no Congresso de Weimar que, na realidade, aconteceram no Congresso de Nuremberg.

Roazen (1975, p. 175) comenta que é difícil considerar imparcialmente as públicas confrontações de Freud com Adler, Stekel e Jung:

> Cada família tem a sua versão de sua própria história e, para aqueles que cresceram como devedores de Freud, essas brigas já são míticas. Cada unidade social prospera por meio dessas lendas, e a mitologia daquelas querelas iniciais se fixou não só na história oral da psicanálise, mas também em livros para o público em geral.

Isso detalha exatamente um problema central ao lidar com a literatura a respeito da controvérsia Freud-Adler. Esse criticismo certamente se aplica à biografia de Freud por Ernest Jones (1955), na qual o confronto com Adler é tratado do ponto de vista de um historiógrafo que claramente favorece a posição de Freud. Deve ser enfatizado que, geralmente, Jones subestimou os membros da "Sociedade de Quarta-Feira" no que diz respeito à história do movimento psicanalítico. Robert (1967) e Schur (1972) se referiram ao confronto superficialmente.

Entretanto, é seguro dizer que a maioria dos relatos do rompimento escritos por adeptos de Adler é entremeada de mitos e opiniões que possivelmente têm a função de apoiar a tradição histórica independente e a auto-estima da psicologia individual. Isso incluiria: os contos e as anedotas que cercam o primeiro encontro entre Freud e Adler; as alegações de que Adler já havia lidado com questões de neurose antes do primeiro encontro dos dois e de que o pensamento de Adler nunca fora psicanalítico (apesar do fato de que as suas publicações de 1905 claramente o refutam); as análises do rompimento que se concentram em demasia nas personalidades diferentes à custa de diferenças teóricas; e as discussões acerca da questão de Adler poder ou não ser descrito como discípulo de Freud. Comparada com os trabalhos de Perber (1974), Bottome (1939), Orgler (1939) e Rom (1966), consideradas deficientes em termos de evidência, são carregados de emoção e de detalhes incorretos, a versão de Jones prova ser bem objetiva. Em outros escritos por psicólogos individuais (Sperber, 1970; Rattner, 1972; Jacobi, 1974; e Seelman, 1977), várias lendas e alegações incorretas a partir de relatos anteriores são neles apresentadas.

Colby (1951) utilizou-se das ainda inéditas *Minutas* das sessões da Sociedade do início de 1911. Sua descrição é limitada a esses três meses de confronto e utiliza as declarações de Bottome e de Stekel sem tomar as devidas precauções. Brome (1967) não se restringe ao confronto durante esses meses somente. Ele lida com os relatos de Bottome, Stekel e Wittels mais criticamente e também considera a troca de correspondência entre Freud e Jung, e entre Freud e outros. Entretanto, como o próprio Brome afirma (1967, pp. VII e.d.), ele investigou somente os conflitos de personalidade e não os níveis teóricos:

> Esta é uma tentativa de demonstrar os esforços pessoais dos primeiros pioneiros da psicanálise... Para o resto, ainda não me dispus a explorar as diferenças teóricas de Freud, Jung e Adler, detalhadamente. Eu me limitei às questões que surgiram de seus pontos de vista pessoais.

Ao limitar-se aos pontos de vista pessoais, Brome ocasionalmente chega a conclusões equivocadas, porque grande parte da controvérsia Freud-Adler não pode ser explicada unicamente no nível pessoal, mas baseia-se em diferenças teóricas.

Roazen (1975), da mesma forma que Brome, refere-se principalmente aos aspectos pessoais da controvérsia. O retrato de Kaufmann (1980) da controvérsia Freud-Adler esclarece, entre outras coisas, a base filosófica dos oponentes, sem entretanto considerar as bem informadas *Minutas*. Ellenberger (1970) lida com as afirmações de Bottome e de Stekel cautelosamente, mas ele também não entra em muitos detalhes a respeito da controvérsia Freud-Adler.

Holtz (1981), da perspectiva psicológica individual, consegue um relato cuidadoso dos confrontos entre 1906 e 1911. Ele foi o primeiro a fazer um sistemático uso das *Minutas da Sociedade Psicanalítica de Viena*. Entretanto, seu ensaio se limita às *Minutas* como fonte material para a controvérsia Freud-Adler. Elrod também (1987a) se utiliza das *Minutas* para descrever de maneira impressionante o papel de Adler na "Sociedade de Quarta-Feira".

Duas significativas e mais recentes publicações não devem deixar de ser mencionadas: Bruder-Bezzel (1983) descreve a emergência da teoria adleriana no ambiente histórico de Viena ao redor da virada do século e ela dedica vários capítulos ao confronto de Adler com Freud. Stepansky (1983) considera a controvérsia Freud-Adler extensiva e detalhadamente; acima de tudo, ele examina as diferenças teóricas e suas avaliações. Esses dois livros devem ser consultados como tratamentos independentes e diversos do material-fonte disponível.

Esse mesmo livro também se baseia nas ricas informações das *Minutas da Sociedade Psicanalítica de Viena*. Junto a estas, eu me utilizei das opiniões do próprio Freud a respeito da controvérsia (1914d, 1925d), sua correspondência e um bom número de outras fontes, todas revelando interessantes percepções e detalhes por meio dos quais é possível criar uma imagem compreensiva.

O ensaio de Freud intitulado "On the History of the Psychoanalytic Movement" (Sobre a História do Movimento Psicanalítico) apareceu em 1914 — ou seja, logo após o rompimento com Adler e Jung. Este é o único trabalho publicamente polêmico e tinha a função de acertar contas com os "hereges". Em uma carta para Karl Abraham, Freud referiu-se a este ensaio como "a bomba". O alvo imediato era Jung.[102] Grubrich-Simitis (1971, p. 142) escreve a respeito da base deste ensaio:

> Depois de longos anos de caluniosos ataques externos pelos representantes da classe médica e por um público atemorizado, aos quais ele resistiu tranqüilamente, Freud agora se sentia exposto a uma onda interna de oposição à qual considerava muito mais perigosa... Freud temia que a unificação de idéias divergentes e fundamentalmente irreconciliáveis sob o nome de "psicanálise", que ele mesmo havia cunhado, poderia suprir os não-psicanalistas entre os seus oponentes com argumentos que rejeitariam a própria causa como algo arbitrário e não-científico, a respeito do qual nem mesmo os próprios psicanalistas podiam concordar. Portanto, ele finalmente decidiu — com relutância, porque detestava disputas científicas — reconstruir a história da psicanálise e elaborar novamente, a partir da influente lógica de seu desenvolvimento histórico, os conceitos fundamentais de sua teoria e provar, no confronto com os sistemas de Adler e de Jung, que eles essencialmente estavam em contradição com o sistema da psicanálise e, desta forma, não deveriam assumir o mesmo nome.

A correspondência de Freud com Jung, Abraham, Ferenczi, Binswanger, e outros, são fontes adicionais, importantes e de grande significado para as políticas da psicanálise na fase de sua institucionalização. São caracterizadas pelos esforços em conseguir e manter uma repercussão internacional. Claramente, Freud se distancia de seus alunos vienenses — uma distância que não é óbvia nas *Minutas*. As cartas de Freud representam os verdadeiros pensamentos e avaliações que aqui não somente foram utilizados com relação ao seu relacionamento com Adler, mas também como função importante para revelar como a psicanálise foi organizada. Desde que seja o caso, acho que essas passagens em suas cartas devem também ser interpretadas com propósitos de caráter tático.

---

102. *Veja Grubrich-Simitis, 1971, pp. 141 e.d.*

OS PARTIDÁRIOS DE ADLER NA "SOCIEDADE DE QUARTA-FEIRA"

DR. DAVID JOSEF BACH (1874-1947)

O educador musical David Josef Bach organizou os primeiros concertos sinfônicos dos trabalhadores a partir de 1905, em Viena, e tornou-se um importante político das artes (democrata-social) e um patrocinador de compositores contemporâneos. Entre 1918 e 1934, ele foi um crítico musical do diário democrata-social *Arbeiterzeitung*. Bach emigrou para a Inglaterra, onde morreu em 1947.

Bach foi introduzido por Adler na "Sociedade de Quarta-Feira" antes de outubro de 1906, onde só participou de nove sessões e demitiu-se no verão de 1911.

DR. CARL FURTMÜLLER (1880-1951)[103]

Furtmüller nasceu em Viena em 2 de agosto de 1880. Seu pai era funcionário administrativo em uma companhia comercial. Furmüller estudou literatura e idioma alemão, filosofia e francês na Universidade de Viena a partir de 1898. Em 1902 ele se formou, escrevendo a sua dissertação intitulada "The Theory of the Epic in the Brothers Schlegel, the Classics, and Wilhelm von Humboldt" (A Teoria do Épico nos Irmãos Schlegel, nos Clássicos e Wilhelm von Humboldt). Durante o período de seu segundo grau, ele já fazia parte do movimento socialista. O seu principal objetivo era combater os privilégios educacionais da classe proprietária. Ele participou ativamente no campo da reforma escolar e da educação adulta. Em 1901, foi eleito o membro mais jovem do comitê de fundação do *Volksheim,* a primeira comunidade colegial *(Volkshochschule)* em Viena.

A partir de 1901 lecionou em um colégio vienense de segundo grau *(Gymnasium).* Em 1904, casou-se com Aline Klatschko que, como a esposa de Alfred Adler, pertencia a uma família de emigrantes revolucionários russa. Provavelmente, foi por meio dessa ligação que ele conheceu Adler.

Entre 1904 e 1909, Furtmüller foi obrigado a lecionar na cidade boêmia de Kaaden, cidade de idioma alemão. O jovem casal percebeu que essa transferência era uma conseqüência de suas atividades socialistas, quando em Viena, Furtmüller encontrava-se com Adler, que o informava das discussões na "Sociedade de Quarta-Feira". Ele também se inteirou dos escritos de Freud. Quando retornou a Viena em 1909 e começou a lecionar em uma escola técnica de segundo grau, Adler o introduziu na "Sociedade de Quarta-Feira". Em 3 de novembro de 1909, Furtmüller participou pela

---

103. Veja também Lux Furtmüller, 1983.

primeira vez de uma sessão e a partir de então não faltou a nenhuma até a sua demissão em outubro de 1911. Depois da separação, ele se tornou o colaborador mais importante de Adler na edificação da nova escola. Decididamente, Furtmüller influenciou a decisão de Adler para que se voltasse para a educação.

Depois de 1918, ele se tornou quase que exclusivamente comprometido com políticas escolares. Sua esposa, também professora de segundo grau, era membro do conselho da cidade para o Partido Democrata-Social. Sua casa se transformou em um lugar de reuniões populares para intelectuais socialistas. Furtmüller teve um papel importante na reforma escolar de Viena, subordinado a Otto Glöckel, e ele representou uma conexão importante entre os reformadores escolares e os psicólogos individuais.

Depois da tomada de poder pelos austros-fascistas em 12 de fevereiro de 1934, ele foi despedido e, depois da anexação da Áustria à Alemanha em 1938, a situação para os "não-arianos" tornou-se perigo vital. Em 1939, ele e sua esposa foram em exílio para Paris. Em maio de 1940, fugiram para o sul da França e, através dos Pireneus, para a Espanha, onde foram presos e colocados em prisões separadas durante vários meses. Um visto concedido pessoalmente pelo presidente Roosevelt permitiu que fossem para os Estados Unidos. Chegaram lá no outono de 1941; Aline Furtmüller morreu alguns meses após de leucemia. Furtmüller trabalhou durante a guerra como tradutor para o programa austríaco da *Voz da América*. Somente pôde voltar para a Áustria em 1947, onde morreu em 1 de janeiro de 1951.

DR. FRANZ GRÜNER (1887-1917)

Franz Grüner nasceu em Neunkirchen, na Baixa Áustria, filho de um advogado. Começou a estudar jurisprudência em 1906, e de 1911 até 1914 estudou história da arte na Universidade de Viena. Formou-se com doutorado em jurisprudência e trabalhou como advogado. Entre 1906 e 1910, ele freqüentou as palestras de Freud na universidade. Apresentou-se na "Sociedade de Quarta-Feira" no outono de 1910 em conseqüência de um convite de Freud para alguns de seus alunos (entre outros, os irmãos Grüner, Paul Klemperer e Hanns Sachs), e em 26 de outubro de 1910 ele foi formalmente admitido. Franz Grüner estava muito interessado nas artes e na literatura, como o demonstra seu segundo curso universitário. Klemperer (1952, p. 33) o descreveu como um sensível e profundo intelectual, filósofo e humanista, que também fazia parte do círculo interno de Karl Kraus. Morreu na Primeira Guerra Mundial como tenente, na frente italiana.

GUSTAV GRÜNER (1885-1938)

Gustav Grüner era irmão de Franz. Inscreveu-se no curso de Filosofia da Universidade de Viena em 1906, e também estava bastante interessado em ciência e nas artes. Klemperer (1952, p. 33) informa que ele tentara o suicídio com a idade de 20 anos, disparando uma arma em sua própria cabeça. Seu nervo ótico foi destruído e Karl Koller projetou óculos especiais para ele: "Ele sempre usava óculos e passava o seu tempo nos cafés. Era estudante de Filosofia, mas nunca terminava nada. Era um esteta — é o que se pode dizer dele".

DRA. MARGARETE HILFERDING (1877-1942)

Margarete Hilferding, cujo nome de solteira era Hönigsberg, formou-se em 1903 como uma das primeiras mulheres a estudar na Universidade de Viena. Seu doutorado foi em Medicina. Também foi a primeira mulher na "Sociedade de Quarta-Feira" aceita mediante a sugestão de Federn em 27 de abril de 1910. Depois da Primeira Guerra Mundial, ela participou ativamente da Sociedade para a Psicologia Individual. Era uma médica apreciada e trabalhava em um bairro de operários.

Seu marido, Rudolf Hilferding, era um importante economista marxista e ministro das Finanças da República de Weimar. Tal como ele, Margarete Hilferding era uma socialista praticante e envolvida em questões de mulheres. Ela escreveu um livro a respeito do aborto.

Margarete Hilferding não conseguira um salvo-conduto a tempo e foi levada a um campo de concentração em Theresienstadt. Em 21 de setembro de 1942 foi deportada para Maly Trostinec, mas não sobreviveu à viagem.

FRANZ VON HYE (1881-?)

O homem conhecido na literatura como Barão Franz Freiherr von Hye-Glunek nasceu por volta de 1881 em Viena. Era o filho do conselheiro da Alta Corte Provincial e da Corte de Apelação de Sua Majestade. De acordo com documentos arquivados na Universidade de Viena, ele era um católico batizado. Estudou direito em Viena de 1899 até 1903.

Von Hye fora recomendado para admissão por Stekel em 27 de abril de 1910, mas até a sua saída, no verão de 1911, ele participou de uma única sessão da "Sociedade de Quarta-Feira".

DR. PAUL KLEMPERER (1887-1964)

Klemperer assistira a uma palestra pública de Freud acerca da interpretação dos sonhos no B'nai Brith em 1905, que o encantou. Quando começou os seus estudos de jurisprudência em 1906, ele continuou assistindo às palestras de Freud, as quais o impressionaram tanto que começou a estudar Medicina. Juntou-se à "Sociedade de Quarta-Feira" no outono de 1910.

Klemperer deixou o grupo com os adeptos de Adler, mas não aderiu à nova escola. Em 1921, ele emigrou para os Estados Unidos tornando-se um reconhecido patologista e professor da Universidade de Columbia.

DR. STEFAN VON MÁDAY (1879-1959)

Von Máday nasceu em Budapeste, filho de um "alto funcionário do Real Ministério Húngaro". Em 1908 começou a estudar filosofia, primeiro em Viena e depois em Innsbruck. Era um ativo Oficial da Cavalaria e lidava com a psicologia dos cavalos.

Von Máday fora recomendado para admissão por Adler em abril de 1910, mas não participou de nenhuma sessão e demitiu-se no verão de 1911. Depois da Primeira Guerra Mundial, em Budapeste ele foi um ativo psicoterapeuta. Também era o presidente da Sociedade de Psicologia Individual Húngara e um especialista em psicologia infantil e animal.

DR. DAVID ERNST OPPENHEIM[104] (1881-1943)

Oppenheim pertencia à famosa família da Corte Judaica de Habsburgo desse mesmo nome. Nasceu em 20 de abril de 1881 em Brno (Morávia) e estudou filosofia clássica em Viena de 1899 até 1905. Oppenheim lecionou Latim e Grego em um colégio de segundo grau *(Akademisches Gymnasium)* em Viena. Em 1909, enviou para Freud um manuscrito e recebeu uma resposta que expressava interesse de retorno pelo correio. Em uma carta para Jung datada de 11 de novembro de 1909, Freud mencionou esse novo conhecido:

Recentemente, o acaso me trouxe um professor de Ginásio que está estudando mitologia. Suas idéias são similares às nossas, mas baseadas em sólida erudição. Seu nome — um outro Oppenheim; decididamente inteligente, mas até agora tenho a impressão de que idéias novas o desequilibram. Em nosso primeiro encontro, soube que havia uma corrente que dizia que Édipo originalmente pode ter sido um demônio fálico e o seu nome significa simplesmente "ereção". Soube também que a lareira é um símbolo do útero porque os anciãos nas chamas visualizavam o falo. As Virgens Vestais eram como freiras, as noivas desse falo da lareira, etc. Procurei explicar-lhe o apotropéico significado do pênis ereto, mas ele logo percebeu de quanto a radicalidade do nosso pensamento difere do pensamento dos outros mortais. (Freud e Jung, 1974, p. 260).

Oppenheim foi recomendado para admissão na "Sociedade de Quarta-Feira" por Freud em 12 de janeiro de 1910.

Depois da separação, ele foi membro fundador da nova escola de Adler. Durante a Primeira Guerra Mundial, inicialmente tomou parte com grande patriotismo na frente italiana, mas por causa da guerra tornou-se

---

104. Gostaria de agradecer à filha de Oppenheim, Sra. Doris Liffman (Toorak, Austrália) por me enviar o texto "Brief Biography of David Ernst Oppenheim" (Breve Biografia de David Ernst Oppenheim).

pacifista convicto e socialista. Juntou-se aos Democratas-Socialistas em 1918 e foi membro praticante até 1938. Ao mesmo tempo, ele era membro-chave da Sociedade para a Psicologia Individual de Viena e presidia as reuniões científicas abertas ao público. Continuou lidando com assuntos de literatura antiga e publicou um livro intitulado *Literature and Knowledge of Human Nature* (Literatura e Conhecimento da Natureza Humana) (Viena, 1926).

Oppenheim foi vítima do programa de exterminação nazista. Foi deportado junto com a sua esposa Amalie para Theresienstadt em 21 de outubro de 1942, onde morreu em 18 de fevereiro de 1943. Amalie Oppenheim sobreviveu ao campo de concentração.

ÍNDICE REMISSIVO

A

Abraham 51, 66, 114, 156, 180, 209
Adler 9-22, 25-27, 30, 35, 36, 38, 41, 43-46, 48, 49, 51-106, 111, 112, 114-117, 119-205
Agressivo 15, 17, 50, 52, 53, 64, 66, 68-73, 85, 89, 91, 92, 94, 102, 103, 105, 122, 125, 126, 130-132, 142, 159, 170, 181, 182, 191, 202, 208
Anti-semitismo 21, 107, 108, 110, 112, 115
Associação Psicanalítica Internacional 107, 164, 165
Autopreservação 71, 85, 95
Autoritária 103

B

Bach 51, 52, 154, 171, 209
Binswanger 24, 39, 44, 55, 110, 112-114, 126, 150, 170, 209

C

Caráter anal 65, 96-100, 134
Clichê sexual 173, 175

Compensação 17, 50, 53, 54-57, 60, 61, 103, 125, 191
Complexo de Édipo 134
Compreensão infantil 103
Criatividade 10, 31
Cultural 9, 10, 43, 57-59, 68, 71, 102, 136, 140, 164

E

Educação 10, 41, 42, 45, 61, 66, 78, 96-98, 103, 173, 184, 191, 205, 206
Ego 10, 15, 41, 44, 92, 101, 134, 141, 143-146, 148, 149, 156, 159, 169, 170, 172, 175-178, 180, 192, 194, 198, 199
Energia agressiva 41
Estados Unidos 10, 40-42, 65, 96, 158, 164, 206, 207

F

Ferenczi 10, 99, 110, 113-116, 125, 166, 190, 197, 198, 204, 209
Freud 9-30, 34-68, 70-74, 76-81, 84-98, 100-102, 106-117, 119-142, 144-155, 157-168, 170-190, 192-209

Fumar 31-34, 37
Furtmüller 19, 37, 39, 48, 55, 81, 82, 95-101, 104, 105, 115, 117, 119, 120, 136, 138, 142, 144, 147, 151, 152, 154-156, 159, 170, 171, 181, 201, 205, 206

G

Grüner 23, 119, 120, 141, 153, 163, 170, 184, 209

H

Hereditariedade 55, 56, 77, 146
Hermafroditismo 17, 88, 101-106, 125, 129, 134, 138
Hilferding 23, 100, 101, 119, 120, 154, 156, 171, 207

I

Id 72, 192, 198
Impulso instintivo 66, 70
Incesto 42, 105, 129, 130, 131, 134
Infância 56, 57, 81, 90, 91, 97, 100, 103, 114, 132, 149, 162, 192, 193
Infantil 35, 54, 58, 97, 103-105, 135, 139-141, 182-184, 208
Inferioridade 17, 38, 50, 52-55, 57-65, 67-70, 76, 77, 81, 82, 88, 90-92, 102-105, 121, 122, 125, 128-130, 133-135, 138, 140, 141, 144, 156, 162, 172, 191, 192, 194, 198
Inferioridade Orgânica 17
Instinto da morte 43, 80, 81, 208, 209

Instinto sexual 67, 68, 72, 94, 98, 127, 129, 141, 142
Internacionais 74, 164

J

Jones 23, 24, 26, 27, 34, 46, 51, 66, 110, 114, 124, 152, 161, 167, 170, 171, 177, 191, 202
Judaísmo 21
Jung 10, 24, 25, 35, 39, 51, 63, 65, 66, 93, 95, 106, 107, 109-117, 120, 123, 124, 126, 127, 142, 146-149, 152, 153, 157, 164-166, 168, 170, 182, 186, 189, 190, 195, 196, 199, 202-204, 208

K

Kahane 23, 25, 27, 28, 30, 53, 205
Klemperer 23, 114, 119, 120, 136, 139, 145, 147-149, 154, 157, 160, 162, 176, 178, 209

K

Liberalismo 44, 83
Libido 41, 42, 65, 67, 69, 70, 72, 91, 100, 112, 138, 140, -143, 145, 148, 152, 153, 155, 156, 159-162, 172, 179, 183, 191, 205
Lombroso 56, 62

M

Marx 41, 82-87

Marxismo 80, 82, 83, 85-87
Masculino 17, 61, 64, 66, 68, 70, 103-106, 121-123, 125, 126, 128-134, 137-142, 144, 150, 160, 162, 172, 175, 178, 192
Masoquismo 66, 68, 70, 72, 85, 132
Medicina social 20, 83, 161, 191

N

Neurose 22, 35, 42, 53-59, 61-64, 66, 68-70, 75, 85, 87-90, 92-94, 99, 100, 102-104, 106, 108, 115, 121, 122, 126-142, 144, 163, 170, 176, 182, 191, 192, 194, 195, 202
Nuremberg 78, 105, 106, 107, 109-111, 114, 116, 164-166, 195, 196, 202

O

Oppenheim 81, 100, 104, 105, 119, 120, 154, 156, 171, 178, 208, 209

P

Pacientes 39, 42, 55, 83, 92, 104, 106, 149, 151, 161-163, 175, 182, 187-189, 192-194, 196
Pais 30, 92-94, 96-98, 131, 132, 162, 185
Paranóia 53, 62, 64, 126, 127, 127, 132, 154, 172
Prazer 57, 58, 59, 66, 67, 68, 70, 71, 98, 121, 124, 129, 150, 187, 188, 192, 199
Psicoterapia 9, 10, 92, 184-186, 194, 198, 200

Psychoanalyse 27, 28, 42, 109, 116, 139, 152, 164

R

Repressão 55, 57, 60, 65, 67, 68, 85, 93-95, 98, 105, 123, 129, 130, 133, 137-140, 143, 149, 160, 166, 171, 175, 177, 178, 192, 196, 199

S

Sachs 23, 38, 120, 146, 147, 155, 157, 160, 164, 165, 173, 190, 197, 206
Sadismo 53, 63-66, 68-70, 72, 85, 104, 122, 132
Salvaguarda 125, 130, 132-134, 138, 140, 156, 192
Sensibilidade exagerada 92, 104
Sentimento social 72, 94, 198
Sexualidade 10, 22, 24, 57, 58, 64, 66, 67, 69, 70-73, 90, 93, 97, 99, 106, 122, 128-131, 133, 137-144, 163, 166, 167, 170, 171, 175-184, 190, 192, 198, 199
Socialismo 79, 85, 87, 138, 170
Sonhos 19, 22, 24, 26, 43, 100, 109, 131, 134, 138, 143, 151, 175, 180, 183, 184, 190, 194, 199, 207
Steiner 48, 50, 51, 83, 85, 87, 88, 105, 120, 144, 145, 147, 155
Stekel 10, 25-27, 29, 30, 34-39, 46, 51, 53, 56, 63, 65, 66, 69, 77, 83, 88, 101, 109-113, 116, 117, 119-124, 127, 128, 137, 143-146, 148, 149, 151-153, 155, 156, 160, 168, 181, 184, 190, 193, 197, 199, 204-206
Sublimação 69

T

Tratamento hostil 23

V

Vida instintiva 84, 91, 92, 104, 131, 133, 180

W

Wittels 26-28, 36, 51, 52, 67, 74, 77, 80, 81, 88, 90, 97, 99, 101, 110, 112-115, 117, 120, 125, 147, 181, 182, 184, 192, 193, 209

Z

Zonas erógenas 45, 53, 65, 128, 141, 150

BIBLIOGRAFIA

As datas originais da publicação dos trabalhos de Freud e Adler são mencionadas dentro de colchetes, seguidas pelas datas da tradução ou da reimpressão da edição citadas no texto. As letras (a, b, c, d, e, f...), junto às datas da publicação dos trabalhos de Freud, referem-se às inserções na bibliografia completa dos escritos de Freud, no volume XXIV da *Standard Edition* (Freud, 1953-1975). Para os trabalhos de Adler, elas se referem à "Bibliografia de Alfred Adler" em Ansbacher e Ansbacher (1965, pp. 397-417).

ADLER, Alexandra. 1968. "Alfred Adler", em *International Encyclopedia of the Social Sciences,* ed. London, pp. 57-61.

ADLER, Alfred. [1905a] 1977. "Das sexuelle Problem in der Erziehung", *Zeitschrift für Individualpsychologie*, 2, pp. 2-6.

_____. [1905b] 1984. "Drei Psychoanalysen von Zahleneinfällen und obsedierenden Zahlen", *Psychiatrisch-neurologische Wochenschrift*, 7, pp. 263-266. Reimpresso em B. Handlbauer, *Die Entstehungsgeschichte der Individualpsychologie Alfred Adlers.* Viena-Salzburg, pp. 407-410.

_____. [1907a] 1977. *Studie über Minderwertigkeit von Organen.* Frankfurt. Para a tradução em inglês, veja Adler 1917c.

_____. [1907b] 1973. "Entwicklungsfehler des Kindes", em Adler [1914a] 1973, pp. 33-40.

_____. 1908a. "Daumenlutschen, Enuresis, Gewerbekrankheiten, Hysterie im Kindesalter, Ikterus, Lebererkrankungen, Milzerkrankungen, Nierenerkrankungen, Pankreaserkrankungen, Peritonitis, Spasmus nutans", em *Medizinisches Handlexikon praktizierender Ärzte,* ed. Max Kahane. Viena

_____. [1908b] 1973. "Der Aggressionstrieb im Leben und in der Neurose", *Fortschritte der Medizin,* 26, pp. 577-584. Reimpresso em Adler [1914a] 1973, pp. 53-62.

_____. 1908c. "Über Vererbung von Krankheiten", *Der Kampf,* 9, pp. 425-430.

_____. [1908d] 1973. "Das Zärtlichkeitsbedürfnis des Kindes", *Monatshefte für Pädagogik und Schulpolitik,* 1, 7 e.d. Reimpresso em Adler [1914a] 1973, pp. 63-66.

_____. [1908e] 1973. "Die Theorie der Organminderwertigkeit und ihre Bedeutung für Philosophie und Psychologie", *Universität Wien, Philosophische Gesellschaft, Wissenschaftliche Beilage,* 21, pp. 11-26. Reimpresso em Adler [1914a] 1973, pp. 42-52.

_____. 1908f. "Zwei Träume einer Prostituierten", *Zeitschrift für Sexualwissenschaft,* 1, pp. 103-106.

_____. [1909a] 1973. "Über neurotische Disposition: zugleich ein Beitrag zur Ätiologie und zur Frage der Neurosenwahs", *Jahrbuch für Psychoanalyse und psychopathologische Forschung,* 1, pp. 526-545. Reimpresso em Adler [1914a] 1973, pp. 67-84.

_____. 1909b. "Myelodisplasie und Organminderwertigkeit?" *Wiener medizinische Wochenschrift,* 45, pp. 2631-2636.

_____. [1910c] 1973. "Der psychische Hermaphroditismus im Leben und in der Neurose", *Fortschritte der Medizin,* 28, pp. 486-493. Reimpresso em Adler [1914a] 1973, pp. 85-93.

_____. [1910f] 1974. "Die psychische Behandlung der Trigeminusneuralgie", *Zentralblatt für Psychoanalyse,* 1, pp. 10-29. Reimpresso em *Praxis und Theorie der Individualpsychologie: Vorträge und Einführung in die Psychotherapie für Ärzte, Psychologen und Lehrer.* Frankfurt, pp. 91-111. Para a tradução inglesa, veja Adler [1920a] 1925a.

_____. [1912a] 1972. *Über den nervösen Charakter.* Frankfurt. Para a tradução inglesa, veja Adler 1917a.

_____. [1914a] 1973. *Heilen und Bilden: ein Buch der Erziehungskunst für Ärzte und Psychologen,* ed. Carl Furtmüller. Frankfurt.

_____. 1917a. *The Neurotic Constitution.* New York.

_____. 1917c. *Study of Organ Inferiority and its Psychical Compensation.* New York.

_____. 1917e. "Kindliches Seelenleben und Gemeinsinn", *Annalen der Natur- und Kultur-Philophie,* 1, pp. 38-45.

_____. [1920a] 1925a. *The Practice and Theory of Individual Psychology,* Trad. London.

_____. [1930j] 1982. "Nochmals — die Einheit der Neurosen", em *Psychotherapie und Erziehung. Ausgewähle Aufsätze.* Volume II, 1930-1932. Frankfurt, pp. 35-55.

_____. [1931 n, o] 1982. "Individualpsychologue und Psychoanalyse", em *Psychotherapie und Erziehung. Ausgewählte Aufsätze.* Volume II, 1930-1932. Frankfurt, pp. 192-209.

_____. [1933b] 1973. *Der Sinn des Lebens.* Frankfurt. Para a tradução inglesa, veja Adler *1938.*

_____. 1938. *Social Interest: A Challenge to Mankind.* London. Andreas-SALOMÉ, Lou. 1983. *In der Schule bei Freud: Tagebuch eines Jahres 1912/13.* Frankfurt-Berlim-Viena.

ANSBACHER, Heinz L. 1959. "The Significance of the Socio-Economic Status of the Patients of Freud and of Adler", *The American Journal of Psychotherapy,* 13/2, pp. 376-382.

_____. 1962. "Was Adler a Disciple of Freud? A Reply", *Journal of Individual Psychology,* 18/2, pp. 126-135.

_____. 1977. "Adler und Virchow: Der Name Individualpsychologie in neuem Licht", *Zeitschrift für Individualpsychologie*, 1, pp. 87-93.

ANSBACHER, Heinz L. and ANSBACHER, Rowena R. eds. 1956. *The Individual Psychology of Alfred Adler: A Systematic Presentation in Selections from his Writings*. New York.

_____. eds. 1965. *Superiority and Social Interest: A collection of Later Writings*. London.

BECKH-WIDMANSTETTER, Hans A. 1965. "Zur Geschichte der Individualpsychologie. Julius Wagner-Jauregg über Alfred Adler", *Unsere Heimat*, 36, pp. 182-188.

BIEBL, Wilfried. 1977. "Psycholomatik — der Beitrag Alfred Adlers", em *Ein Österreicher namens Alfred Adler. Seine Individualpsychologie — Rückschau und Ausblick*, ed. G. Brandl and E. Ringel. Viena, pp. 63-75.

BINSWANGER, Ludwig. 1956. *Erinnerungen an Sigmund Freud*. Bern.

BOTTOME, Phyllis. 1939. *Alfred Adler: Apostle of Freedom*. London.

BROME, Vincent. 1967. *Freud and his Early Circle: The Struggles of Psycho-Analysis*. London.

BRUDER-BEZZEL, Almuth. 1983. *Alfred Adler. Die Entstehungsgeschichte einer Theorie im historischen Mileu Wiens*. Göttingen.

CARUSO, Igor and Ewald H. Englert. 1977. "Sozialpsychologie bei Alfred Adler", em *Ein österreicher namens Alfred Adler. Seine Individualpsychologie — Rückschau und Ausblick*, ed. G. Brandl and E. Ringel. Viena, pp. 76-107.

COLBY, Kenneth Mark. 1951. "On the Disagreement Between Freud and Adler", *American Imago*, 8, pp. 229-238.

CREMERIUS, Johannes. 1984. "Die Bedeutung des Dissidenten für die Psychoanalyse", em *Vom Handwerk des Psychoanalytikers: Das Werkzeug der psychoanalytischen Technik*, Volume II. Stuttgart-Bad Cannstatt, pp. 364-497.

DAHMER, Helmut. 1982. Libido *und Gesellschaft. Studien über Freud und die Freudsche Linke*. Frankfurt.

DAPRA, Josef. 1988. "'Angenehmen Geschmack hinterlassen'. Der erste Kongress für Freudsche Psychologie tagte vor 80 Jahren in Salzburg", *Salzburger Nachrichten*, 7.5.88 p. 26.

DECKER, Hannah S. 1977. *Freud in Germany: Revolution and Reaction in Science, 1893-1907*. New York.

DEUTSCH, Helene. 1973. *Confrontations with Myself: An Epilogue*. New York.

DEVEREUX, Georges. 1967. *Angst und Methode in den Verhaltenswissenschaften*. Munich.

EISSLER, K. R. 1971. *Talent and Genius: The Fictitious Case of Tausk contra Freud*. New York.

EITINGON, Max. 1950. "Aus der Frühzeit der Psychoanalyse", em *Max Eitingon in Memoriam*. Israel Psycho-Analytic Society, Jerusalém, pp. 73-79.

ELLENBERGER, Henri F. 1970. *The Discovery of the Unconscious: The History and Evolution of Dynamic Psychiatry*. New York.

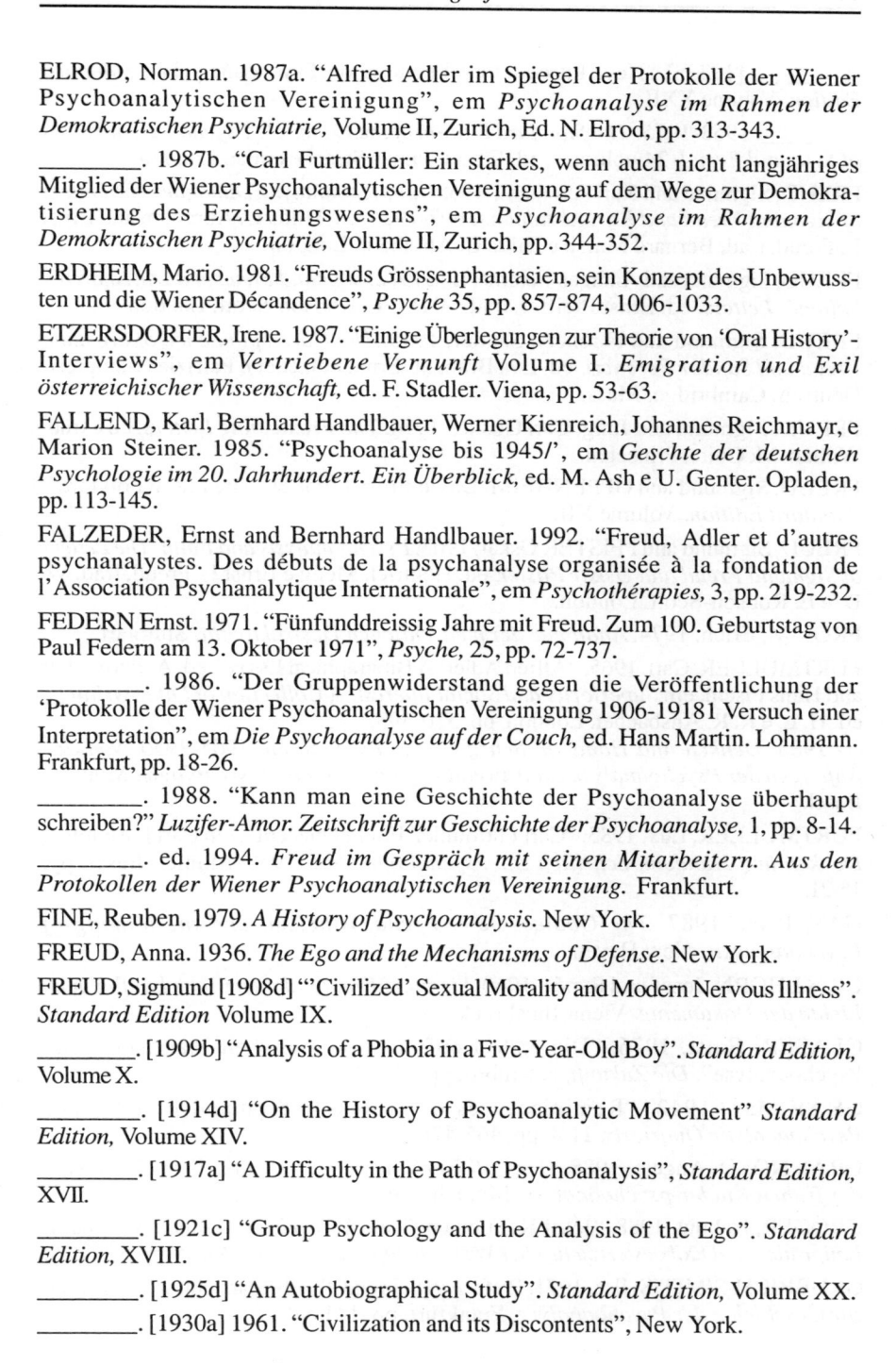

ELROD, Norman. 1987a. "Alfred Adler im Spiegel der Protokolle der Wiener Psychoanalytischen Vereinigung", em *Psychoanalyse im Rahmen der Demokratischen Psychiatrie,* Volume II, Zurich, Ed. N. Elrod, pp. 313-343.

_____. 1987b. "Carl Furtmüller: Ein starkes, wenn auch nicht langjähriges Mitglied der Wiener Psychoanalytischen Vereinigung auf dem Wege zur Demokratisierung des Erziehungswesens", em *Psychoanalyse im Rahmen der Demokratischen Psychiatrie,* Volume II, Zurich, pp. 344-352.

ERDHEIM, Mario. 1981. "Freuds Grössenphantasien, sein Konzept des Unbewussten und die Wiener Décandence", *Psyche* 35, pp. 857-874, 1006-1033.

ETZERSDORFER, Irene. 1987. "Einige Überlegungen zur Theorie von 'Oral History'-Interviews", em *Vertriebene Vernunft* Volume I. *Emigration und Exil österreichischer Wissenschaft,* ed. F. Stadler. Viena, pp. 53-63.

FALLEND, Karl, Bernhard Handlbauer, Werner Kienreich, Johannes Reichmayr, e Marion Steiner. 1985. "Psychoanalyse bis 1945/', em *Geschte der deutschen Psychologie im 20. Jahrhundert. Ein Überblick,* ed. M. Ash e U. Genter. Opladen, pp. 113-145.

FALZEDER, Ernst and Bernhard Handlbauer. 1992. "Freud, Adler et d'autres psychanalystes. Des débuts de la psychanalyse organisée à la fondation de l'Association Psychanalytique Internationale", em *Psychothérapies,* 3, pp. 219-232.

FEDERN Ernst. 1971. "Fünfunddreissig Jahre mit Freud. Zum 100. Geburtstag von Paul Federn am 13. Oktober 1971", *Psyche,* 25, pp. 72-737.

_____. 1986. "Der Gruppenwiderstand gegen die Veröffentlichung der 'Protokolle der Wiener Psychoanalytischen Vereinigung 1906-19181 Versuch einer Interpretation", em *Die Psychoanalyse auf der Couch,* ed. Hans Martin. Lohmann. Frankfurt, pp. 18-26.

_____. 1988. "Kann man eine Geschichte der Psychoanalyse überhaupt schreiben?" *Luzifer-Amor. Zeitschrift zur Geschichte der Psychoanalyse,* 1, pp. 8-14.

_____. ed. 1994. *Freud im Gespräch mit seinen Mitarbeitern. Aus den Protokollen der Wiener Psychoanalytischen Vereinigung.* Frankfurt.

FINE, Reuben. 1979. *A History of Psychoanalysis.* New York.

FREUD, Anna. 1936. *The Ego and the Mechanisms of Defense.* New York.

FREUD, Sigmund [1908d] "'Civilized' Sexual Morality and Modern Nervous Illness". *Standard Edition* Volume IX.

_____. [1909b] "Analysis of a Phobia in a Five-Year-Old Boy". *Standard Edition,* Volume X.

_____. [1914d] "On the History of Psychoanalytic Movement" *Standard Edition,* Volume XIV.

_____. [1917a] "A Difficulty in the Path of Psychoanalysis", *Standard Edition,* XVII.

_____. [1921c] "Group Psychology and the Analysis of the Ego". *Standard Edition,* XVIII.

_____. [1925d] "An Autobiographical Study". *Standard Edition,* Volume XX.

_____. [1930a] 1961. "Civilization and its Discontents", New York.

_____. [1933a] "New Introductory Lectures on Psychoanalysis". *Standard Edition*, Volume XXII.

_____. 1953-1975. *The Standard Edition of the Complete Psychological Works of Sigmund Freud*, 24 volumes, ed. E trad. James Strachey et al. London.

FREUD, Sigmund and Karl Abraham, 1965. *A Psychoanalytic Dialogue: The Letters of Sigmund Freud and Karl Abraham, 1907-1926*, ed. Hilda C. Abraham and Ernst L. Freud, trad. Bernard Marsh e Hilda C. Abraham. London.

FREUD, Sigmund and Andréas-Salomé, Lou 1972. *Sigmund Freud and Lou Andreas-Salomé: Letters*, ed. Ernst Pfeiffer, trad. W.D. e E. Robson-Scott. London.

FREUD, Sigmund and Ferenczi, Sándor, 1993. *The Correspondence of Sigmund Freud and Sándor Ferenczi*, ed. Eva Brabant, Ernst Falzeder e Patrizia Giampieri-Deutsch. Cambridge, Mass.

FREUD, Sigmund and Jung, Carl Gustav. 1974. *The Freud/Jung Letters*, ed e trad. William McGuire. Princeton.

FREUD, Sigmund and OPPENHEIM. David Ernst [1958a]. "Dreams in Folklore". *Standard Edition*, Volume XII.

FREUD, Sigmund and PFISTER Oskar, 1963. *Psychoanalysis and Faith. The Letters of Sigmund Freud and Oskar Pfister*, ed. Heinrich Meng e Ernst L. Freud, trad. W. D. e E. Robson-Scott. London.

FROMM, Erich. 1974. *Anatomie der menschlichen Destruktivität*. Stuttgart.

FURTMÜLLER, Carl. 1965. "Alfred Adler: A Biographical Essay", ed. A. Furtmüller and Hans Fischl, em *Superiority and Social Interest: A Collection of Later Writings*, ed. H. L. e R. R. Ansbacher. London, pp. 330-393.

— 1983. *Denken und Handeln. Schriften zur Psychologie 1905-1950. Von den Anfängen der Psychoanalyse zur Anwendung der Individualpsychologie*. Munich-Basel.

FURTMÜLLER, Lux. 1983. "Carl Furtmüller. Ein Lebenslauf", em Carl Furtmüller, *Denken und Handeln. Schriften zur Psychologie 1905-1950*. Munich-Basel, pp. 15-21.

GAY, Peter. 1987. *The Godless Jew: Freud, Atheism, and the Making of Psychoanalysis*. New Haven.

GICKLHORN, Josef und Renée. 1960. *Sigmund Freuds akademische Laufbahn im Lichte der Dokumente*. Viena-Innsbruck.

GLASER, Ernst. 1976. "Die erste Konfrontation zwischen Marxismus und Psychoanalyse", *Die Zukunft*, setembro, pp. 11-17.

GRAF Max. 1942. "Reminiscences of Professor Sigmund Freud", *The Psychoanalytic Quarterly*, 11/4, pp. 465-476.

GRAF NOLD, Angela. 1988. *Der Fall Hermine Hug-Hellmuth. Eine Geschichte der frühen Kinder-psychoanalyse*. Munich-Viena.

GRÖGER, Helmut. 1988. "Josef K. Friedjung", em *Vertriebene Vernunft* Volume II. *Emigration und Exil österreichischer Wissenschaft*, ed. F. Stadler. Viena, pp. 819-826.

GRUBRICH-SIMITIS, Ilse. 1971. Preface to S. Freud, "Selbstdarstellung". *Schriften zur Geschichte der Psychoanalyse*. Frankfurt, pp. 141 e.d.

GUTHEIL, Emil A. 1958. "Reply", *American Journal of Psychotherapy,* 12, pp. 627 e.d.

Hamann, Brigitte. 1996. *Hitlers Wien. Lehrjahre eines Diktators.* Munich.

HANDLBAUER, Bernhard. 1984. *Die Entstehungsgeschichte der Individualpsychologie Alfred Adlers.* Viena-Salzburg.

HOFSTÄTTER, Peter R. 1948. *Einführung in die Tiefenpsychologie.* Viena.

Holtz, Axel. 1981. "Alfred Adler, Sigmund Freud und die Protokolle der Wiener Psychoanalytischen Bewegung", *Zeitschrift für Individualpsychologie.* 6. pp. 19-39.

JACOBI, Henry. 1974. *Alfred Adlers Individual Psychologie und dialektische Charakter-kunde.* Frankfurt.

JACOBY, Russell. 1978. *Social Amnesia: A Critique of Conformist Psychology from Adler to Laing.*

JOHNSTON, William M. 1972. *The Austrian Mind: An Intellectual and Social History, 1848-1939.* Berkeley, Califórnia.

JONES, Ernest. 1955-1957. *The Life and Work of Sigmund Freud,* Volumes II e III. London.

_____. 1959. *Free Associations: Memories of Psycho-Analyst.* London.

Jung, Carl Gustav. 1962. *Erinnerungen, Träume, Gedanken.* Zurich. (Traduzido como *Memories, Dreams, Reflections.* New York).

KAUFMANN, Walter. 1980. *Discovering the Mind,* Volume 3: *Freud versus Adler and Jung.* New York.

KIMMERLE, Gerd, ed. 1986. *Freuds Traumdeutung. Frühe Rezensionen 1899-1903.* Tübingen.

KLEMPERER, Paul. 1952. Entrevista por Dr. Kurt R. Eissler, 4.3.52. Siegfried Bernfeld Archive, Manuscript Division, Library of Congress, Washington D.C.

KÖHLER, Jochen. 1987. "Der Mensch tut so als ob. Die hintergründige Aktualität Alfred Adlers", *Frankfurter Rundschau* 30.5.87.

LAPLANCHE, J. e J. B. Pontalis. 1973. *The Language of Psychoanalysis,* trad. David Nicholson-Smith. New York.

LEUPOLD-LÖWENTHALl, Harald. 1981. "Nachwort" (Apêndice), em *Protokolle der Wiener Psychoanalytischen Vereinigung,* Banda 4, ed. Herman Nunberg and Ernst Federn. Frankfurt.

MASLOW, A. H. 1962. "Was Adler a Disciple of Freud? A Note", *Journal of Individual Psychology,* 18/2, p. 125

METZGER, Wolfgang. 1977. "Adler als Autor. Zur Geschichte seiner wesentlichen Veröffentlichungen" em *Die Psychologie des 20. Jahrhunderts,* Volume III: *Freud und die Folgen* (Parte 2), Zurich, pp. 535-551.

Minutes of the Vienna Psychoanalytic Society, ed. Herman Nunberg and Ernst Federn, trad. M. Nunberg. — 1962-1975. Volume I [1906-1908] 1962, Volume II [1908-1910] 1967, Volume III [1910-1911] 1974, Volume IV [1912-1918] 1975. New York.

NIETZSCHE, Bernd. 1986. Revisão: "Von der frühen Anarchie zur Vereinsgründung: Die Protokolle der Wiener Psychoanalytischen Vereinigung", *Psyche,* 40, pp. 922-931.

NUNBERG, Herman. 1969. *Memoirs, Recol ections, Ideas.* New York.

ORGLER, Hertha. 1972. *Alfred Adler: Triumph über den Minderwertigkeitskomplex.* Viena.

POLLAK, Michael. 1978. "Intellektuelle Aussenseiterstellung und Arbeiterbewegung. Das Verhältnis der Psychoanalyse zur Sozialdemokratie in Österreich zu Beginn des Jahrhunderts", em *Bewegung und Klasse. Studien zur österreichischen Arbeitergeschichte,* ed. Gerhard Botz et al. Viena, pp. 429-488.

RATTNER, Josef. 1972. *Alfred Adler.* Hamburgo.

REHM, Willy. 1968. *Die psychoanalytische Erziehungslehre. Anfänge und Entwicklung.* Munich.

REICHMAYR, Johannes and Elisabeth Wiesbauer. 1978. "Das Verhältnis von Sozialdemokratie und Psychoanalyse in Österreich zwischen 1900 une 1938", em *Beiträge zur Geschichte der Psychoanalyse in Österreich,* ed. W. Huber. Viena, pp. 25-60.

REITLER, Rudolf. 1911. "Kritische Bemerkungen zu Dr. Adlers Lehre vom 'männlichen Protest'" *Zentralblatt für Psychoanalyse,* pp. 580-586.

ROAZEN, Paul. 1969. *Brother Animal: The Story of Freud and Tausk.* London. — 1975. *Freud and His Followers.* New York.

ROBERT, Marthe. 1986. *Die Revolution der Psychoanalyse. Leben und Werk von Sigmund Freud.* Frankfurt.

_____. 1982. "Bemerkungen über Freud, Adler, Joffe und Trotzky", *Zeitschrift für Individualpsychologie,* 7, pp. 112-117.

ROSENSTEIN, Gaston. 1910. "Die Theorie der Organminderwertigkeit und der Bisexualität in ihren Beziehungen zur Neurosenlehre", *Jahrbuch für psychoanalytische und psychopathologische Forschung,* pp. 398-408.

SACHS, Hanns. 1945. *Freud: Master and Friend,* traduzido do alemão pelo autor. London.

SCHORSKE, Carl E. 1980. *Fin-de-siècle Vienna: Politics and Culture.* London.

SCHUR, Max. 1972. *Freud: Living and Dying.* New York.

SEELMANN, Kurt. 1977. "Adlers lebenslauf — Bis zu seiner Trennung von Freud", em *Die Psychologie des 20. Jahrhunderts,* Volume III: *Freud und die Folgen* (Parte 2). Zurich, pp. 516-528.

SELESNICK, Sheldon T. 1966. "Alfred Adler: The Psychology of the Inferiority Complex", em Psychoanalytic Pioneers ed. A., F. and S. Eisenstein and M. Grotjahn. New York, pp. 78-86.

SPERBER, Manès. 1926. *Alfred Adler. Der Mensch und seine Lehre.* Munich.

_____. 1974. *Masks of Loneliness: Alfred Adler in Perspective.* New York.

_____. 1991. *The Unheeded Warning,* trad. Harry Zohn. New York.

STEIN, Herbert. 1988. "Wien, Freud und die Psychoanalyse", *Psyche* 42, pp. 1-18.

STEKEL, Wilhelm. 1923. "Zur Geschichte der analytischen Bewegung", em *Fortschritte der Sexualwissenschaft und Psycho-analyse,* Volume II, suplemento, pp. 539-575.

_____. 1950. *The Autobiography of Wilhelm Stekel.* New York.

STEPANSKY, Paul E. 1983. *In Freud's Shadow: Adler in Context.* London.

STERBA, Richard F. 1982. *Reminiscences of a Viennese Psychoanalyst.* Detroit.

STOLLER, Robert. 1975. *Perversion: The Erotic Form of Hatred.* New York.

SULLOWAY, Frank. 1979. *Freud, Biologist of the Mind: Beyond the Psychoanalytic Legend.* New York.

RIMMS, Edward, ed. 1995. *Freud and the Child Woman: The Memoirs of Fritz Wittels.* New Haven — London.

WASSERMAN, Isidor. 1958. "A Letter to the Editor", *American Journal of Psychotherapy,* 12, pp. 623-627.

WEBER, Samuel. 1982. *The Legend of Freud,* traduzido e revisado pelo autor, Minneapolis.

WITTELS, Fritz. 1924. *Sigmund Freud: His Personality, His Teaching, and His School,* trad. Eden e Cedar Paul. New York.

WORBS, Michael. 1983. *Nervenkunst. Literatur und Psychoanalyse im Wien der Jahrhundertwende.* Frankfurt.

ZWEIG, Stefan. 1943. *The World of Yesterday: An Autobiography.* New York.

Leitura Recomendada

Matrimônio do Céu e do Inferno
William Blake

Nesta obra, composta inteiramente pelas mãos de William Blake (textos e gravuras), o poeta retrata, por meio de figuras simbólicas, a verdadeira essência do bem e do mal e afirma como as regras e convenções impostas pela sociedade limitam e enfraquecem o homem, enquanto que a livre liberação dos sonhos e desejos aguça a fonte da energia criativa.

Blake, Jung e o Inconsciente Coletivo
O Conflito entre a Razão e a Imaginação
June Singer

Com clareza e sabedoria, Singer examina as imagens e palavras em cada gravura da obra de Blake, aplicando os conceitos que Jung antecipou em suas teorias psicológicas. Não existem lentes mais perfeitas para observar a obra de Blake do que as dos conceitos de arquétipos, do processo de individuação e do *mysterium coniunctionis* de Jung, no qual a consciência e o inconsciente estão unidos.

O Livro Completo da Filosofia
James Mannion

Neste livro, você conhecerá os grandes sábios, desde os pré-socráticos da antiga Milésia até os pensadores do século XX. O Livro Completo da Filosofia é um verdadeiro curso de filosofia com idéias contemporâneas, voltado para o público jovem. O autor retrata as idéias dos grandes pensadores como Pitágoras, Sócrates, Platão, Aristóteles, Demócrito, Maquiavel, Giordano Bruno e muitos outros que revolucionaram a História.

Filosofia de Banheiro
Sabedoria dos Maiores Pensadores Mundiais para o Dia-a-Dia
Gregory Bergman

Refletir, meditar, formar ou combinar pensamentos ou idéias, lembrar são todos sinônimos de pensar. O ser humano é movido pelo pensamento. Se analisarmos, dificilmente nos deparamos com a nossa mente vazia, estamos sempre pensando.

Visite nosso site: www.madras.com.br

MADRAS® Editora — CADASTRO/MALA DIRETA

Envie este cadastro preenchido e passará a receber informações dos nossos lançamentos, nas áreas que determinar.

Nome _____

RG _____ CPF _____

Endereço Residencial _____

Bairro _____ Cidade _____ Estado ___

CEP _____ Fone _____

E-mail _____

Sexo ❏ Fem. ❏ Masc.   Nascimento _____

Profissão _____ Escolaridade (Nível/Curso) _____

Você compra livros:

❏ livrarias   ❏ feiras   ❏ telefone   ❏ Sedex livro (reembolso postal mais rápido)
❏ outros: _____

Quais os tipos de literatura que você lê:

❏ Jurídicos   ❏ Pedagogia   ❏ Business   ❏ Romances/espíritas
❏ Esoterismo   ❏ Psicologia   ❏ Saúde   ❏ Espíritas/doutrinas
❏ Bruxaria   ❏ Auto-ajuda   ❏ Maçonaria   ❏ Outros:

Qual a sua opinião a respeito dessa obra? _____
_____

Indique amigos que gostariam de receber MALA DIRETA:

Nome _____

Endereço Residencial _____

Bairro _____ Cidade _____ CEP _____

Nome do livro adquirido: ***A Controvérsia Freud-Adler***

Para receber catálogos, lista de preços e outras informações, escreva para:

MADRAS EDITORA LTDA.
Rua Paulo Gonçalves, 88 — Santana — 02403-020 — São Paulo/SP
Caixa Postal 12299 — CEP: 02013-970 — SP
Tel.: (11) 6959-1127 — Fax:(11) 6959-3090
www.madras.com.br

Este livro foi composto em Times New Roman, corpo 11/12.
Papel Offset 75g
Impressão e Acabamento
Prol Editora Gráfica – Unidade Tamboré – Alameda Araguaia, 1901 – Barueri/SP
CEP 06455-000 – Tel.: (0_ _11) 4795-1805